商務禮儀實訓

主編　李媛媛

財經錢線

前 言

　　禮儀是人們在人際交往中，自始至終地以一定的約定俗成的程序或方式來表現的律己、敬人的完整行為，是一定時代或一定區域的普遍行為準則或規範。

　　在人際交往中，禮儀不僅可以有效地展現一個人的教養、風度和魅力，還體現出一個人對社會的認知水準、個人學識、修養和價值觀。如果能夠恰如其分地運用禮儀知識，將有助於各項商務活動的順利進行。商務禮儀作為指導、協調商務活動中人際關係的行為方式和活動形式，常被用於約束我們日常商務活動的方方面面。

　　商務禮儀是商務活動過程中，對彼此表示尊重和友好的一系列行為規範，是禮儀在商務活動過程中的具體運用。商務禮儀以禮儀為基礎和內容，與禮儀有著共同的基本原則：尊重、友好、真誠。

　　伴隨著我國社會經濟的快速發展，商務交往活動日益頻繁，「商務禮儀」也已成為眾多高等院校的必修課程之一。按照高等教育培養應用型人才的要求，也為了適應時代發展的需要，我們依託校企合作建設的成果，結合當前行業動態，組織編寫了本書。

　　本書的特點如下：

　　第一，體例新穎。全書在結構編排上採用模塊式，內容上緊密聯繫實際。

　　第二，內容實用。全書編寫充分考慮行業人才培養的實際技能要求，細化技能環節，突出操作模式，使學生在學習過程中更直觀、形象地掌握相關商務禮儀的基本技能。模塊內容突出了商務人員禮儀素養的培養，同時也注重具體商務活動的禮儀要求。

　　第三，導向鮮明。全書共6個模塊，每個模塊由若干個任務組成，並輔以拓展閱讀和小案例，在模塊前後分別配有案例導入和案例分析，學生在課前、課後也能很好地實現自主學習。

　　在編寫過程中，本書參閱了大量的書籍和網路資料，並徵求了相關行業人員的意見和建議，在此對所有直接或間接地給予我們幫助的人員表達深深的謝意。

由於編者水平有限，書中如有不足之處，敬請專家學者以及廣大讀者批評指正,以便編者修訂時加以改進。

編 者

目　錄

模塊 1　走進商務禮儀 ……………………………………………………（1）
　　任務 1　商務禮儀的內涵 ………………………………………………（2）
　　任務 2　商務禮儀的特點和作用 ………………………………………（4）
　　任務 3　商務禮儀的基本原則 …………………………………………（6）

模塊 2　商務人員的基本禮儀 ……………………………………………（9）
　　任務 1　儀容禮儀 ………………………………………………………（10）
　　任務 2　著裝的基本禮儀 ………………………………………………（20）
　　任務 3　男裝禮儀 ………………………………………………………（22）
　　任務 4　女裝禮儀 ………………………………………………………（28）
　　任務 5　飾物禮儀 ………………………………………………………（33）
　　任務 6　儀態禮儀 ………………………………………………………（35）
　　任務 7　表情禮儀 ………………………………………………………（48）

模塊 3　商務交往禮儀 ……………………………………………………（56）
　　任務 1　商務會見禮儀 …………………………………………………（57）
　　任務 2　商務宴請、赴宴禮儀 …………………………………………（64）
　　任務 3　商務饋贈禮儀 …………………………………………………（67）
　　任務 4　商務通信禮儀 …………………………………………………（68）

模塊 4　商務活動禮儀 ……………………………………………………（78）
　　任務 1　簽約儀式禮儀 …………………………………………………（78）
　　任務 2　開業與剪彩禮儀 ………………………………………………（80）
　　任務 3　新聞發布會禮儀 ………………………………………………（82）
　　任務 4　商務會議禮儀 …………………………………………………（87）
　　任務 5　展覽會禮儀 ……………………………………………………（91）

  任務6 商務談判禮儀 …………………………………………………（97）

模塊5 涉外商務禮儀 ………………………………………………（128）
  任務1 涉外商務基本禮儀 ……………………………………………（129）
  任務2 亞洲主要國家的商務禮儀 ……………………………………（134）
  任務3 歐洲主要國家的商務禮儀 ……………………………………（142）
  任務4 美洲主要國家的商務禮儀 ……………………………………（150）
  任務5 非洲主要國家的商務禮儀 ……………………………………（157）
  任務6 大洋洲主要國家的商務禮儀 …………………………………（162）

模塊6 商務禮儀實訓 ……………………………………………………（168）
  任務1 簡妝實訓 ………………………………………………………（168）
  任務2 儀容儀表實訓 …………………………………………………（169）
  任務3 站姿實訓 ………………………………………………………（169）
  任務4 坐姿實訓 ………………………………………………………（170）
  任務5 走姿實訓 ………………………………………………………（171）
  任務6 蹲姿實訓 ………………………………………………………（172）
  任務7 手勢實訓 ………………………………………………………（173）
  任務8 表情實訓 ………………………………………………………（175）
  任務9 著裝實訓 ………………………………………………………（176）
  任務10 電話禮儀實訓 …………………………………………………（178）
  任務11 商務禮儀綜合情景模擬實訓 …………………………………（180）

參考文獻 ……………………………………………………………………（182）

模塊 1　走進商務禮儀

【模塊速覽】

　　任務 1　商務禮儀的內涵
　　任務 2　商務禮儀的特點和作用
　　任務 3　商務禮儀的基本原則

【案例導入】

商務禮儀的第一課：修養

　　有一批應屆畢業生22個人，實習時被導師帶到北京的國家某部委實驗室裡參觀。全體學生坐在會議室裡等待部長到來，這時有秘書給大家倒水。學生們表情木然地看著她忙活，其中一個還問了句：「有綠茶嗎？天太熱了。」秘書回答說：「抱歉，剛剛用完了。」林然看著有點彆扭，心裡嘀咕：「人家給你倒水還挑三揀四。」輪到他時，他輕聲說：「謝謝，大熱天的，辛苦了。」秘書抬頭看了他一眼，滿含著驚奇，雖然這是很普通的客氣話，卻是她今天唯一聽到的一句。

　　門開了，部長走進來和大家打招呼，但不知怎麼回事，全場靜悄悄的，沒有一個人回應。林然左右看了看，猶猶豫豫地鼓了幾下掌，同學們這才稀稀落落地跟著拍手，由於不齊，越發顯得零亂起來。部長揮了揮手說：「歡迎同學們到這裡來參觀。平時這些事一般都是由辦公室負責接待，因為我和你們的導師是老同學，關係非常要好，所以這次我親自來給大家講一些有關情況。我看同學們好像都沒有帶筆記本，這樣吧，王秘書，請你去拿一些我們部裡印的紀念手冊，送給同學們作紀念。」接下來，更尷尬的事情發生了，大家都坐在那裡，很隨意地用一只手接過部長雙手遞過來的手冊。部長臉色越來越難看，來到林然面前時，已經快要沒有耐心了。就在這時，林然禮貌地站起來，身體微傾，雙手握住手冊，恭敬地說了一聲：「謝謝您！」部長聞聽此言，不覺眼前一亮，伸手拍了拍林然的肩膀：「你叫什麼名字？」林然照實作答，部長微笑點頭，回到自己的座位上。早已汗顏的導師看到此景，才微微松了一口氣。

　　兩個月后，同學們各奔東西，林然的去向欄裡赫然寫著國家某部委實驗室。有幾位頗感不滿的學生找到導師：「林然的學習成績最多算是中等，憑什麼推薦他而沒有推薦我們？」導師看了看這幾張尚顯稚嫩的臉，笑道：「是人家點名來要的。其實你們的機會是完全一樣的，你們的成績甚至比林然還要好，但是除了學習之外，你們需要學的東西太多了，修養是第一課。」

任務1　商務禮儀的內涵

一、禮儀的概念

禮儀是人與人交往的藝術。禮儀是指人們在人際交往中為了互相尊重而約定俗成、共同認可的行為規範、準則和程序，是禮貌、禮節、儀表和儀式的總稱。

禮，即禮貌、禮節；儀，即儀態、儀容、儀表、儀式。禮儀具體指人們在社會交往活動中應共同遵守的行為規範和準則。儀表端莊、舉止大方是基本的要求。禮儀主要表現在以下幾個方面：

禮貌——社會居民為了維持正常的生活秩序而共同遵循的最起碼道德。

禮節——社交中迎送往來表示致意、問候、祝頌等慣用形式。

儀式——在一定場合舉行的具有專門程序、規範化的活動，常用於較大或較隆重的場合。

儀表——人們的容貌、服飾、姿態、風度、舉止等。

熱忱待客——做好引路、開關門、引見、讓座、上茶、掛衣帽、送書報等工作。

二、商務禮儀的概念

顧名思義，商務禮儀是指在人們商務交往中適用的禮儀規範，是在商務交往中，以一定的、約定俗成的程序、方式來表示尊重對方的過程和手段。禮出於俗，俗化為禮。商務禮儀的操作性，就是應該怎麼做、不應該怎麼做。在商務交往中做到「約束自己，尊重他人」才能使人們更輕鬆愉快地交往。「為他人著想」不僅是商務交往，也是人與人之間正常交往的基本原則。在商務活動中，為了體現相互尊重，需要通過一些行為準則去約束人們在商務活動中的方方面面，這其中包括儀表禮儀、言談舉止、書信來往、電話溝通等技巧，從商務活動的場合又可以分為辦公禮儀、宴請禮儀、專題活動禮儀、涉外禮儀。這些禮儀廣泛涉及社會經濟生活的各個方面，並成為社會中全體成員調節相互關係的行為規範，為各國家、各民族、各階級、各黨派、各社會團體以及各階層人士共同遵守。

商務禮儀是人們在商務交往中的一種行為藝術，是一個含義豐富的概念，涵蓋了工作場所需要的各種技巧，覆蓋了所有的工作空間。正所謂：「教養體現細節，細節展現素質。」

商務禮儀在商務交往中顯得更為重要。商務禮儀是在商務活動中體現相互尊重的行為準則。商務禮儀的核心是一種行為的準則，用來約束我們日常商務活動的方方面面。商務禮儀的核心作用是為了體現人與人之間的相互尊重。商務禮儀是商務活動中對人的儀容儀表和言談舉止的普遍要求。在商務場合中事事合乎禮儀，處處表現自如、得體，往往能使商務交往活動進展順利，事半功倍。

三、商務禮儀與傳統禮儀的關係

(一) 商務禮儀與傳統禮儀的共通性

行為性：都是一種與人交往的行為藝術。
作用性：都能夠給自身樹立良好形象起重要作用。
目的性：都是為了獲得對方的尊重與信任。

(二) 商務禮儀與傳統禮儀的區別性

規範化：商務禮儀的應用比傳統禮儀更為規範化。
覆蓋性：商務禮儀的性質及具體功能，更被現代社會的商務人士所認可。
適用性：傳統的禮儀只是表面的行為模式；商務禮儀則根據不同的商務場合都有不同的行為模式，其適用性更為廣泛且具體化。

四、商務禮儀的內容

在商務交往中涉及的禮儀很多，但從根本上來講還是人與人之間的交往，所以我們習慣把商務禮儀界定為商務人員交往的藝術。

心理學家指出，我們在別人心目中的初次印象，一般在初次見面后15秒內形成。別人依據我們的衣著打扮、談吐與行為來構成印象，然后推斷我們的性格。要改變惡劣的初次印象並不容易，因此在職人士必須在客戶面前建立一個良好的初次印象，才能使得合作順利。

現今全球經濟一體化，商業社會競爭激烈，要比別人優勝，除了具備卓越能力外，還要掌握有效溝通的手段及形成妥善的人際關係，而更重要的是擁有良好優雅的專業形象和卓越的商務禮儀。若能掌握國際商務禮儀知識，必能鞏固國際商業關係。

形象就是商務人士的第一張名片。在當今競爭日益激烈的社會中，越來越多的企業對企業自身的形象以及員工的形象越來越重視。專業的形象和氣質以及在商務場合中的商務禮儀已成為在當今職場取得成功的重要手段，同時也已成為企業形象的重要表現。

從企業的角度來說，掌握一定的商務禮儀不僅可以塑造企業形象，提高顧客滿意度和美譽度，還能最終達到提升企業的經濟效益和社會效益的目的。商務禮儀是企業文化、企業精神的重要內容，是企業形象的主要附著點。但凡國際化的企業，對於商務禮儀都有高標準的要求，都把商務禮儀作為企業文化的重要內容，同時也是獲得國際認證的重要條件。

商業禮儀包括了語言、表情、行為、環境、習慣等，相信沒有人願意自己在社交場合上因為失禮而成為眾人關注的焦點，並因此給人們留下不良的印象。由此可見，掌握商務禮儀在商業交往中就顯得非常必要了。學習商務禮儀，不僅是時代潮流，更是提升競爭力的現實所需。我們是否懂得和運用現代商務活動中的基本禮儀，不僅反應出我們自身的素質，而且折射出我們的企業文化水平和經營方針。我們的一舉一動，行為舉止都時刻代表著公司的形象，因此不管在任何社交場所下，只要我們代表著公

司，就一定要做到約束自己、尊重他人，樹立良好的企業形象。

注重商務禮儀這一點越來越被現代商業行業的經營實踐所證明。其實，在注重商務禮儀的同時，注重的是商務禮儀的規範性、繼承性、差異性和發展性的特點。

五、商務禮儀的構成要素

禮儀行為不是一個單一的、獨立的行為，而是一種情感互動的過程，得到社會的廣泛認可，有系統性。從內容講，商務禮儀由四項基本要素組成。

禮儀的主體：禮儀活動的操作者和實施者（個人或組織）。

禮儀的客體（禮儀的對象）：禮儀活動的具體指向者和承受者。

禮儀的媒體：禮儀活動所依託的一定的媒介。

禮儀的環境：禮儀活動得以進行的特定的時空條件。

任務 2　商務禮儀的特點和作用

一、商務禮儀的特點

（一）規範性

商務禮儀作為指導、協調商務活動中人際關係的行為方式和活動形式，廣泛涉及社會經濟生活的各個方面，並為社會中全體成員調節相互關係的行為規範，為各國家、各民族、各階級、各黨派、各社會團體以及各階層人士共同遵守。商務禮儀的規範性使禮儀的實施易於落到實處，也便於通過專門訓練達到預期的效果。例如，簽署涉外商務合同時，根據國際慣例，合同文本應同時使用兩國的法定官方語言，或是使用國際通行語言，除準備待簽的正式合同文本，還須向各方提供一份副本。

（二）繼承性

商務禮儀是在一般禮儀基礎上發展起來的，禮儀規範將人們在交往中的習慣、習俗、準則逐漸固定並沿襲下來，形成繼承性的特點，是人類精神文明的標誌之一。當代禮儀都是在既往禮儀基礎上繼承、發展起來的。禮儀是約定俗成的，隨著社會的發展和人們觀念的變化也會逐漸改變。例如，我們在商務會面時常用的握手禮來源於最初的摸手禮。據說當時人們在路上遇到陌生人時，如果雙方均無惡意就會放下手中東西，伸出自己的一隻手（通常是右手），手心朝前，向對方表明自己手中沒有武器，兩人走近再互相撫摸掌心，以示友好。這一習慣沿襲推廣，就成了現在廣泛適用的握手禮。

（三）差異性

雖然不同民族、不同地域、不同宗教的禮儀及規範有許多相通之處和共同特徵，但民族差別、地域差異、文化差異和宗教區別也是非常普遍的。由於國家、地區、宗教、民族、時間、對象等差異，商務禮儀的規範和方式有很多不同之處，禮儀存在著

民族性和地域性。例如，西方國家親朋好友見面時一般行擁抱禮和親吻禮，以示熱情友好；日本人則以鞠躬禮為主；我國舊時一般行拱手禮，現在以握手禮較為常見。可見，不同民族、不同國家有著截然不同的禮儀習俗和規範。

（四）發展性

商務禮儀規範會隨著社會的發展、時代的變遷而不斷發展更新。一方面，由於社會的進化使禮儀不斷發展和完善；另一方面，隨著國際交往的擴大，各國的政治、經濟、思想、文化等因素的滲透，商務禮儀被賦予的新內容增加，禮儀的改革受到重視，簡潔、實用、文明的禮儀活動形式是發展的總趨勢。

二、商務禮儀的作用

商務禮儀的核心是一種行為的準則，用來約束我們日常商務活動的方方面面。商務禮儀的核心作用是為了體現人與人之間的相互尊重。我們可以用一種簡單的方式來概括商務禮儀，即商務禮儀是商務活動中對人的儀容儀表和言談舉止的普遍要求。隨著市場經濟的深入發展，各種商務活動日趨繁多，商務禮儀也在其中發揮著越來越大的作用。

（一）規範行為

禮儀最基本的功能就是規範各種行為。在商務交往中，人們相互影響、相互作用、相互合作，如果不遵循一定的規範，雙方就缺乏協作的基礎。在眾多的商務規範中，禮儀規範可以使人明白應該怎樣做、不應該怎樣做、哪些可以做、哪些不可以做，有利於樹立自我形象、尊重他人、贏得友誼。

（二）傳遞信息

禮儀是一種信息，通過這種信息可以表達出尊敬、友善、真誠等感情，使別人感到溫暖。在商務活動中，恰當的禮儀可以獲得對方的好感、信任，進而有助於事業的發展。

（三）增進感情

在商務活動中，隨著交往的深入，雙方可能都會產生一定的情緒體驗。這種情緒體驗表現為兩種情感狀態：一種是感情共鳴，另一種是情感排斥。禮儀容易使雙方互相吸引，增進感情，導致良好的人際關係的建立和發展；反之，如果不講禮儀、粗俗不堪，那麼就容易令人產生感情排斥，造成人際關係緊張，給對方造成不好的印象。

（四）樹立形象

一個人講究禮儀，就會在眾人面前樹立良好的個人形象；一個組織的成員講究禮儀，就會為該組織樹立良好的形象，贏得公眾的讚賞。現代市場競爭除了產品競爭外，更體現在形象競爭方面。一個具有良好信譽和形象的公司或企業，就容易獲得社會各方的信任和支持，從而在激烈的競爭中處於不敗之地。

(五) 提高素質

市場競爭最終是人員素質的競爭，對商務人員來說，商務人員的素質就是商務人員個人的修養和個人的表現。教養體現於細節，細節展示素質。所謂個人素質，就是在商務交往中待人接物的基本表現。例如，一般有教養的人在外人面前是不吸菸的；有教養的人在大庭廣眾之下是不高聲講話的；在商務交往中，著裝中的首飾佩戴要符合身分，以少為佳。

商務人員時刻注重禮儀，既是個人和組織良好素質的體現，也是樹立和鞏固良好形象的需要，是企業形象、企業文化、員工修養素質的綜合體現，我們只有做好應有的商務禮儀，才能將企業的形象塑造、文化表達提升到一個滿意的地位。

任務3　商務禮儀的基本原則

在開展各種商業活動時，商務禮儀應遵循以下原則：

一、尊敬原則

有人曾把商務禮儀的基本原則概括為「充分地考慮別人的興趣和感情」，尊敬是禮儀的情感基礎。在我們的社會中，人與人是平等的，尊重長輩、關心客戶，這不但不是自我卑微的行為，反而是一種高尚的禮儀，說明一個人具有良好的個人素質。「愛人者，人恆愛之；敬人者，人恆敬之」「人敬我一尺，我敬人一丈」。「禮」的良性循環就是借助這樣的機制而得以發展下去的。當然，禮貌待人也是一種自重，不應以偽善取悅於人，更不可因富貴而覺得高人一等。尊敬人還要做到入鄉隨俗，尊重他人的喜好與禁忌。總之，對人尊敬和友善，這是商務禮儀中處理人際關係的一項重要原則。

二、誠信原則

誠信，即誠實守信。誠實是指待人的真實不欺和說話客觀公正；守信是指人說話算數，言行一致。古人云：「守禮者，定知廉恥，講道義。」禮儀絕不是外表的偽飾，真正掌握商務禮儀精髓的人是發自內心地表現出對他人的尊重、友好以及表裡如一。

商務人員的禮儀主要是為了樹立良好的個人形象和組織形象，因此禮儀對於商務活動的目的來說，不僅僅在於其形式和手段上的意義。同時，商務活動的開展並非短期行為，從事商務活動，越來越注重講究禮儀的長遠利益。只有恪守誠信原則，著眼將來，通過長期潛移默化的影響，才能獲得最終的利益。也就是說，商務人員與企業要愛惜其形象與聲譽，就不應僅追求禮儀外在形式的完美，更應將其視為商務人員情感的真誠流露與表現。

三、對等原則

商務禮儀是建立在對等基礎之上，並將對等作為商務禮儀的基本原則，這是商務

禮儀不同於傳統禮儀的根本之處。美國心理學家馬斯洛的需求層次理論認為，每個人都有由低至高五個層次的需求：生理、安全、社交、自尊、受到尊重及自我價值的實現。商務交往中禮儀的運用同樣要遵循這一理論。

四、自律原則

商務禮儀的自律原則是指在商務交往中，在沒有任何監督的情況下，商務人員都能依據禮儀規範要求自我、約束自我、對照自我、自我反省、自我檢查。在商務交往中，言語不失禮、行動不出格、儀態不失態，要善於自律原則，「非禮勿視，非禮勿聽，非禮勿言，非禮勿動」。

五、謙和原則

謙就是謙虛，和就是和善、隨和。謙和既是一種美德，又是社交成功的重要條件。《荀子‧勸學》有言：「故禮恭，而后可與言道之方；辭順，而后可與言道之理；色從，而后可言道之致。」也就是說，只有舉止、言談、態度都是謙恭有禮時，才能從別人那裡得到教誨。謙和在社交中表現為平易近人、熱情大方、善於與人相處、樂於聽取他人的意見，顯示出虛懷若谷的胸襟。

當然，我們此處強調的謙和並不是指過分的謙和、無原則的妥協和退讓，更不是妄自菲薄。應當認識到，過分的謙和其實是社交的障礙，尤其是在和西方人的商務交往中，不自信的表現會讓對方懷疑你的能力。

六、寬容原則

寬即寬待，容即相容，寬容就是心胸坦蕩、豁達大度，能設身處地為他人著想，諒解他人的過失，不計較個人的得失，有很強的容納意識和自控能力。寬容是待人的一般原則，也是商務禮儀所必須遵循的基本原則。寬容原則就是既要嚴於律己，更要寬以待人。

中國傳統文化歷來重視並提倡寬容的道德原則，並把寬以待人視為一種為人處世的基本美德。從事商務活動，也要求寬以待人，在人際紛爭問題上保持豁達大度的品格或態度。在商務活動中，出於各自的立場和利益，難免出現衝突和誤解。遵循寬容原則，凡事想開一點，眼光看遠一點，善解人意、體諒別人，才能正確對待和處理好各種關係與紛爭，爭取到更長遠的利益。

七、「適度」原則

人際交往中要注意各種不同情況下的社交距離，也就是要善於把握溝通時的感情尺度。古話有云：「君子之交淡若水，小人之交甘若醴。」在人際交往中，溝通和理解是建立良好的人際關係的重要條件，但如果不善於把握溝通時的感情尺度，即人際交往缺乏適度的距離，結果會適得其反。例如，在一般交往中，既要彬彬有禮，又不能低三下四；即要熱情大方，又不能輕浮諂諛。所謂適度，就是要注意感情適度、談吐適度、舉止適度。只有這樣才能真正贏得對方的尊重，達到溝通的目的。

掌握並遵行禮儀原則，在人際交往、商務活動中，才有可能成為待人誠懇、彬彬有禮之人，才能受到別人的尊敬和尊重。一個人的談吐和禮儀往往也代表著公司的形象，個人的素質高低也是客戶對企業評分的標準之一。

【案例分析】

放錯位置的國旗

張先生是市場行銷專業本科畢業生，就職於某大公司銷售部，工作積極努力，成績顯著，3年后升職銷售部經理。一次，公司要與美國某跨國公司就開發新產品問題進行談判，公司將安排接待的重任交給張先生負責，張先生為此也做了大量的、細緻的準備工作。經過幾輪艱苦的談判，雙方終於達成協議。可就在正式簽約的時候，美方代表團一進入簽字廳就拂袖而去，是什麼原因呢？原來在布置簽字廳時，張先生錯將美國國旗放在簽字桌的左側。項目告吹，張先生也因此被調離崗位。

分析：中國傳統的禮賓位次是以左為上，以右為下，而國際慣例的座次位序則是以右為上，以左為下。在涉外談判時，應按國際通行的慣例來做。否則，哪怕是一個細節的疏忽，也可能會導致功虧一簣、前功盡棄。

模塊 2　商務人員的基本禮儀

【模塊速覽】

任務 1　儀容禮儀
任務 2　著裝的基本禮儀
任務 3　男裝禮儀
任務 4　女裝禮儀
任務 5　飾物禮儀
任務 6　儀態禮儀
任務 7　表情禮儀

【案例導入】

維護好個人形象

鄭偉是一家大型國有企業的總經理。有一次，他獲悉一家著名的德國企業的董事長正在本市進行訪問，並有尋求合作夥伴的意向。於是他想盡辦法，請有關部門為其與對方牽線搭橋。

讓鄭偉欣喜若狂的是，對方也有興趣同鄭偉的企業進行合作，而且希望盡快與鄭偉見面。到了雙方會面的那一天，鄭偉對自己的形象刻意地進行了一番修飾，他根據自己對時尚的理解，上穿夾克衫，下穿牛仔褲，頭戴棒球帽，足蹬旅遊鞋。無疑，鄭偉希望自己能給對方留下精明強干、時尚新潮的印象。

然而事與願違，鄭偉自我感覺良好的這一身時髦的「行頭」，卻偏偏壞了他的大事。鄭偉與德方的第一次見面屬國際交往中的正式場合，應該穿正裝，即穿西服或傳統中山服，以示對德方的尊敬。鄭偉沒有這樣做，德方認為：此人著裝隨意，個人形象不合常規，給人的感覺是過於前衛、尚欠沉穩，與之合作之事當再作他議。

任務 1　儀容禮儀

一、商務人員儀容基本要求

儀容通常是指人的外觀、外貌。其中的重點則是指人的容貌。在人際交往中，每個人的儀容都會引起交往對象的特別關注，並將影響到對方對自己的整體評價。

儀容儀表的塑造對各個行業來說，都非常重要，商務人士的個人形象是該企業或該單位的形象展示，因此注重個人形象是商務人士應該具備的一項基本素質，也是尊重他人的重要表現。

儀容的基本要素有面部、頭髮、肢體，基本要求是面要淨、髮要齊、體要雅、味要佳。

（一）面要淨

面要淨的基本要求：清潔無異物、健康無瘡破、清新而自然。

1. 清潔無異物

職場人員面部修飾的第一要務是乾淨清爽。要做到這一點，必須養成平時勤洗臉的好習慣。每天僅在早上起床後洗一次臉是遠遠不夠的。午休後、勞動出汗後等都應自覺及時地洗臉，並且要耐心細緻、洗得乾淨清爽。

對於職場女性來說，每次清洗完面部之後，還要注意適當地化妝修飾。對於職場男性來說，不蓄鬚是基本從業要求（有特殊宗教信仰與民族習慣者除外）。鬍子拉碴面對任何人而言都是失禮的行為，所以還要養成每天上崗之前修面剃鬚的好習慣。

2. 健康無瘡破

職場人員給服務對象的總體印象應該是健康有活力且精力充沛的。若面部或肢體裸露部位長了皮癬、痤瘡、疱疹等，必須及時醫治，並且在未治癒期間不宜與服務對象進行正面接觸。

3. 清新而自然

清新是儀容修飾的最佳狀態，自然是儀容修飾的最高境界。清新而自然的面部會讓人看起來真實而生動、大方而親切，因此職場人士在進行面部修飾時，要注意把握分寸，不要過於做作，真正實現「秀外」與「慧中」完美結合。

（二）髮要齊

髮要齊的基本要求：清新自然、乾淨利落、端莊文雅、無灰塵、無頭屑、無異味。

頭髮長短具體要求：男「四不」，即前不覆額、側不掩耳、後不及領、面不留鬚；女「三不一要」，即前髮不擋眼、後髮不過肩、上崗不披髮、長髮要束起。

頭髮位於人體的制高點，常常是一個人被注視的重點。完美的形象，從頭開始。職場人士進行頭髮修飾時，通常情況下每週應至少清洗頭髮 2~3 次。長髮過肩者上崗前應束髮、盤髮或將頭髮繫在工作帽內。

(三) 體要雅

1. 手

「三前三后」，即上下崗前、吃飯之前、接觸物前，外出歸來后、弄臟手后、去完洗手間后，都要注意手的清潔。手部通常露在服飾之外，比較容易受到細菌和污垢的污染，一定要注意保持手部清潔。職場工作人員還要注意用手的不雅動作，在工作崗位上不宜用手揉眼睛、摳鼻孔、掏耳孔、撓頭髮、剔牙齒、抓癢等。在特殊服務崗位，為了衛生保潔，還必須戴上乾淨的手套。

2. 指甲

指甲應三天一修剪、五天一檢查，保證指甲規範。職場人士無論男女，都不宜留長指甲，應該自覺養成「三天一修剪、五天一檢查」的好習慣。修剪指甲的同時還應注意清除指甲兩邊的死皮。對於女性從業者來說，為增加指甲的光潔度和色澤感，可適當塗抹無色或者自然肉色等淺色指甲油。彩色指甲油、藝術指甲，包括刺字、紋身等是絕對不允許的。

3. 腋

腋毛不外露、外露剃乾淨。在工作中，腋毛外露是極不雅觀的，也是對服務對象的不尊重，因此職場人士在工作中要保證腋毛不外露。

4. 腿腳

遠看頭、近看腳；不露腿、不露腳。一般來說，男性要穿著長褲，穿皮鞋；女性要穿長褲或裙裝，著裙裝時必須配以肉色透明絲襪，穿皮鞋。不允許光腳穿鞋，也不能穿「空前絕后」的涼鞋或者拖鞋，否則會顯得不正式，或者過於散漫，引起客人反感。

(四) 味要佳

味要佳的基本要求：無異味、無異物、克服異響。

要勤刷牙、多漱口、防異味、展微笑。勤刷牙是保證口腔衛生的首要環節。刷牙時要注意採用正確而科學的方法，每天刷牙次數是早、中、晚三次，每次的刷牙時間應至少三分鐘，養成吃完食物及時漱口的習慣。上崗前要照照鏡子，檢查牙縫裡是否有異物。如果有異物，可使用牙籤到無人的地方處理。為防止因食物原因而產生口腔異味，在工作時間應避免食用一些氣味過於刺鼻的食物，如蔥、蒜、韭菜、腐乳、蝦醬等，同時禁止飲酒和吸菸。還應有意識地呵護自己的唇部，用心保養，防止唇部起皮、干裂或生瘡。天氣干燥的秋冬季，可適當使用滋潤唇膏。除此之外，還要保持勤洗澡、勤換衣的好習慣。

二、商務人員的美髮禮儀

根據職業要求，選擇髮型時要既能體現服務工作的性質，又能展示個人的風格，從而給別人留下美好的形象。在髮型的選擇上，應注意協調性。

(一) 髮型與臉型相協調

髮型對人的臉部有極強的修飾作用，不同的臉型在選擇髮型時要注意揚長避短。

例如，長臉型適宜用「劉海」遮住額頭，加大兩側頭髮的厚度，以使臉部豐滿起來；圓臉型適宜將頂部頭髮梳高，兩側頭髮適當遮住兩頰，使臉部有被「拉長」的效果。

(二) 髮型與體型相協調

髮型選擇的得當與否，會對體型的整體美產生極大的影響。例如，體型瘦高的人，適宜留長髮；體型矮胖者，適宜留有層次感的短髮。

(三) 髮型與服飾相協調

為體現個人形象的整體美，髮型必須根據服飾的變化而改變。例如，穿著禮服或制服時，女性可選擇盤髮或短髮，以顯得端莊秀麗；穿著輕便服裝時，女性可選擇適合自己臉型的輕盈髮式。

特別要注意的是，目前流行的染燙髮大受年輕人的青睞，服務行業的人員要按照行業要求謹慎行事，不應盲目追趕時髦和標新立異。若要染髮，宜選擇自然色系的彩油，切忌顏色過於誇張怪異；若要燙髮，宜選擇自然大方的髮型，切忌過於時髦個性。

三、商務人員的化妝禮儀

(一) 基本要求

1. 基本原則

(1) 淡雅端莊。職場的工作妝要符合角色定位，要自然大方、素淨雅致，沒有明顯的修飾痕跡，這樣才能與自己的身分相稱，才會被別人接受和認可。

(2) 簡潔大方。職場的工作妝要以簡潔大方為本，通常修飾的重點主要是面部、眼部和唇部，其他部位可以不予考慮。

(3) 整體協調。職場的工作妝各部位要整體協調，要注意使用同一色系的色彩，並要在不同時間、不同場合、做不同工作時化不同的工作妝。

2. 妝后要求

(1) 左右是否對稱。化妝完成後，務必檢查臉、眉、腮、唇等部位，看兩邊的形狀、大小、弧度是否對稱，色彩濃度是否一致。

(2) 過渡是否自然。化妝完成後，務必檢查臉部與脖子、鼻梁與兩側、腮紅與臉色、眼影顏色等的過渡是否自然。

(3) 整體是否協調。化妝完成後，應在鏡前半米處審視自己，對臉部整體平衡做出正確評估，並去掉殘留物。

3. 基本過程

(1) 妝前準備。①束髮。化妝前，應先用寬髮帶或毛巾將頭髮束起來或包起來，使臉部輪廓更加清晰，防止散髮妨礙化妝，也可防止化妝時弄髒頭髮。②活膚。選用適合自己膚質的洗面奶去除臉上的油污、灰塵和汗漬，注意最好用溫水清潔面部。③護膚。選用適合自己膚質的爽膚水和面霜輕輕拍在面頰上，保證皮膚滋潤和保濕。為防止眼部皮膚干燥，可取用適合的眼霜，用無名指由內向外輕抹在眼睛周圍，並做適當按摩。為有效保護皮膚，建議護膚后塗抹隔離霜。目前市場上很多隔離霜產品還

有修正膚色的作用，可以調整不均勻的膚色，能為展現好的皮膚狀態打下基礎。

（2）化妝過程。①臉部。選擇與膚色相近的粉底，用手指或海綿少而均勻地向外推開，做到輕薄通透。而后用粉撲蘸取少量蜜粉，輕輕按壓在面部，起到定妝的作用。面部打底時，切忌粉底過白，那樣會顯得妝很濃豔。還要特別注意臉與脖子的銜接，「白臉黑脖」面對其他人是非常失禮的。②眼部。一是描畫眼線。眼線可以使眼睛顯得明亮而有神採。職業妝的眼線，可用眼線筆或眼線膏沿著睫毛根部輕輕描畫較細的線條，填補睫毛的縫隙即可。二是塗抹眼影。職業妝的眼影一般塗在雙眼皮褶皺處或單眼皮睜開后露出 1~2 毫米的區域；顏色以內斂的咖啡色系或清晰的湖藍色系為首選。三是刷睫毛膏。適度卷翹的睫毛能讓人看起來更加精神。可先用睫毛夾使睫毛「上翹」，再輕輕塗上睫毛膏。為使睫毛更長更密，可等睫毛膏干后再刷第二遍、第三遍，不過事后一定要用眉刷上的小梳子梳開，以防出現「蒼蠅腿」。四是描畫眉毛。為提高化職業妝的速度，建議妝前修好合適的眉形。若眉形較好，可選用眉粉順著眉形輕刷即可；若眉形不太完整，可用眉筆順著眉毛生長方向輕輕填補，之后再用眉刷刷勻。③唇部。化職業妝時，對唇部的修飾只需選用與裝面顏色協調的唇膏或唇彩輕輕塗抹即可。若嘴唇干裂或脫皮，可先使用潤唇膏，之后再上妝。④腮紅。腮紅可以增加面部的紅潤感，同時可適當修飾面部的輪廓。其選擇的顏色要和整個妝面協調一致。一般的塗抹方法是以微笑時臉上的笑肌為起點，朝斜上方輕輕抹開。

（3）適時補妝。一般來說，妝面殘缺待人是不禮貌的。如果妝容脫落，就需要及時補妝。特別要提醒的是，女性從業者化妝或補妝時，一定要遵循個人修飾的避人原則，不要在公共場合或異性面前化妝。

【拓展閱讀】

不同年齡階段的化妝技巧

1. 少女怎樣化妝

少女妝的特點應在於自然，予人以青春朝氣和不加修飾之感。由於少女的皮膚細膩、嬌嫩而富有彈性和光澤，在化妝時宜突出兩頰和嘴唇處，不宜描眉、塗眼影和上較誇張的粉底。在技巧上，應清淡自然、似有若無，切忌濃妝豔抹，反倒失去自然美。

具體方法：清潔皮膚，一定要徹底洗淨，因為青春期皮膚油脂分泌較多，若不保持清潔易生粉刺等；塗上潤膚劑，以輕拍方式施以化妝水，以整理肌膚；塗上一層薄薄的淺色調的粉底，雙頰掃以淡淡的棕紅色胭脂；唇部畫好唇形后，宜塗上粉紅色、橙色等富有朝氣色彩的唇膏；睫毛上可塗上淡淡的黑色睫毛膏，強調明亮的雙眼；在整個以粉紅色和棕色為基調的臉部，還可略施薄薄的透明狀松粉，更顯露出柔和鮮豔的膚色。清新而豔麗是少女化妝的目標。

2. 少婦怎樣化妝

有人說，女性最令人著迷的階段就是少婦時期，因為這時她們身上既保持著青春，又添加了成熟之美。此話確有道理，但女性到了這一時期，皮膚已或多或少地出現細小的皺紋，膚色也不如少女時紅潤和有光澤，因而要展示成熟的美感，需掌握化妝的技巧。

少婦化妝的原則是白天講究化妝的整體淡雅，晚間則可稍微濃重一些。具體操作時則應視五官不同情況強調優點、掩飾缺點。選擇的粉底應是稍帶粉紅色調的，以增添面部的青春氣息；使用的香粉應是淡紫色調的，可令皮膚色澤更柔和白皙。塗搽胭脂時，宜面對鏡子做微笑狀，找出臉頰鼓起的最高處施以胭脂，胭脂的色調宜與自然膚色相近，以求淡雅效果。少婦化妝時，最忌效仿少女妝，而應重在展現其青春風韻猶存、成熟之美初生的風姿。

3. 中年婦女怎樣化妝

由於中年婦女面部普遍布有皺紋，因此化妝重在掩飾。可選用稍暗色調的粉底，在有皺紋的地方輕輕塗抹，應沿著皺紋紋路的起向輕塗，否則垂直塗抹粉底會使之存留於皺紋之中，使皺紋更為明顯。粉底宜塗得薄而均勻。為進一步掩飾皺紋，必須降低皮膚的亮度，因此應用質好細膩的香粉撲面。選用胭脂時應視面部的不同情況而定。液狀胭脂有濕潤作用，粉狀胭脂則能掩飾粗大的毛孔。中年婦女的化妝宜突出自然、優雅之感。

4. 50歲以上婦女怎樣化妝

50歲以上的婦女，尤其是年齡過了60歲的婦女，已步入老年行列。我國的老年婦女大多不愛打扮，認為人老珠黃再美容化妝會惹人說笑，但這是極為錯誤的觀念。其實即使是老年人，也可借助巧妙的化妝技巧來美化自己，展現「黃昏」之美，白髮紅顏更予人強烈的美感。老年婦女應選用接近自然膚色的粉底，過深或過淺色調的粉底反而會使皺紋更為顯眼；眼影不可選用油質的或帶有閃光的，否則會使眼部油膩無神而顯浮腫；唇膏宜選用顏色柔和的，忌用過於豔麗的色彩，在塗唇膏時不宜畫唇線；在修正眉形時，可將眉毛稍稍描一下。老年婦女的裝飾應上下統一而協調，給人高雅之感。在穿衣時，最好將皺紋較多、肌肉松弛的頸部掩飾住，使面部化妝效果更為明顯。

(二) 具體要求

1. **皮膚的清潔**

皮膚的類型有中性皮膚、油性皮膚、乾性皮膚、乾燥油性皮膚（見圖2-1）。皮膚具有保護、吸收、分泌、調節體溫、代謝、感覺、免疫等功能，皮膚保養的方法有徹底清潔、保濕、防曬等。

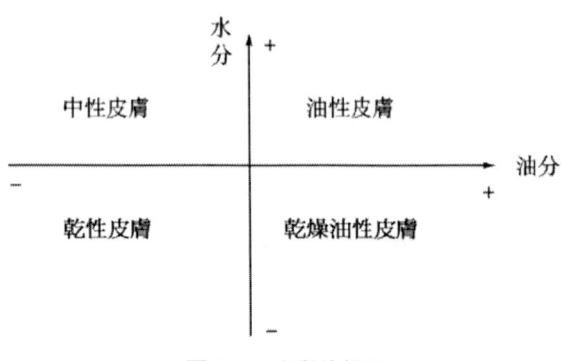

圖2-1 皮膚的類型

（1）徹底清潔。潔面產品的選擇最關鍵是溫和沒有刺激，不但對皮膚沒有刺激，對眼睛也沒有刺激。另外，潔面產品應清潔能力強且容易清洗乾淨，殘留極少；殘留物對皮膚沒有傷害。高級的潔面產品除了膚感出色、塗抹輕柔、泡沫細軟外，不能有拉絲和啫哩狀的感覺；還要有營養和保濕的功效，清洗后皮膚清爽而不緊繃。使用洗面奶或潔面凝露一般建議用溫水洗臉，大概37℃左右。因為當皮膚有一定溫度和濕度時，護膚品的吸收最好，冷水清潔皮膚后，護膚品吸收會慢，而熱水清潔皮膚會造成一定的損傷。很多痘痘是因為清潔不當、毛孔堵塞而引起的，所以一定要學會正確的清潔皮膚的方法。最好選用溫和、純淨的有效清潔護膚品，不含任何刺激性清潔劑、色素、添加劑和防腐劑的低過敏產品則比較理想。使用時，最好能配合同一系列的爽膚水來使用，既有再次清潔的作用，又能補充水分、調理皮膚油脂。要養成良好的生活習慣，很多不良的生活習慣都會導致痘痘的生長。比如經常熬夜，導致內分泌系統紊亂，容易出現痘痘；經常吃刺激性的、油炸的食物容易出現痘痘；心情緊張煩躁，會增加油脂的分泌，容易長痘痘。要想徹底和痘痘說再見，必須堅持良好的生活習慣和作息規律，保證充足的睡眠；少吃刺激性的食物，多吃清淡的滋補性的食物；每天都保持開朗愉快的心情。

（2）保濕。洗臉的水不能太熱，用潔面乳洗過臉后，用爽膚水、護濕乳液滋潤皮膚是每天都要做的功課，這有助於進一步補充水分；如果有化妝的習慣，在化妝前塗上保濕用品的話還有使妝容更持久的效果。面對著空調和電腦，皮膚中的水分也一點點地流失了。在這種情況下，小巧的保濕噴霧可以幫助解決「給皮膚喝水」的難題，只需要直接噴在皮膚上，輕輕按摩一下就可以了。多喝水也是最好的補充水分的方法，治標又治本，一定要堅持。晚間皮膚的護理最好在晚上10點以前進行，因為夜晚11點至凌晨2點是肌膚細胞最為活躍的時候，此時應運用功效高的保養品以達到深層滋養修護的目的。

（3）防曬。防曬從來都是不分季節的。研究顯示，日曬可能導致皮膚癌變，日光燈對皮膚也具有同樣的損害，還可能導致對眼睛的損害（如白內障），損害人體免疫系統功能，在臉上留下難看的曬斑、皺紋及皮革樣的皮膚。身體的光損害是由不可見的紫外線（UV）引起的，皮膚曬斑就是光損害的一種類型。曬黑皮膚的其他方法也是與紫外線發生反應而引起的皮膚色素改變，然而這種情況下常常缺乏有效的皮膚保護。防水的防曬霜在皮膚上停留的時間較長，不防水的防曬霜需要反覆多次塗抹。

【拓展閱讀】

不同季節的化妝技巧

1. 夏季化妝

夏季的化妝品宜用耐汗和不怕水的，以褐色色調為主色調。粉底宜選用較膚色低一至二度的色調，可用海綿搭塗。比較容易出汗的皮膚及油性皮膚還可撲上暗色彩的香粉。雙頰宜用乳霜狀或粉狀的褐色胭脂搭塗。用褐色系唇筆描出唇形，宜用褐色或桔黃色、紅色的唇膏。可用藍、綠、紫色眼影與夏季服裝的華美色彩配合。上眼瞼中

央、下眼瞼可用褐色眼影，眼角宜用綠色。眼線的顏色宜與眼影相同，眉毛宜保持自然形狀。

2. 冬季化妝

冬季萬物凋零，人們的衣著打扮也以暗色調為主，因而冬季的化妝不宜過於豔麗，應與衣著的顏色、風格相一致。宜選用暗色調的粉底，薄薄施上一層；宜選用有防止水分、油脂丟失作用的潤膚劑。雙頰可用玫瑰紅、明亮的桃紅色或琥珀色、肉色胭脂塗抹，前者可產生溫暖感，後者則有嚴峻之感。嘴唇可選用既有防干裂作用又有美化作用的稍暗色調的唇膏。眼線用黑色較好。眉毛宜保持自然形狀。

2. 眼睛的護理

眼睛的護理的基本要求是清潔健康、炯炯有神、綻放光彩。

（1）眼部的清潔。眼睛是心靈的窗戶，為給對方留下良好的第一印象，首先要注意眼部衛生，及時清除眼角的分泌物。

（2）眼病的防治。職場中要注意預防「沙眼」「紅眼病」等傳染性眼病，尤其是商務人士，一旦患病，必須及時治療。

（3）眼鏡的佩戴。一般來說，商務場合不宜佩戴框架眼鏡，避免目光交流的障礙，若佩戴眼鏡，也應注意以下三點：

①眼鏡的選擇。選擇眼鏡時，除了考慮實用性之外，還必須注意其質量和款式。

②眼鏡的清潔。佩戴框架眼鏡，一定要及時擦拭眼鏡以保持鏡片清潔，必要時還應定期清潔框架。

③墨鏡的佩戴。墨鏡的主要作用是防止紫外線傷害眼睛，商務場合應及時取下。

3. 眉毛的修飾

彩妝專業人士曾說：沒有任何東西比眉毛更能夠改變一個人的臉了！

（1）眉毛的組成。眉毛由眉頭、眉峰、眉尾組成。眉毛修飾的基本要求是眉長自鼻翼至眼尾斜上去 45 度的延長線上，眉頭與眉尾必須在同一水平線上，位於眼頭的垂直上方；眉峰位於眼睛直視之眼球外側上方距眉頭約 2/3 處（依表情而易動的地方，見圖 2-2）。

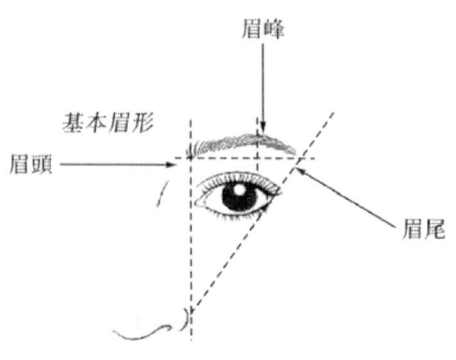

圖 2-2　眉毛的修飾

（2）眉毛的作用。

眉峰的作用如下：

眉峰越高，顯臉越長；眉峰越低，顯臉越短。

眉峰越靠近眉頭，顯臉越窄；眉峰越靠近眉尾，顯臉越寬。

眉毛長度的作用：長眉會使臉看起來纖細；短眉會使臉看起來變大。

眉毛寬度的作用：粗眉會使臉看起來較瘦；細眉會使臉看起來變大。

幾種眉形的作用與效果如圖 2-3 所示：

直線眉　　　　　　　　　曲線眉　　　　　　　　　角度眉
年輕、活潑、　　　　　　優雅、溫婉、　　　　　　理智、成熟、
富有青春氣息　　　　　　富有女性美　　　　　　　富有個性美

四分之三眉　　　　　　　二分之一眉　　　　　　　三分之二眉

圖 2-3　不同眉形的作用與效果

（3）修眉的步驟。第一步，兩眼之間的正常距離為一只眼睛的距離；第二步，先逆刷；第三步，再順刷；第四步，定出眉頭、眉峰、眉尾的位置；第五步，用眉刀傾斜 45 度修去眉心多餘的眉毛；第六步，把眉毛上面多餘的雜眉毛修掉；第七步，用眉剪把眉頭過長的眉毛修短。

（4）眉筆的顏色選擇。根據年齡選擇眉筆的顏色：中老人宜用灰黑色；年輕人宜用咖啡色。根據頭髮選擇眉筆的顏色：咖啡色系頭髮宜用咖啡色；黑色及紫色系頭髮宜用灰黑色。根據服飾選擇眉筆的顏色：冷色系用灰黑色；暖色系用咖啡色。

（5）眉筆的色彩的注意事項以色彩區域最大的作為基準，選擇與之相符的同色系；靠近脖子的區域（絲巾、紐扣等）作為眉筆的挑選基準，如果是花色，則選擇底色作為主要色彩；生活妝切忌黑色的眉毛，因為它會使人看起來不自然。

（6）臉形與眉形。圓形臉：修眉時，要將眉峰抬高，可使臉部具有拉長的功效。長形臉：適合直線眉。棱角分明的臉形：眉峰不應該有角度，也不能太高，眉形要稍圓。

4. 腮紅的修飾

腮紅又稱為胭脂，使用后會使面頰呈現健康紅潤的顏色。如果說眼妝是臉部彩妝的焦點，口紅是化妝包裡不可或缺的要件，那麼腮紅就是修飾臉型、美化膚色的最佳工具。

腮紅的畫法具有很強的時尚性。腮紅是用來塑造立體感的，就像服裝想要展現個性時，會佩戴上皮手環，將橘棕色腮紅刷在顴骨上也能展現妝感的個性；想要展現甜蜜感時，就戴上糖果色手環，刷上粉色圓腮紅也可讓妝感瞬間變得可愛甜美。

腮紅修飾的類型如下：

（1）圓形腮紅。這是最常見、最簡單的腮紅畫法。只要對著鏡子微笑，在兩頰凸

起的笑肌位置，以畫圓的方式刷上腮紅即可。不過這款腮紅的妝效比較甜美可愛，淑女風格就不適宜這種腮紅類型。

（2）扇形腮紅。這款腮紅的面積較大，不僅能修飾臉形，也能烘托出好氣色。腮紅的位置是太陽穴、笑肌、耳朵下方三者構成的扇形，注意刷腮紅時的方向，要從頰側往兩頰中央上色，才能讓最深的腮紅顏色落在頰側的位置，達到修飾臉形的目的。

（3）頰側腮紅。如果覺得自己的臉形太圓潤，不妨試試頰側腮紅畫法，可讓臉形看起來較瘦長。頰側腮紅的技巧是選擇較深色的腮紅，如磚紅、深褐色，刷在臉頰的外圍，也就是耳際到頰骨的位置，範圍可略微向內延伸到顴骨的下方，這樣會讓臉形看起來更立體。

（4）雙色腮紅。結合扇形腮紅和斜長腮紅的雙重畫法，先在兩頰刷上深色的扇形腮紅，再於扇形的上方重疊淺色的斜長腮紅，就能達到修飾「大圓臉」的作用。

5. 口紅的修飾

（1）口紅的顏色。桃紅色：這種色彩與紅色、紫色相近，是一種明亮的色彩，其浪漫、嬌嫩的特質，能表現出明朗可愛的性格，因此特別適合少女使用。玫瑰色：這種色彩比桃紅色稍為濃些，也是一種比較明亮的色彩，其華麗、成熟的特性，可表現出奔放、成熟的性格，因此比較適合成熟的女性使用，尤其是新娘。紅色：這種色彩是口紅的代表色，應用極廣，可顯出熱情、高貴、耀眼的性格。橙色：這種色彩是紅色與黃色所混合出的明亮色彩，讓人顯得健康、年輕，可表現出健康、樂觀、青春的韻味。褐色：這種色彩實際上是加濃的橙色，可展現出穩重、幹練、個性化的特質，然而由於顏色接近紫色，而紫色唇膏較不受一般婦女喜愛，因此只有舞臺表演者較常使用。豆沙色：這種色彩雖不華麗，卻能表現出自然、樸實、友善的性格，極適合中年婦女使用。淺粉紅色：這種色彩是一種優美的色彩，很適合端莊、文靜的女孩使用。紫色系：這種色彩富有神祕、高貴、浪漫的氣質。

（2）唇色與性格。清純可愛型選擇以粉色為主的淡雅色系，如珍珠粉紅、粉桔、粉紫等，能很好地流露少女的純情與活潑，切忌濃豔和強烈的色彩；豔麗妖媚型選擇大紅、薰紫的唇色，冷豔剔透，散發熱情性感的魅力；高雅秀麗型選擇玫瑰紅、紫紅或棕褐色的唇色，成熟柔美中又予人知性、優雅的高貴感覺。

（3）根據膚色選擇唇色。皮膚白晳的選擇冷色系（帶藍色）的唇色，如紫紅、玫紅、桃紅等，可使人煥發出青春浪漫的神採；選擇暖色系（帶黃色）的唇色，如暖茶紅、肉桂色等，則洋溢著成熟的優雅氣息。皮膚暗黃的只宜選擇暖色系中偏暗的紅色，如褐紅、梅紅、深咖等，以使膚色顯得白晳透明；不宜擦淺色或含銀光的口紅，因為淺色口紅會與皮膚形成對比，而使皮膚顯得更為暗淡。

（4）根據年齡選擇唇色。年輕而皮膚較白嫩者，口紅色彩可略鮮明些，如淡紅、變色口紅及桃紅色。中年婦女應選用深紅、土紅等莊重的色彩。

（5）臉形與唇形。倒三角臉形下顎線給人舒服美感，所以描上唇時要將唇峰描尖、薄，但嘴角須稍向上描畫，下唇則描出明顯的船底形。菱形臉上唇顏色稍淡，整個唇形保持豐滿，唇峰圓潤。圓形臉將嘴唇塗得小又滿，一條細線會讓圓臉的人看起來像一個快樂的紐扣。方形臉應將下嘴唇畫成略帶倒三角形狀以和方形寬下巴對應。三角

形臉勿將唇形描小，否則反而會強調出臉部的寬度，描畫時以帶有光澤為佳。

(三) 儀容的修飾的注意事項

1. 儀容要乾淨

要勤洗澡、勤洗臉，脖頸、手都應乾乾淨淨，並經常注意去除眼角、口角及鼻孔的分泌物。要勤換衣服，消除身體異味。有狐臭要搽藥品或及早治療。

2. 儀容應當整潔

整潔，即整齊潔淨、清爽。要使儀容整潔，重在持之以恒，這一條與自我形象的優劣關係極大。

3. 儀容應當衛生

講究衛生是公民的義務，應注意口腔衛生，早晚刷牙，飯后漱口，不能當著客人面嚼口香糖。指甲要常剪，頭髮要按時理，不得蓬頭垢面、體味熏人，這是每個人都應當自覺做好的。

4. 儀容應當簡約

儀容既要修飾，又忌諱標新立異，簡練、樸素最好。

5. 儀容應當端莊

儀容莊重大方、斯文雅氣，不僅會給人以美感，而且易於使自己贏得他人的信任。相比之下，將儀容修飾得花裡胡哨、輕浮怪誕，是得不償失的。

【拓展閱讀】

正確使用香水

香水是美容的化妝品之一，香水不僅能除臭、添香、止癢、消炎、防止蚊叮蟲咬等，而且還能刺激大腦，使人興奮，消除疲勞。但使用香水亦有講究，主要如下：

第一，最好將香水灑在手腕、頸部、耳后、太陽穴、臂彎裡、喉嚨兩旁、膝頭等不完全暴露的部位，這樣香味隨著脈搏跳動、肢體轉動而飄溢散發。為避免香水對皮膚的刺激，可灑在衣領、手帕處。千萬不要將香水搽在面部，那樣會加速面部皮膚老化。

第二，不要在毛皮衣服上灑香水，因為香水的酒精成分會使毛皮失去光澤。如果將香水灑在淺色衣服上，日曬后會出現色斑。因此，盡量避免將香水直接灑在衣服上。

第三，不可將香水噴在首飾上，應該先搽香水，等完全乾后，再戴項鏈之類的飾物。否則會影響飾物的顏色及光澤。

第四，香水不宜灑得太多、太集中，最好在離身體20厘米處噴射。如果在3米以外還可以嗅到身上的香水味，則表明用得太多。

第五，搽用香水后不宜曬太陽，因為陽光的紫外線會使搽過香水的部位發生化學反應，嚴重的會引起皮膚紅腫或刺痛，甚至誘發皮炎。

第六，不要同時將不同牌子的香水混用，因為那樣會使香水變味或無效。

第七，夏日出汗后不宜再用香水，否則汗味和香味混雜在一起，給人留下污濁、不清新的感覺。因此，多脂、多汗處忌灑香水，以免怪味刺鼻。

第八，患有支氣管哮喘或過敏性鼻炎的人，最好不要用濃香型的香水。

任務2　著裝的基本禮儀

儀表，即人的外表，包括容貌、舉止、姿態、風度等。在人際交往中，一個人的儀表不但可以體現他的文化修養，也可以反應他的審美趣味。穿著得體，能贏得他人的信賴，給人留下良好的印象。相反，穿著不當、舉止不雅，往往會降低自己的身分，損害自己的形象。由此可見，儀表是一門藝術，既要講究協調、色彩，也要注意場合、身分。同時，儀表又是一種文化的體現。儀表具體來說，就是著裝要得體。

一、職場著裝的基本原則

(一)「TPO」原則

「TPO」是西方人提出的服飾穿戴原則，即英文「時間（Time）」「地點（Place）」「場合（Occasion）」。穿著的 TPO 原則，要求人們在著裝時以時間、地點、場合三項因素為準。

1. 時間原則

時間既指每一天的早、中、晚三個時間段，也包括每年春夏秋冬的季節更替，以及人生的不同年齡階段。時間原則要求著裝考慮時間因素，做到隨「時」更衣。例如，通常人們在家中或進行戶外活動，著裝應方便、隨意，可以選擇運動服、便裝、休閒服。而工作時間的著裝則應根據工作特點和性質，以服務於工作、莊重大方為原則。

另外，服飾還應當隨著一年四季的變化而更替變換，不宜標新立異，打破常規。夏季以涼爽、輕柔、簡潔為著裝格調，在使自己涼爽舒服的同時，讓服飾色彩與款式給予他人視覺和心理上的好感受。在夏天，層疊皺折過多、色彩濃重的服飾使人燥熱難耐。冬季應以保暖、輕便為著裝原則，既要避免臃腫不堪，也要避免「要風度不要溫度」，為形體美觀而著裝太單薄。

2. 地點原則

地點原則是指地方、場所、位置不同，著裝應有所區別，特定的環境應配以與之相適應、相協調的服飾，才能獲得視覺和心理的和諧美感。例如，穿著只有在正式的工作環境才合適的職業正裝去娛樂、購物、休閒、觀光，或者穿著牛仔服、運動衣、休閒服進入辦公場所和社交場地，都是環境不和諧的表現。我們無法想像在靜謐嚴肅的辦公室穿著一身很隨意的休閒服，腳穿拖鞋；或者在綠草如茵的運動場上穿一身筆挺的西裝，腳穿皮鞋——這樣的人肯定會被譏諷為不懂穿衣原則。

3. 場合原則

不同的場合有不同的服飾要求，只有與特定場合的氣氛相一致、相融合的服飾，才能產生和諧的審美效果，實現人景相融的最佳效應。例如，在辦公室或外出處理一般類型的公務，服飾應是符合一般的職業正裝要求。在莊重場合，如參加會議、慶典儀式、正式宴會、商務或外事談判、會見外賓等隆重莊嚴的活動，服飾應當力求莊重、

典雅。凡是請柬上規定穿禮服的，可以按規定辦事。在國外，按禮儀規範，有一般禮服、社交禮服、晨禮服、大禮服、小禮服的區分。在我國，一般以中山裝套裝、西服套裝、旗袍等充當禮服。莊重場合，一般不宜穿夾克衫、牛仔褲等便裝，更不能穿短褲或背心。

正式場合應嚴格符合穿著規範。男子穿西裝，一定要系領帶，西裝裡面有背心的話，應將領帶放在背心裡面。西裝應熨得平整，褲子要熨出褲線，衣領和袖口要乾淨，皮鞋鋥亮等。女子不宜赤腳穿涼鞋，如果穿長筒襪子，襪子口不要露在衣裙外面。

(二) 和諧原則

美的最高法則是和諧，穿著與形體膚色應協調。人的身材有高矮胖瘦之分，膚色有深淺之差，這往往是我們不能選擇的，但我們可以選擇服飾的質地、色彩、圖案、造型工藝，引起別人的各種錯覺，達到美化自己的目的。

例如，胖人穿橫條衣服更會顯得肥胖，身材矮小者適宜穿造型簡潔、色彩明快、小花形圖案的服裝；脖子短的人穿低領或無領衣可以使脖子顯得稍長。

另外，中國人的皮膚顏色大致可以分為白淨、偏黑、發紅、黃綠和蒼白等幾種，穿著必須與膚色在色彩上相協調。例如，膚色白淨者，適合穿各色服裝；膚色偏黑或發紅者，忌穿深色服裝；膚色黃綠或蒼白的人，最適合穿淺色服裝。

(三) 服飾的色彩哲學與搭配原則

色彩因其物理特質，常對人的生理感覺形成刺激，誘發人們的心理定式和聯想等心理活動。色彩還具有某種社會象徵性，許多色彩象徵著某種性格、情感、追求等。例如，黑色象徵神祕、悲哀、靜寂、死亡，或者剛強、堅定、冷峻等；白色象徵純潔、明亮、樸素、神聖、高雅，或者空虛、無望等；黃色象徵熾熱、光明、莊嚴、明麗、希望、高貴、權威等；大紅象徵活力、熱烈、激情、奔放、喜慶、福祿、愛情、革命等；粉紅象徵柔和、溫馨、溫情等；紫色象徵高貴、華麗、莊重、優越等；橙色象徵快樂、熱情、活力等；褐色象徵謙和、平靜、沉穩、親切等；綠色象徵生命、新鮮、青春、新生、自然、朝氣等；淺藍象徵純潔、清爽、文靜、夢幻等；深藍象徵自信、沉靜、平穩、深邃等；灰色象徵中立、和氣、文雅等。

服飾的色彩搭配的基本方法一般包括同色搭配法、相似搭配法和主輔搭配法三種。同色搭配法是指把同一顏色按深淺、明暗不同進行搭配。例如，淺灰色配深灰色、墨綠色配淺綠色等。相似搭配法是指鄰近色的搭配。例如，橙色配黃色、黃色配草綠色、白色配灰色等。主輔搭配法是指以一種色彩為整體的基調，再適當輔以一定的其他色的搭配。無論如何，服飾配色都要堅持一條最為基本的原則，即調和。一般來說，黑、白、灰三色是配色中的最安全的顏色，最容易與其他色彩搭配以取得調和的效果。

值得注意的是，服飾色彩還應與一個人的身材、膚色等協調一致。例如，深色有收縮感，適宜肥胖者搭配；淺色有擴張性，身材瘦小者穿上后有豐腴的效果。

二、制服的基本規範

（一）制服穿著要合體挺括

為確保合身，在選擇和穿著制服時要注意「四長」和「四圍」。「四長」，即袖長至手腕，衣長至腰下，褲長至腳面，裙長至膝蓋。「四圍」，即領圍以可以插入一指為宜，胸圍、腰圍和臀圍以可以加一件羊毛衣褲為宜。

（二）制服要乾淨整潔

制服的乾淨整潔既能突出精神面貌，也能反應其企業的管理水平和衛生狀況。穿制服要特別注意領口和袖口的清潔，做到衣褲無油漬、無污垢、無異味，鞋襪無灰塵、無污漬、無破損。同時，也要注意穿著時制服整齊不起皺，做到上衣平整、褲線筆挺、線條流暢。

任務 3　男裝禮儀

一、男士西裝的選擇

西裝是一種國際性服裝，穿起來給人一種彬彬有禮、瀟灑大方的深刻印象，因此現在越來越多地被用於正式場合。在商務交往中以及正式社交場合，男士著西裝可以體現自身的身分和品位。

（一）西裝的款式

按西裝的件數來劃分，有套裝西裝和單件西裝。其中，套裝西裝又分為兩件套（上裝和下裝）和三件套（上裝、下裝、西裝背心）。

按西裝的紐扣來劃分，有單排扣西裝（1粒、2粒、3粒）和雙排扣西裝（2粒、4粒、6粒）。

按適用場合不同來劃分，有正裝西裝和休閒西裝。

（二）西裝的襯衫

與西裝配套的襯衫應為正裝襯衫。一般來講，正裝襯衫具有以下特徵：

1. 面料

面料應為高織精紡的純棉、純毛面料，或以棉、毛為主要成分的混紡襯衫。條絨布、水洗布、化纖布、真絲、純麻襯衫皆不宜選。

2. 顏色

顏色必須為單一色。白色為首選，藍色、灰色、棕色、黑色亦可；雜色、過於豔麗的顏色（如紅、粉、紫、綠、黃、橙等色）有失莊重，不宜選擇。

3. 圖案

以無圖案為最佳，有較細豎條紋的襯衫有時候在商務交往中也可以選擇。但是切

忌豎條紋襯衫配豎條紋西裝或方格襯衫配方格西裝。

4. 領形

以方領為宜，扣領、立領、翼領、異色領不宜選擇。襯衫的質地有軟質和硬質之分，穿西裝要配硬質襯衫，尤其是襯衫的領頭要硬實挺括，要乾淨，不能太軟，否則最好的西裝也會被糟蹋。

5. 衣袖

正裝襯衫應為長袖襯衫。

6. 穿法講究

（1）衣扣：襯衫的第一粒紐扣，穿西裝打領帶時一定要系好，否則松松垮垮，給人極不正規的感覺。相反，不打領帶時，一定要解開，否則給人感覺好像忘記了打領帶似的。打領帶時襯衫袖口的扣子一定要系好，而且絕對不能把袖口挽起來。

（2）袖長：襯衫的袖口一般以露出西裝袖口以外 1.5 厘米為宜。這樣既美觀又乾淨，但要注意襯衫袖口不要露出太長，那樣就是過猶不及了。

（3）下擺：襯衫的下擺不可過長，而且下擺要塞到褲子裡。我們經常見到某些服務行業的女員工，穿著統一的制式襯衫，系著領結，襯衫的下擺卻沒有塞到褲裙中去，給人一種不倫不類、很不正規的感覺。

（4）不穿西裝外套只穿襯衫、打領帶僅限室內，正式場合是不允許的。

（三）領帶

領帶是男士在正式場合的必備服裝配件之一，是男士西裝的重要裝飾品，對西裝起著畫龍點睛的重要作用。因此，領帶通常被稱為「男子服飾的靈魂」。

1. 面料

質地一般以真絲、純毛為宜，檔次稍低點就是尼龍的了。絕不能選擇棉、麻、絨、皮革等質地的領帶。

2. 顏色

一般來說，服務人員尤其是酒店從業者應選用與自己制服顏色相稱、光澤柔和、典雅樸素的領帶為宜，不要選用那些過於顯眼和花哨的領帶。領帶顏色一般選擇單色（藍、灰、棕、黑、紫色等較為理想），多色的則不應多於三種顏色，而且盡量不要選擇淺色、艷色。

在涉外場合，我們與不同國家友人交往時應注意不同的禮儀。一般來講，與英國人交往時，不要系帶條紋的領帶。另外，阿拉伯人從來不買綠色領帶，荷蘭人從來不戴橙色領帶，法國人不戴紅、白、藍三色混合的領帶。

3. 圖案

領帶圖案的選擇要堅持莊重、典雅、保守的基本原則，一般為單色無圖案，宜選擇藍色、灰色、咖啡色或紫色，或者選擇點狀或條紋等幾何圖案。

4. 款式

不能選擇簡易式領帶。

5. 質量

領帶應選擇外形美觀、平整、無挑絲、無疵點、無線頭、襯裡毛料不變形、懸垂

挺括、較為厚重的。

6. 打法講究

（1）注意場合：打領帶意味著鄭重其事。

（2）注意性別：領帶為男性專用飾物，女性一般不用，除非制服和作為裝飾用。

（3）長度：領帶的長度以自然下垂最下端（即大箭頭）至皮帶扣處為宜，過長過短都不合適。領帶系好后，一般是兩端自然下垂，寬的一片應略長於窄的一片，絕不能相反，也不能長出太多。如穿西裝背心，領帶尖不要露出背心。

（4）領帶夾：領帶夾有各種型號款式，用法雖然各異，功能卻一致，無非是固定領帶。選擇領帶夾時，一定要用高質量的，質地粗劣的廉價品不但會損壞領帶，而且會降低自己的身分。

正確使用領帶夾，要注意夾的部位。一般來講，五粒扣的襯衫，將領帶夾夾在第三粒與第四粒紐扣之間；六粒扣的襯衫，將領帶夾夾在第四粒與第五粒扣子之間。還有一條規則需要注意，就是系上西裝上衣的第一粒紐扣盡量不要露出領帶夾。在西方，現在越來越多的白領人士不用領帶夾，他們選擇把窄的一片領帶放到寬的一片領帶背部的商標裡。因為無論多麼高級的領帶夾，使用不當都有可能損壞領帶。

（5）結法：挺括、端正、外觀呈倒三角形。

（6）注意與之配套的服裝：西裝套裝非打領帶不可，夾克等則不能打領帶。

（四）西褲

因為西裝講究線條美，所以西褲必須要有中折線。西褲長度以前面能蓋住腳背、后邊能遮住1厘米以上的鞋幫為宜。不能隨意將西褲褲管挽起來。

（五）皮鞋和襪子

1. 皮鞋

穿整套西裝一定要穿皮鞋，不能穿旅遊鞋、便鞋、布鞋或涼鞋，否則是會令人發笑的，顯得不倫不類。在正式場合穿西裝，一般穿黑色或咖啡色皮鞋較為正規。需要注意的是，黑色皮鞋可以配任何顏色的西裝套裝，而咖啡色皮鞋只能配咖啡色西裝套裝。白色、米黃色等其他顏色的皮鞋均為休閒皮鞋，只能在遊樂、休閒的時候穿著。

2. 襪子

穿整套西裝一定要穿與西褲、皮鞋顏色相同或較深的襪子，一般為黑色、深藍色或藏青色，絕對不能穿花襪子或白色襪子。

（六）西裝的扣子

西裝的扣子有單排扣與雙排扣之分。單排扣有1粒、2粒、3粒；雙排扣有2粒、4粒和6粒。

穿著單排扣的西裝時可以敞開不扣扣子，也可以扣上扣子。照規矩，西裝上衣的扣子在站著的時候應該扣上，坐下時才可以敞開。單排扣西裝的扣子並不是每一粒都要系好的，1粒單排扣的西裝扣與不扣都無關緊要，但正式場合應當扣上；2粒單排扣的西裝應扣上上面的一粒，底下的一粒為樣扣，不用扣。對於2粒單排扣的西裝有這

麼四句話，可以幫助我們記憶：扣上面一粒是正規，不扣是瀟灑，兩個都扣上是土氣，只扣下面一粒是流氣。3粒扣子的單排扣西裝扣中間一粒，上下各一粒不用扣。

雙排扣的西裝要把扣子全扣上。雙排扣西裝最早出現於美國，曾經在義大利、德國、法國等歐洲國家很流行，不過現在已經不多見了。現在穿雙排扣西裝比較多的應當數日本了。

西裝背心的扣子有6粒扣與5粒扣之分。6粒扣的最底下的那粒可以不扣，而5粒扣的則要全部都扣上。

(七) 西裝的口袋

西裝講求以直線為美，因此西裝上面有很多口袋為裝飾袋，是不能夠裝東西的。我們知道，男性也有許多小東西，如果在穿西裝時不注意，一個勁地往口袋裡裝，弄得鼓鼓囊囊的，那麼肯定會破壞西裝直線的美感，這樣既不美觀，又有失禮儀。

穿西裝尤其強調平整、挺括的外觀，即線條輪廓清楚、服帖合身。這就要求上衣口袋只作裝飾，不可以用來裝任何東西，但必要可裝折好花式的手帕。

西裝左胸內側衣袋，可以裝票夾（錢夾）、小日記本或筆。右胸內側衣袋，可以裝名片、香菸、打火機等。褲兜也與上衣衣袋一樣，不能裝物，以求褲型美觀。但褲子后兜可以裝手帕、零用錢等。

千萬需要注意的是，西裝的衣袋和褲袋裡不宜放太多的東西。把兩手隨意插在西裝衣袋和褲袋裡，也是有失風度的。如要攜帶一些必備物品，可以裝在提袋或手提箱裡，這樣不但看起來乾淨利落，也能防止衣服變形。

二、男士西裝的「三個三」原則

(一) 第一個「三」——三色原則

三色原則規定：穿西裝正裝時，全身上下的顏色不能多於三種。

當然休閒裝沒有這個問題，穿休閒裝逛大街、吃飯、去玩都無所謂，也沒必要打領帶。

(二) 第二個「三」——三一定律

三一定律規定：男士在重要場合穿套裝出來的時候，身上有三個要件應該是同一個顏色。

這三個要件包括鞋子、腰帶、公文包。它們應該是一個顏色，並且應該首選黑色。內行看門道，外行看熱鬧。如果戴的是金屬表帶的手錶，那麼金屬表帶的顏色應該和眼鏡框的顏色一樣，也和皮帶扣的顏色一樣，這才叫協調。

(三) 第三個「三」——三大禁忌

三大禁忌指的是穿西裝時，有三個不能出洋相的地方。

1. 袖子上的商標不能不拆

買西裝時，只要是在店裡買來的西裝，左邊袖子的袖口上都有一個繡上去的商標，有的時候還有一個純羊毛標誌。按照嚴格的說法，如果去買西裝，付款之後，服務員

要替顧客幹的頭一件事，就是要把商標拆掉，等於為西裝啓封了。

2. 非常重要的涉外商務交往中忌穿夾克時打領帶

穿夾克打領帶，也有一些情況是允許的。大體上來講，穿夾克打領帶，有兩種情況是允許的：一是穿制服式夾克。現在社會上，有些行業的人員，如工商人員、稅務人員、警察，他們有統一的夾克式制服。二是行業領導或者單位領導。他們在自己行業之內參加內部活動時可以如此穿著。比方說，夏天天氣很熱，市長到工地去慰問建築工人、到街上去慰問執勤的交警。慰問對象都在那兒揮汗如雨，市長西裝革履地去了，是不是有高高在上脫離群眾之感？因此，市長很可能領帶也打，表示正規；但是會換一個夾克，顯得平易近人，這是一種趨同，心理學上把它稱為親和效應。見和自己狀態近似的人，性格、習性、講究、打扮、語言、交談內容相近的人，容易產生共鳴。我們的一些領導同志，在參加內部活動時，這樣的情況是常有的。但對外交往時，這樣穿夾克打領帶是絕對不可以的。因為按照國際慣例，夾克屬於休閒裝，在外國人面前如果穿著夾克打領帶，既不是制服，也不是行業活動，就會被取笑。

3. 忌襪子出現問題

講究的男士在出席重要場合時，穿襪子是有說道的。有以下兩種襪子是不可以穿的：

一是不穿白襪子。穿西裝的時候、穿制服的時候、穿皮鞋的時候，男士有個講究，襪子和皮鞋相同顏色最好看，渾然一體。還有一種選擇就是襪子的顏色和褲子的顏色相同，也是很好看的。至少應穿深色而絕不穿淺色的或者花色的襪子，否則就會不倫不類。絕對不能穿白襪子。

二是不穿尼龍絲襪。有素質的男士不會穿尼龍絲襪，而是要穿棉襪或者毛襪。尼龍絲襪最大的問題就是不吸濕、不透氣、容易產生異味，會妨礙交際，這點是非常重要的。

【小案例】

如果一位男士被邀請去吃飯，吃的是日本料理或韓國燒烤。吃日本料理、吃韓國燒烤，他能穿尼龍絲襪嗎？他當眾一脫鞋，裡面有「別樣的芬芳」，外面還有三個窟窿，其中一個露出腳趾頭。那時他自己必然不舒服，人家也不舒服。因此，不穿尼龍絲襪非常重要。

三、男士西裝的版型

（一）歐版西裝

歐版西裝實際上是在歐洲大陸，比如義大利、法國流行的。最重要的代表品牌有杰尼亞、阿瑪尼、費雷。

歐版西裝的基本輪廓是倒梯形，實際上就是寬肩收腰，這和歐洲男人比較高大魁梧的身材相吻合。對於那些身材比較苗條的男士來說，選西裝時，對這種歐版西裝，要三思而后行，因為往往自己的肩不夠寬。雙排扣、收腰、肩寬是歐版西裝的基本特點。

（二）英版西裝

英版西裝是歐版西裝的一個變種。英版西裝是單排扣，但是領子比較狹長，和盎格魯—薩克遜人這個主體民族有關。盎格魯—薩克遜人的臉形比較長，因此他們的西裝領子比較寬，也比較狹長。英版西裝一般來說三個扣子的居多，其基本輪廓也是倒梯形。

（三）美版西裝

美版西裝的基本輪廓是「O形」，寬松肥大，適合在休閒場合穿。因此，美版西裝往往以單件者居多，一般都是休閒風格。如果你到過美國的話就會發現，美國人一般著裝的基本特點可以用四個字來概括：寬衣大褲。強調舒適、隨意，是美國人的特點。美國人的性格就是這樣的，要強調個性化。歐版西裝和美版西裝都不大適合我們一般的中國人穿著，比較適合我們穿的是一種有東方特點的版型——日版西裝。

（四）日版西裝

日版西裝的基本輪廓是「H形」，適合亞洲男人的身材，沒有寬肩，也沒有細腰。一般而言，日版西裝多是單排扣式，衣后不開衩。這樣的服裝穿在我們中國人身上，比較得體。

四、男士西裝的件套

一般來講，一般場合穿兩件套西裝就可以了。非常重要的場合，或者是地位身分非常高的人，可以選擇三件套西裝。

三件套西裝有個好處，就是使人的形象顯得更加乾淨利索。例如，穿襯衫要掖到褲腰裡去，而有的時候動作一大，沒準襯衣就出來了，就出醜了。如果穿個西裝背心的話，就等於把接縫的地方擋住了。歐美男士在重要場合穿燕尾服、西式禮服的時候，都使用腰封。

五、男士禮服的基本規範

西方通常對服裝的稱謂有禮服和便服。西裝也是禮服的一種。隨著社會的進步，西裝成為一種普通的職業服裝。男裝禮服具體類型有第一禮服、正式禮服和日常禮服。

（一）第一禮服

這是特定禮儀和社交的裝束，它的搭配有相當多的規矩。第一禮服可分為夜間穿的燕尾服和白天穿的大禮服兩種。

如果在正式請柬上發現「White Tie」的字樣，那就該著燕尾服了。男裝燕尾服就是男式的晚禮服，是男士出席晚上 6 時以後的正式活動穿的服裝。

燕尾服顏色多為黑色或深藍色。燕尾服穿著時不系扣，只在前身設雙排 6 粒扣裝飾。與燕尾服搭配的是 3 粒扣或 4 粒扣的方領或青果領的白色禮服背心；與禮服同料的不翻腳長褲，兩側飾有緞面條形裝飾；白色雙翼領禮服襯衣，胸前有胸襯；配白色領結；手套和胸前裝飾巾都應為白色；穿黑色襪子和漆皮皮鞋。

(二) 正式禮服

正式禮服是第一禮服的簡裝版本，在現代的隆重場合，人們一般用它們代替燕尾服和大禮服。正式禮服亦有日夜之分。塔士多禮服（Tuxedo Suit）與燕尾服相對，在請柬上標註為「Black Tie」。這種用於代替燕尾服的無燕尾禮服，顏色上有季節之分，除了夏季的白色禮服外都為黑色或深藍色禮服，款式類似燕尾服去掉燕尾的短上衣。

(三) 日常禮服

日常禮服用於參加日間的各種正式場合，一般指男士的黑色套裝。對於較正式又沒有對穿著明確要求的場合，為保險起見，可以穿著黑色套裝，要求也相對寬鬆，可以有一點設計。

任務 4　女裝禮儀

商界女士所穿著的套裝，大致上可以分成兩種基本類型。一種是用女式西裝上衣同隨便的一條裙子所進行的自由搭配與組合，這被稱為「隨意型」。另一種是女式西裝上衣和與之同時穿著的裙子為成套設計、製作而成，這被稱為「成套型」或「標準型」。正規且嚴格地講，套裙事實上指的僅僅是后一種類型。

一、女士職業套裝七要素

(一) 面料

總的說起來，套裙在面料上的選擇余地遠遠要比西裝套裝大得多。其主要的要求是套裙所選用的面料最好既是純天然質地的面料又是質量上乘的面料；上衣、裙子以及背心等，應當選用同一種面料；在外觀上，套裙所選用的面料，講究的是勻稱、平整、滑潤、光潔、豐厚、柔軟、懸垂、挺括，不僅彈性、手感要好，而且應當不起皺、不起毛、不起球。

(二) 色彩

在色彩方面，套裙的基本要求是應當以冷色調為主，借以體現出著裝者的典雅、端莊與穩重。用常人的眼光來看，套裙的色彩應當清新、雅氣而凝重。因此，不應為其選鮮亮搶眼的色彩。與此同時，還必須使之與此時此刻正在流行一時的各種「流行色」保持一定的距離，以示自己的傳統與穩重。

具體而言，標準而完美的套裙的色彩不僅要兼顧著裝者的膚色、形體、年齡與性格，而且更要與著裝者從事商務活動的具體環境彼此協調一致。在一般情況之下，各種加入了一定灰色的色彩，比如藏青、炭黑、蒸灰、雪青、茶褐、土黃、紫紅等稍冷一些的色彩，往往都是商界女士可以考慮的。由此可知，同商界男士所穿的西裝套裝相比，商界女士所穿的套裙不一定非得是深色的不可，而且其選擇範圍也遠遠不止於藍、灰、棕、黑等寥寥幾種。

有時即使是穿著上衣下裙同為一色的套裙，也可以採用與其色彩所不同的襯衫、領花、絲巾、胸針、圍巾等衣飾，來加以點綴，以便使之生動而活躍一些。此外，還可以採用不同色彩的面料，來製作套裙的衣領、兜蓋、前襟、下擺，這樣也可以「搞活」套裙的色彩。

(三) 圖案

選擇套裙，講究的是樸素而簡潔。因此，考慮套裙圖案問題時，也必須注意到這一點。按照常規，商界女士在正式場合穿著的套裙，可以不帶有任何圖案。如果本人喜歡，以各種或寬或窄的格子、或大或小的圓點、或明或暗的條紋為主要圖案的套裙，大都可以一試。其中，採用以方格為主體圖案的格子呢所製成的套裙，穿在商界女士的身上，可以使人靜中有動，充滿活力。因此，多年以來，該圖案的套裙一直盛行不衰、大受歡迎。

一般認為，套裙不應以花卉、寵物、人物、文字、符號為主體圖案。一名白領麗人假如穿著那樣的套裙行走於商界，不但過分地引人注目，而且看起來也會讓人感到頭暈目眩。總而言之，繪有此類圖案的面料，在本質上與套裙的風格是水火不相容的。

(四) 點綴

在一般情況之下，套裙上不宜添加過多的點綴，否則極有可能會使其顯得瑣碎、雜亂、低俗和小氣。有的時候，點綴過多還會使人認為穿著者有失穩重。

一般而言，以貼布、綉花、花邊、金線、彩條、扣鏈、亮片、珍珠、皮革等加以點綴或裝飾的套裙，穿在商界女士的身上都不會有多麼好的效果。通常這一類的套裙往往是不為人們所接受的。

不過，並非所有帶有點綴的套裙均應遭到排斥。有些套裙上適當地採用廠裝飾扣、包邊、蕾絲等點綴之物，實際效果其實也不錯。重要之處在於，套裙上的點綴宜少不宜多、宜精不宜糙、宜簡不宜繁。

女士職業裝色彩搭配如表 2-1 所示：

表 2-1　　　　　　　　　　　女士職業裝色彩搭配

希望給人的感覺	可以穿的中性色	可以穿的點綴色
權威	黑、深灰、海軍藍	紅
自信	黑、深灰、海軍藍	紅、黃、橙、深藍
高雅	黑	紫
誠懇	深灰、海軍藍、白	粉紅、藍
智慧、理性	灰、海軍藍	綠、藍
成功	黑、深灰、海軍藍	紅
親切友善	咖啡	粉紅、綠、橙、淡藍
熱情	無	紅、橙、黃
溫柔、甜美、浪漫	無	粉紅、藍、紫、奶黃
年輕、開朗	白	粉紅、橙、黃、淺藍

（五）尺寸

從具體的尺寸來講，套裙可謂變化無窮。不過從根本上來看，套裙在整體造型上的變化，主要表現在它的長短與寬窄兩個方面。

一般說來，在套裙之中，上衣與裙子的長短是沒有明確而具體的規定的。以前，在歐美主要國家，商界女士的套裙曾被要求上衣不宜過長、下裙不宜過短。相比較而言，人們對於裙子的長度似乎關注得更多一些。傳統的觀點是：裙短則不雅，裙長則無神。裙子的下擺恰好抵達著裝者小腿肚子上的最為豐滿之處，乃是最為標準、最為理想的裙長。然而在現實生活之中，依舊墨守此規者實在是並不多見。目前，套裙之中的裙子，有的是超短式，有的是及膝式，有的則是過膝式。商界女士在選擇時，主要考慮的是個人偏好、身材特點以及流行時尚。

（六）造型

套裙的造型具體是指它的外觀與輪廓。從總體上來講，造型可以大致上分為「H」形、「X」形、「A」形、「Y」形四種類型。

「H」形造型套裙的主要特點是上衣較為寬鬆，裙子亦多為筒式。這樣一來，上衣與下裙便給人以直上直下，渾然一體之感。它既可以讓著裝者顯得優雅、含蓄和帥氣，也可以為身材肥胖者遮醜。

「X」形造型套裙的主要特點是上衣多為緊身式，裙子則大多是喇叭式。實際上，它是以上寬與下松來有意識地突出著裝者的腰部的纖細。此種造型的套裙輪廓清晰而生動，可以令著裝者看上去婀娜多姿、楚楚動人。

「A」形造型套裙的主要特點是上衣為緊身式，裙子則為寬鬆式。此種上緊下松的造型，既能體現著裝者上半身的身材優勢，又能適當地遮掩其下半身的身材劣勢。不僅如此，它還在總體造型上使著裝者顯得松緊有致、富於變化和動感。

「Y」形造型套裙的主要特點是上衣為寬鬆式，裙子多為緊身式，並且以筒式為主。它的基本造型實際上就是上松下緊。一般來說，這種造型的套裙意在遮掩著裝者上半身的短處，同時表現出下半身的長處。此種造型的套裙往往會令著裝者看上去亭亭玉立、端莊大方。

（七）裙子

作為套裙的主角，裙子的式樣也不乏變化。就最常見者而言，西裝裙、一步裙、圍裹裙、筒式裙等，款式端莊、線條優美；百褶裙、旗袍裙、開衩裙、「A」字裙、喇叭裙等，飄逸灑脫、高雅漂亮。它們都是大受歡迎的式樣。

二、女士禮服的基本規範

女士禮服主要是根據穿著時間、場合的不同，劃分為日禮服、晚禮服、婚禮服、雞尾酒會禮服等種類。

（一）日禮服

日禮服是白天出席社交活動時的正規穿著，如開幕式、宴會、婚禮、遊園、正式

拜訪等場合穿用的禮服。日禮服不像晚禮服那樣規範嚴謹，顯得更為隨便、活潑、浪漫，是以表現著裝者良好的風度為目的的。像外觀端莊、鄭重的套裝均可作為日禮服。日禮服通常表現出優雅、端莊和含蓄的特點，多採用毛、棉、麻、絲綢或有絲綢感的面料。小配件應選擇與服裝相應的格調。

(二) 晚禮服

晚禮服也叫夜禮服或晚裝，是晚上10點以後在禮節性活動中穿用的正式禮服，也是女士禮服中檔次最高、最具特色和能充分展示個性的穿著樣式。源於歐洲著裝習俗的晚禮服，最早盛行於宮廷貴婦們的穿著，后來經過設計師的不斷推陳出新，最終演變發展成為女性出席舞會、音樂會、晚宴、夜總會等活動必備的完美服裝。

晚禮服的形式有兩種：一種是傳統的晚裝，形式多為低胸、露肩、露背、收腰和貼身的長裙，適合在高檔的、具有安全感的場合穿用；另一種是現代的晚禮服，講求式樣及色彩的變化，具有大膽創新的時代感。

1. 傳統晚禮服

傳統晚禮服更強調女性窈窕的腰肢，誇張臀部以下裙子的重量感，多採用袒胸、露背、露臂的衣裙式樣，以充分展露女性身體的肩、胸、臂部分，也為華麗的首飾留下表現的空間。傳統晚禮服經常採用低領口設計，通過鑲嵌、刺繡、領部細褶、華麗花邊、蝴蝶結、玫瑰花的裝飾手段突出高貴優雅的著裝效果，給人以古典、正統的服飾印象。在面料使用上，為迎合夜晚奢華、熱烈的氣氛，傳統晚禮服多選用絲光面料、閃光緞、塔夫綢、金銀交織綢、雪紡、蕾絲等一些華麗、高貴的材料，並綴以各種刺繡、褶皺、釘珠、鑲邊、襻扣等裝飾。工藝上的精細縫制，更凸顯了傳統晚禮服的精湛不凡和華貴高檔之感。

傳統晚禮服注重搭配，以考究的發型、精致的化妝、華貴的飾物以及精美的手套、鞋等的裝扮，表現出沉穩秀麗的古典傾向。飾品可選擇珍珠、藍寶石、祖母綠、鑽石等高品質的配飾，如果腳趾外露，就得與面部、手部的化妝同步加以修飾。穿戴晚禮服還常搭配華麗、浪漫、精巧、雅致的晚禮服包，它多採用漆皮、軟革、絲絨、金銀絲等混紡材料，用鑲嵌、綉、編等工藝製作而成。

2. 現代晚禮服

現代風格的晚禮服受到各種現代文化思潮、藝術風格及時尚潮流的影響，不過分拘泥於程式化的限制，注重式樣的簡捷亮麗和新奇變化，極具時代的特徵與生活的氣息。而與傳統晚禮服相比，現代晚禮服在造型上更加舒適實用、經濟美觀。例如，西裝套裝式、短上衣長裙式、內外兩件組合式甚至長褲的合理搭配也成為現代晚禮服的穿著。

(三) 婚禮服

結婚嫁娶是人一生中的重大事情，為了顯示其特殊意義，表達婚者及其親朋好友的歡快與祝福的心聲，人們往往要舉辦隆重熱烈的儀式以示慶賀。在整個婚禮的儀式中，婚禮服是其中必不可少的著裝內容，涉及了新娘、新郎、伴娘、伴郎及伴童的穿著種類。新娘穿的婚禮服為所有婚服中最具豪華漂亮的衣裝形式和婚禮亮點，通過其

優雅的面料、式樣及精致的做工，反應出婚者熾熱純真的戀情和對未來美好生活的憧憬，體現了婚禮儀式的規模程度。婚禮服根據款式的風格，可分為西式婚禮服與中式婚禮服。

1. 西式婚禮服

西式婚禮服源於歐洲的服飾習慣，在多數西方國家中，人們結婚時要到教堂接受神父或牧師的祈禱與祝福，新娘要穿上白色的婚禮服表示真誠與純潔，並配以帽子、頭飾、披紗和手捧花，來襯托婚禮服的華美。伴娘則穿著用來陪襯並與新娘婚禮服相配的相關禮服。伴童作為天使的象徵則穿著女式白色短款迷你裙。

西式婚禮服在造型、色彩、面料上也都有一些約定俗成的規定。造型上多為「X」形合體長裙，上身前片設有公主線，后片打省，裙腰做多褶處理，裙樣可有層疊的形式。衣裙的領、腰及下擺可根據設計需要添置類似花結、花邊的裝飾，為顯示婚禮服的造型，裙內要用尼龍網、絹網、尼龍布、薄紗等材料做裙撐。色彩上西式婚禮服通常為白色，象徵著真誠與純潔。面料一般採用塔夫綢、緞緞、絲綢、紗、薄紗等。配飾則為白披頭（白婚紗）、白手套、白緞高跟鞋等，其中白披頭可用刺繡、白紗絲緞和串珠來製作。

2. 中式婚禮服

中式新娘婚禮服以傳統的短襖長裙或旗袍為主，造型多為修身的適體造型，帶有中式立領、襻扣的樣式，具有濃鬱的中國傳統特色。修身的裁剪結合了西式禮服的特色，能夠表現出女性嫵媚的身材曲線，既具有現代的時尚氣息，又具有東方特有的含蓄、典雅的氣質特點。色彩多以紅色為主，象徵喜慶、吉祥和幸福。紋樣上多採用龍鳳、牡丹等傳統吉祥圖案，表現了婚禮服的華美隆重、婚者對未來生活的憧憬和美好祝願。面料多採用絲綢、織錦緞或薄紗等。常用刺繡、手繪、釘綴珠飾亮片等裝飾手法，來表現或富麗華貴或清雅優美的風格。男士通常穿不完全相同於長袍馬褂的中式制服類禮服，伴娘、伴童的穿著也相應搭配中式的禮服。

(四) 雞尾酒會禮服

雞尾酒會禮服是指女士在雞尾酒聚會、半正式或正式場合穿戴的，是介於日禮服與晚禮服之間的禮服。與豪華氣派的晚禮服相比較，雞尾酒會禮服更注重場合、氣氛的輕鬆，款式上相對簡化一些，更為含蓄、典雅。

雞尾酒會禮服需袒露一些皮膚，但不像晚禮服那樣大片裸露，裙長一般在膝蓋上下，隨流行而定，一件式連衣裙或兩件式、三件式的服裝都可選擇。雞尾酒會禮服的顏色以黑、白、粉、金等色彩為主，點綴水鑽、亮片等。面料多採用天然的真絲綢、錦緞、合成纖維及一些新的高科技材料，素色、有底紋及小型花紋的面料也常被使用。飾品多為珍珠項鏈、耳釘或垂吊式耳環，三串以上為較正式場合使用。與雞尾酒會禮服相搭配的鞋子裝飾性很強，略帶光澤感，更為正式的場合可選擇鮮豔的顏色的鞋子，可裸露部分腳面。

三、女士職業裝的禁忌

女士職業裝的禁忌包括：不要「三截腿」、不要不合體、不要過分暴露、不要過分

透薄、不要過分豔麗、不要顏色過亂。國外商界人士的著裝，一向講究男女有別。崇尚傳統的商界人士一直堅持認為，在正式場合穿褲裝的女性，大多是不務正業之徒。換而言之，商界女士在正式場合的著裝，以裙裝為佳，各種褲裝都是不宜選擇的。這種狀況近年來雖稍有改變，但絕大多數人依舊持此觀點。在日常生活裡，將套裙穿在任何一位商界女士的身上，都無一例外地會使之立即精神倍增、神採奕奕，會使著裝者看起來精明、干練、成熟、灑脫。

任務 5　飾物禮儀

飾物是指能夠起到裝飾點綴作用的物件，主要包括服裝配件（如帽子、領帶、手套等）和首飾配件（如戒指、胸花、項鏈、眼鏡等）兩類。我們這裡主要講的是商務人士飾物佩戴的基本原則。

一、飾物佩戴的基本原則

飾物佩戴總的原則——符合身分，以少為佳。

（一）數量原則

選擇佩戴飾品應當是起到錦上添花、畫龍點睛的作用，而不應是過分炫耀、刻意堆砌，切忌畫蛇添足。

（二）質色原則

人際交往中，女士佩戴兩種或兩種以上的首飾時怎樣表現出自己的品位和水準呢？應做到同質同色，即質地和色彩相同。

（三）搭配原則

飾物的佩戴應講求整體的效果，要和服裝相協調。一般穿著考究的服裝時，才佩戴昂貴的飾物；服裝輕盈飄逸，飾物也應玲瓏精緻；而穿運動裝、工作服時不宜佩戴飾物。飾物的佩戴還應考慮所處的季節、場合、環境等因素。這些因素不同，飾物佩戴方式和佩戴取捨也不同。例如，春秋季可選戴耳環、別針，夏季可選戴項鏈和手鏈，冬季則不宜選戴太多的飾品，因為冬天衣服過於臃腫，飾物過多反而不佳；上班、運動或旅遊時以不戴或少戴飾物為好，只有在交際應酬的時候佩戴飾物才合適，即展示自己時尚、個性、有魅力的一面。

（四）揚長避短原則

飾物的佩戴應與自身條件相協調，如體形、膚色、臉形、髮型、年齡、氣質等。

（五）習俗原則

飾物佩戴要注意寓意和習俗。例如，戒指、手鐲、玉墜等的佩戴應注意不同的寓意和習俗。

二、男士飾物佩戴

講究的男士在重要場合佩戴的飾物要少而精。

穿西裝時，手錶與包是最重要的飾物。如果要選飾物的話，還可以選裝飾性的袖扣。裝飾性袖扣配法式襯衫，法式襯衫是翻邊的，它實際上是將翻邊的襯衫下面固定了之后把袖扣穿上去，這是比較好看的。因為男士在辦公桌前，兩只手放在桌上，這個裝飾袖扣正好露出來，堂而皇之地展示自己與眾不同的獨特品位。領帶夾可用可不用，一般時尚的穿法是不用領帶夾的。只有兩種人常用領帶夾：其一，穿制服的人，如像工商人員、稅務人員、警察、軍人以及航空公司等大型企事業單位員工用領帶夾，他們領帶夾上有國徽、警徽、航空公司徽標。其二，重要人士，如高級官員、高級將領、重量級商業人士。

三、女士飾物佩戴

女士的飾物主要包括戒指、耳飾、項鏈、手鏈和圍巾等，在佩戴時要注意搭配。

(一) 臉形與飾物

1. 正三角形臉的首飾搭配

此種臉形的人應選擇「下緣小於上緣」的耳環、墜子，這樣才能達到平衡下顎寬度、創造柔美臉部線條的功效。若是佩戴有墜子的耳環，要特別注意墜子的長度，最好避免不長不短地結束在下顎，因為墜子長度結束的地方，剛好就是人們眼光停留的焦點。此外，角度十分明顯的首飾，如三角形、六角形首飾應避免佩戴；項鏈選擇「下緣大於上緣」的墜子，再加上在胸前所呈現出的「V」形線條，會將佩戴者雍容典雅的氣質襯托得淋漓盡致

2. 菱形臉的首飾搭配

此種臉形的人最適合的耳環、墜子，莫過於「下緣大於上緣」的形狀了，如水滴形、栗子形等。此種臉形的人應避免佩戴像菱形、心形、倒三角形等墜飾。任何戴起來有「圓效果」的項鏈都適合菱形臉的人。

3. 鵝蛋臉的首飾搭配

對於鵝蛋臉的人來說，耳環、墜子等任何適合自己臉部皮膚色調、臉形大小、個人風格的飾物都可盡情佩戴。項鏈等只要適合自己穿著打扮的風格，不論什麼形狀戴起來都很好看。

要讓臉形趨於完美，除了要講究首飾的形狀、線條與設計外，雙下巴和脖子的長短也要加以修飾。例如，有雙下巴的人，應避免佩戴圓形感覺的耳環、墜子和項鏈。另外，脖子較短的人應留意項鏈的長度，最佳的長度是在鎖骨到胸部中間

4. 瓜子臉的首飾搭配

瓜子臉的人下巴比較尖，適合佩戴「下緣大於上緣」的耳環與墜子，如水滴形、葫蘆形以及角度不是非常銳利的三角形等。任何戴起來能夠產生圓效果的項鏈，都可以增加瓜子臉的人下巴的美感，讓臉部線條看起來比較圓潤。

5. 長臉的首飾搭配

長臉的人可佩戴形如圓形、方形等橫向設計的珠寶首飾，它們圓潤、方正、弧線優美的特色，能夠巧妙地為長臉的人增加臉的寬度、減少臉的長度。長臉的人比較適合佩戴具有「圓效果」的項鏈。

6. 圓臉的首飾搭配

圓臉的人為了塑造出臉部長度增加、寬度減少的視覺效果，應選擇如長方形、水滴形等耳環和墜子，它們能讓圓臉的人豐腴的臉部線條柔中帶剛，更添幾番英俊挺拔之氣。圓臉的人可利用項鏈的「V」形效果裝飾，拉長臉部線條，展現溫婉中的清靜與典雅。

(二) 戒指的佩戴

1. 戒指的含義

幾乎世界各國都有佩戴戒指的不同含義。一般而言，不同手指佩戴戒指的含義如下：

大拇指：暫無。

食指：未婚。

中指：熱戀。

無名指：已婚。

小拇指：獨身。

另外，有一種關於戴戒指的說法：戴於右手小指意味著不談戀愛；戴於右手無名指意味著熱戀中；戴於右手中指意味著名花有主；戴於右手食指意味著單身貴族；戴於左手小指意味著不婚族；戴於左手無名指意味著已結婚；戴於左手中指意味著已訂婚；戴於左手食指意味著未婚。戴於大拇指都是代表權勢的意思，也可以理解為自信。

2. 戒指與偏好

除了以上關於佩戴戒指的含義外，還有一種說法是關於戒指與個人的性格偏好，即喜戴在食指者，性格較偏激倔強；喜戴在右手中指者，崇尚中庸的人生觀念；喜戴在左手中指者，有責任感、重視家庭；喜戴在小拇指者，有自卑感。

任務6　儀態禮儀

儀態是人的舉止行為的統稱，是人的內在氣質的外在表現，也是現代人的職業文明標誌。儀態是人在行為中的姿勢和風度，雖屬小節，但能以小見大。儀態從細微處見精神，透過現象看本質，對建立和維繫良好的人際關係有不可小覷的作用。

儀態屬於人的行為美學範疇，既依賴於人的內在氣質的支撐，同時又取決於個人是否接受過規範和嚴格的體態訓練。在人際溝通與交往過程中，儀態用一種無聲的體態語言向人們展示出一個人的道德品質、禮貌修養、人文學識、文化品位等方面的素質與能力。儀態的美醜往往還是鑑別一個人是高雅還是粗俗、是嚴謹還是輕浮的標準

之一。儀態的許多方面，不僅是待人接物、為人處世的禮節規範要求，同時也將一個人的風度盡在其中。因此，商務人員無論在工作崗位，還是在社交場合，都應注重儀態美。

一、站姿禮儀

站立是人們生活交往中的一種最基本的舉止。站姿是人靜態的造型動作，優美、典雅的站姿是發展人的不同動態美的基礎和起點。優美的站姿能顯示個人的自信，襯托出美好的氣質和風度，並給他人留下美好的印象。

（一）基本站姿

基本站姿要領：腳跟並攏，腳尖分開（女士30度左右，男士45度左右），收腹挺胸、提臀挺腰，雙臂下垂（自然貼於身體兩側），虎口向前，寬肩下沉，頭正頸直，下頜微收，目光平視。

男性與女性通常根據各自不同的性別特點，在遵守基本站姿的基礎上，還可以各有一些局部的變化，主要表現在其手位與腳位有時會存在一些不同。

男性在站立時，要力求表現陽剛之美。具體來講，男性在站立時，可以將一隻手（一般為右手）握住另一隻手的外側面，疊放於腹前，或者相握於身後。雙腳可以叉開，大致上與肩部同寬，為雙腳叉開後兩腳之間相距的極限。

女性在站立時，要力求表現陰柔之美，在遵守基本站姿的基礎上，可將雙手虎口相交疊放於腹前。

要特別注意的是，不論是男性還是女性，站立時一定要正面面對對象，切不可將自己的背部對著對方。

1. 正確的站姿要領

正確的站姿要領包括：頭正、肩平、提臀、挺軀、並腿，身體重心主要支撐於腳掌、腳弓上；微收下頜，兩眼平視前方；嘴微閉，表情自然，稍帶微笑；從側面看，頭部肩部、上體與下肢應在一條垂直線上。

2. 站立時的手位

站立時的手位包括：雙手置於身體兩側；右手搭在左手上疊放於體前；雙手疊放於體后；一手放於體前一手背在體后。

3. 站立時的腳位

站立時的腳位包括：呈「V」形或小「丁」字形；雙腳平行分開不超過肩寬。

（二）男、女常用站姿

1. 男士的基本站姿

（1）身體立直，抬頭挺胸，下頜微收，雙目平視，嘴角微閉，雙手自然垂直於身體兩側，雙膝並攏，兩腿繃直，腳跟靠緊，腳尖分開呈「V」形。

（2）身體立直，抬頭挺胸，下頜微收，雙目平視，嘴角微閉，雙腳平行分開，兩腳間距離不超過肩寬，一般以20厘米為宜，雙手手指自然並攏，右手搭在左手上，輕

貼於腹部，不要挺腹或后仰。

（3）身體立直，抬頭挺胸，下頜微收，雙目平視，嘴角微閉，雙腳平行分開，兩腳之間距離不超過肩寬，一般以 20 厘米為宜，雙手在身后交叉，右手搭在左手上，貼於臀部。

2. 女士的基本站姿

（1）身體立直，抬頭挺胸，下頜微收，雙目平視，嘴角微閉，面帶微笑，雙手自然垂直於身體兩側，雙膝並攏，兩腿綳直，腳跟靠緊，腳尖分開呈「V」形。

（2）身體立直，抬頭挺胸，下頜微收，雙目平視，嘴角微閉，面帶微笑，兩腳尖略分開，右腳在前，將右腳跟靠在左腳腳弓處，兩腳尖呈「V」形，雙手自然並攏，右手搭在左手上，輕貼於腹前，身體重心可放在兩腳上，也可放在一腳上，並通過重心的移動減輕疲勞。

（三）站立禁忌

1. 東倒西歪

工作時東倒西歪，站沒站相，坐沒坐相，無精打採，懶散地倚靠在牆上、桌子上，很不雅觀。

2. 聳肩勾背

聳肩勾背或者懶洋洋地倚靠在牆上或椅子上，這些將會破壞自己和企業的形象。

3. 雙手亂放

將手插在褲袋裡，隨隨便便，悠閒散漫，這是不允許的。雙手交叉在胸前，這種姿勢容易使客人有受壓迫之感，倘若能將手臂放下，用兩手相握在身前，立刻就能讓對方感受輕鬆舒適多了。此外，雙手抱於腦后、雙肘支於某處、雙手托住下巴、手持私人物品皆不可取。

4. 腳位不當

人字步、蹬踏式、雙腿交叉都是不允許的，注意兩腳之間的距離不可過大，不要挺腹翹臀。

5. 做小動作

下意識地做小動作，如擺弄打火機和香菸盒、玩弄衣服和髮辮、咬手指甲等，這樣不但顯得拘謹，給人以缺乏自信的感覺，而且有失儀表的莊重。

（四）站姿訓練

第一，背靠牆。身體背著牆站好，使后腦、肩、臀部及足跟均能與牆壁緊密接觸，這說明站立姿勢是正確的；假若無法接觸，那就是站立姿勢不正確。

第二，兩人背靠背。

第三，頭頂書本，練習站立的穩定性。

第四，對鏡訓練，自我糾正。

二、走姿禮儀

(一) 走姿的基本要點

1. 走姿的規範要求

走姿的規範要求包括：上身挺直，雙肩平穩，目光平視，下頷微收，面帶微笑；挺胸、收腹，使身體略微上提；手臂伸直放鬆，手指自然彎曲，雙臂自然擺動。擺動時，以肩關節為軸，上臂帶動前臂，雙臂前后擺動時，擺幅以 30~35 度為宜，肘關節略彎曲，前臂不要向上甩動；步幅不要太大，跨步時兩腳間的距離適中，以一個腳長為宜，步速保持相對穩定，既不要太快，也不能太慢（60~100 步/分鐘）；女士行走時，走直線交叉步，上身不要晃動，盡量保持雙肩水平。

2. 職業裝的走姿規範要求

（1）穿西裝的走姿要求。西服以直線為主，應當走出穿著者的挺拔、優雅的風度。穿西裝時，后背保持平正，兩腳立直，走路的步幅可略大些，手臂放鬆，伸直擺動，手勢簡潔大方。行走時男士不要晃動，女士不要左右擺髖。

（2）穿西服套裙的走姿要求。西服套裙多以半長筒裙與西裝上衣搭配，因此著裝時應盡量表現出干練、灑脫的風格特點，走姿要求步履輕盈、敏捷、活潑、步幅不宜過大，可用稍快的步速節奏來調和，以使走姿活潑靈巧。

（3）穿旗袍的走姿要求。旗袍作為東方晚禮服的傑出代表，在世人眼裡有著經久不衰的美麗。因此，酒店行業通常將其作為迎賓、引位或者中式宴會的職業服裝。著這款服裝，最重要的是要表現出東方女性溫柔、含蓄的柔美風韻以及身材的曲線美。穿旗袍時要求身體挺拔，胸微含，下頷微收；塌腰撅臀是著旗袍的大忌。旗袍必須搭配高跟或中跟皮鞋才走得出這款服裝的韻味。行走時，走交叉步直線，步幅適中，步子要穩，雙手自然擺動，髖部可隨著身體重心的轉移，稍有擺動，但上身決不可跟著晃動。總之，穿旗袍應盡力表現出一種柔和、嫵媚、含蓄、典雅的東方女性美。

3. 穿高跟鞋的走姿要求

女士在正式場合經常穿著黑色高跟鞋，行走要保持身體平衡。具體要求直膝挺腰、收腹收臀、挺胸抬頭。為避免膝關節前屈導致臀部向后撅的不雅姿態，行走時一定要把踝關節、膝關節、髖關節挺直，只有這樣才能保持挺拔向上的形體。行走時步幅不宜過大，每一步要走實、走穩，這樣步態才會有彈性並富有美感。

(二) 走姿的注意事項

1. 切忌身體搖擺

行走時切忌晃肩搖頭，上體左右擺動，給人以庸俗、無知和輕薄的印象，腳尖不要向內或向外，晃著「鴨子」步，或者彎腰弓背，低頭無神，步履蹣跚，給人以壓抑、疲倦、老態龍鐘的感覺。

2. 雙手不可亂放

工作時，無論男女走路的時候，不可把手插在衣服口袋裡，尤其不可插在褲袋裡，也不要叉腰或倒背著手，因為這樣不美觀。走路時，應兩臂前后均勻隨步伐擺動。

3. 目光註視前方

走路時應眼睛註視前方，不要左顧右盼，不要回頭張望，不要老是盯住行人亂打量，更不要一邊走路，一邊指指點點地對別人評頭論足，這不僅有傷大雅，而且不禮貌。

4. 腳步乾淨利索

走路腳步要乾淨利索，有鮮明的節奏感，不可拖泥帶水，抬不起腳來，也不可重如打夯、砸得地動樓晃。

5. 有急事莫奔跑

如果碰到急事，可以加快腳步，但切忌奔跑，特別是嚴禁在樓裡奔跑。

6. 同行不要排成行

幾個人在一起走路時，不要勾肩搭背，不要拍拍打打。多人在一起走的話，不要排成橫行，讓其他人無路可走。

7. 走路要用腰力

走路時腰部松懈，會有吃重的感覺而不美觀，拖著腳走路更顯得難看。走路的美感產生於下肢的頻繁運動與上體穩定之間所形成的對比和諧以及身體的平衡對稱。要做到舉步和落腳時腳尖都正對前方，抬頭挺胸，邁步向前。

(三) 走姿的訓練

1. 正確的走姿要求

正確的走姿要求頭正、肩平、軀挺、步位直、步幅適度、步速平穩。

2. 基本動作訓練

基本動作訓練包括擺臂訓練、步位步幅訓練、穩定性訓練、協調性訓練。

3. 變向時的行走規範

(1) 后退步。向他人告辭時，應先向后退兩三步，再轉身離去。退步時，腳要輕擦地面，不可高抬小腿，后退的步幅要小。轉體時要先轉身體，頭稍候再轉。

(2) 側身步。當走在前面引導來賓時，應盡量走在賓客的左前方。髖部朝向前行的方向，上身稍向右轉體，左肩稍前，右肩稍后，側身向著來賓，與來賓保持兩三步的距離。當走在較窄的路面或樓道中與人相遇時，也要採用側身步，兩肩一前一後，並將胸部轉向他人，不可將后背轉向他人。

三、坐姿禮儀

(一) 坐姿的規範要求

坐姿大有講究。中國古代就有端坐、危坐、斜坐、跪坐和盤坐之分。現代沒有太多的講究，但是坐正是非常必要的。從醫學角度來說，正確的坐姿有利於健康；從交際角度來講，正確的坐姿有利於個人的形象；從禮儀角度來看，正確的坐姿是對自己、對別人的尊重。

人保持正確的坐姿，在其身后沒有任何倚靠時，上身應正直而稍向前傾，頭平正、兩肩放鬆，下巴向內收，脖子挺直，胸部挺起，並使背部與臀部成一直角，雙膝並攏，

雙手自然地放在雙膝上，或放在椅子上。這樣顯得比較精神，但不宜過於死板、僵硬。

背後有倚靠時，在正式社交場合裡，也不能隨意地把頭向後仰靠，顯出很懶散的樣子。

(二) 工作中幾種常用的坐姿

1.「正襟危坐」式

適用於最正規的場合。這種坐姿的主要要求是上身與大腿、大腿與小腿都應當形成直角，小腿垂直於地面。雙膝、雙腳包括兩腳的跟部，都要完全並攏。

2. 垂腿開膝式

這種坐姿多為男性所用，亦較為正規。這種坐姿的主要要求是上身與大腿、大腿與小腿皆為直角，小腿垂直於地面，雙膝分開，但不得超過肩寬。

3. 雙腿斜放式

這種坐姿適於穿裙子的女士在較低處就座所用。這種坐姿的主要要求是雙腿首先並攏，然后雙腳向左或向右側斜放，一般使斜放后的腿部與地面呈 45 度夾角。

4. 雙腳交叉式

這種坐姿適用於各種場合，男女皆可選用。這種坐姿的主要要求是雙膝先要並攏，然后雙腳在踝部交叉。需要注意的是，交叉后的雙腳可以內收，也可以斜放，但不宜向前方遠遠地伸出去。

(三) 女士坐姿的類型

1. 標準式

輕緩地走到座位前，轉身後兩腳成小丁字步，左前右後，兩膝並攏的同時上身前傾，向下落座。如果穿的是裙裝，在落座時要用雙手在后邊從上往下把裙子攏一下，以防坐出皺折或因裙子被打折坐住，而使腳部裸露過多。

坐下後，上身挺直，兩肩平正，兩肩自然彎曲，兩手交叉疊放在兩腿中部，並靠近小腹。兩膝並攏，小腿垂直於地面，兩腳保持小丁字步。

2. 側點式

兩小腿向左斜出，兩膝並攏，右腳跟靠攏左腳內側，右腳掌著地，左腳尖著地，頭和身軀向左斜。注意大腿小腿要成 90 度，小腿要充分伸直，盡量顯示小腿長度。

3. 前交叉式

在前伸式坐姿的基礎上，右腳后縮，與左腳交叉，兩踝關節重疊，兩腳尖著地。

4. 后點式

兩小腿后屈，腳尖著地，雙膝並攏。

5. 曲直式

右腳前伸，左小腿屈回，大腿靠緊，兩腳前腳掌著地，並在一條直線上。

6. 側掛式

在側點式的基礎上，左小腿后屈，腳繃直，腳掌內側著地，右腳提起，用腳面貼住左踝，膝和小腿並攏，上身右轉。

7. 重疊式

重疊式也叫「二郎腿」或「標準式架腿」等。在標準式的基礎上，兩腿向前，一條腿提起，腳窩落在另一條腿的膝關節上邊。要注意上邊的腿向內收，貼住另一條腿，腳尖向下。重疊式還有正身、側身之分，手部也可交叉、托肋、扶把手等多種變化。

「二郎腿」一般被認為是一種不嚴肅、不莊重的坐姿，尤其是女子不宜採用。其實，這種坐姿常常被採用，因為只要注意上邊的小腿往回收，腳尖向下這兩個要求，不僅外觀優美文雅、大方自然、富有親切感，而且還可以充分展示女子的風采和魅力。

（四）男士坐姿的類型

1. 標準式

上身正直上挺，雙肩平正，兩手放在兩腿或扶手上，雙膝並攏，小腿垂直地落在地面，兩腳自然分開成 45 度。

2. 前伸式

在標準式的基礎上，兩小腳前伸一腳的長度，左腳向前半腳，腳尖不要翹起。

3. 前交叉式

小腿前伸，兩腳踝部交叉。

4. 交叉后點式

兩小腿交叉向左斜出，上體向右傾，右肘放在扶手上，左手扶把手。

5. 曲直式

左小腿回屈，前腳掌著地，右腳前伸，雙膝並攏。

6. 重疊式

右腿疊在左腿膝上部，右小腿內收，貼向左腿，腳尖自然地向下垂。

（五）坐姿手臂位置的擺放

1. 放在兩條大腿上

雙手各自放在一條大腿上，雙手疊放或雙手相握。

2. 放在一條大腿上

側身與人交談時，宜將雙手置自己所側一方的那條大腿上，可雙手疊放，也可雙手相握。

3. 放在皮包文件上

當穿短裙的女士面對男士而坐，而身前沒有屏障時，為避免「走光」，一般可將自己隨身攜帶的皮包或文件放在並攏的大腿上。隨后，即可將雙手或扶、或疊、或握於后置於其上。

4. 放在身前桌子上

雙手平扶在桌子邊沿上，或者雙手相握置於桌上，或者雙手疊放在桌上。

（六）入座的要求

1. 先請對方入座

先請對方入座是待人以禮的表現。

2. 在適當之處就座

在大庭廣眾之處就座時，要注意座位的尊卑並且主動將上座相讓於人。

3. 從座位左側就座

假若條件允許，在就座時最好從座椅的左側接近座椅。這樣做是一種禮貌，而且也易於就座。

4. 毫無聲息地就座

就座時，要減慢速度，放鬆動作，盡量不要坐得座椅亂響，噪音擾人。

5. 坐下後調整體位

為使自己坐得舒適，可在坐下之後調整一下體位或整理下衣服，但是這一動作不可與就座同時進行。

（七）離座的要求

1. 先有表示

離開座椅時，身旁如有人在座，須以語言或動作向其先示意，隨後方可站起身來。一蹦而起，有時會令人受到驚擾。

2. 注意先後

與他人同時離座，須注意起身的先後次序。地位低於對方時，應稍後離座；地位高於對方時，可首先離座；雙方身分相似時，可同時起身離座。

3. 起身緩慢

起身離座時，最好動作輕緩，避免弄響座椅，或將椅墊、椅罩弄得掉在地上。

4. 從左離開

有可能時，起身後，宜從左側離去。與「左入」一樣，「左出」也是一種禮節。

【拓展閱讀】

坐姿注意事項

（1）入座輕緩，起座穩重。入座時走到座位前再轉身，轉身後右腳略向後退，輕穩入座。著裙裝的女士入座時，應將裙子向前攏一下；站立時，右腳先向後收半步，然後站起（「左入左出」原則）。

（2）女子落座雙膝必須並攏，雙手自然彎曲放在膝蓋和大腿上。如坐在有扶手的沙發上，男士可將雙手分別搭在扶手上，而女士最好只搭一邊，以示高雅。

（3）不要坐滿椅子。可就座的人員，無論坐在椅子上或沙發上，最好不要坐滿，只坐滿椅子的一半或三分之二，注意不要坐在椅子邊上。在餐桌旁就座，注意膝蓋不要頂著桌子。

（4）切忌腳尖朝天。最好不要隨意蹺「二郎腿」，即使蹺「二郎腿」，也不要蹺得太高，腳尖朝天。這在泰國會被人認為是有意將別人踩在腳下，是盛氣凌人，是一種侮辱性舉止。

（5）切忌坐椅子時前俯後仰、東倒西歪。

（6）不可搖腿、抖腳。坐立時，腿部不可上下抖動、左右搖晃。這是非常不禮

貌的。

(7) 忌雙腳直伸出去。
(8) 忌以手觸摸腳部。
(9) 忌自脫鞋襪。
(10) 忌將腳放上桌椅。
(11) 忌手部置於桌下，雙手應在身前，有桌時置於其上。
(12) 忌手夾於兩腿間或雙手抱在腿上。
(13) 忌肘部支於桌上。
(14) 忌頭部靠於椅背。
(15) 坐的時間長了而想靠在沙發背上是可以的，但不可把腳一伸，半躺半坐，更不可歪歪斜斜地癱坐在沙發上。

四、蹲姿禮儀

在工作中通常不採用蹲姿，只有遇上了比較特殊情況，才允許酌情採用蹲的姿勢。確有必要採用蹲姿時，通常可以採用高低式蹲姿。主要要求是：下蹲之時，左腳在前，右腳稍后。左腳應完全著地，小腿基本上垂直於地面；右腳則應腳掌著地，腳跟提起。此刻右膝須低於左膝，右膝內側可靠於小腿的內側，形成左膝高、右膝低之態。女性應夾緊兩腿，男性則可適度地將其分開。臀部向下，基本上以右腿支撐身體。

常見蹲姿有交叉式和半蹲式兩種。

五、手勢禮儀

手是傳情達意的最有力的手段，正確適當地運用手勢，可以增強感情的表達。手勢是工作中必不可少的一種體態語言，手勢的運用應當規範適度，且符合禮儀。

（一）手勢的基本原則

手勢是指人類用語言中樞建立起來的一套用手掌和手指位置、形狀的特定語言系統。很多手勢都可以反應人的修養、性格。因此，要注意手勢的幅度、次數、力度等。

1. 使用規範化的手勢

談到自己的時候，不要用大拇指指自己的鼻頭，應用右手按自己的左胸，那樣才會顯得端莊、大方、可信；談到別人的時候，不要用手指指點他人，因此在清點客人時，應採用掌心向上的方式用右手掌來數人數。

2. 注意區域性的差異

注意不同的地域、民族「手語」的差異。

3. 適度

手勢大小應適度，宜少忌多。在社交場合，應避免手勢的幅度過大。手勢的上界一般不應超過對方的視線，下界不應低於自己的胸區，左右擺的範圍不要太寬，應在人的胸前或右方進行。與客人交談時，手勢不宜單調重複，也不能做得太多。要給人一種優雅、含蓄和彬彬有禮的感覺。

(二) 常見的手勢

1. 垂放

雙手自然下垂向內，掌心疊放或相握於腹前；雙手伸直下垂，掌心向內，分別貼於大腿內側（男士握手腕、女士握手掌）。

2. 持物

既可用一只手，又可用雙手拿東西時動作要自然，五指並攏，用力均勻（即使是女性也不要翹起無名指與小指，以避免作態之嫌）。

3. 遞物、接物

遞物、接物雙手為宜（至少用右手），遞於手中，主動上前（主動走近接物者，坐著時應站立），方便接拿。

4. 舉手致意手勢

舉手致意也叫揮手致意，用來向他人表示問候、致敬、感謝。此時應掌心向外、面向對方、指尖朝向上方，千萬不要忘記伸開手掌。

（1）招手。向遠距離的人打招呼時，伸出右手，右胳膊伸直高舉，掌心朝著對方，輕輕擺動（不可以向上級和長輩招手）。

（2）打招呼。英國人在路上打招呼，常常要摘下帽子表示致意。現一般已簡化為抬一下帽子，甚至只是摸一下帽檐兒。

5. 指示手勢

指示手勢是用以引導來賓、指示方向的手勢。手掌自然伸直，掌心向內、向上，手指並攏，拇指稍稍自然分開，手腕伸直，使手與小臂成一直線，肘關節自然彎曲，大小臂的彎曲以140度左右為宜。

6. 鼓掌

鼓掌是表示歡迎、祝賀、支持的一種手勢。右手掌心向下，有節奏地拍擊掌心向上的左手，採取左手較被動、右手較主動的方式。

(三) 引導及指示的手勢

1. 橫擺式

橫擺式，即手臂向外側橫向擺動，抬至腰部或齊胸的高度，指尖指向被引導或指示的方向。橫擺式多適用於請人行進或為人指示方向。以右手為例，將五指伸直並攏，手心不要凹陷，手與地面呈45度角，手心向斜上方；腕關節微屈，腕關節要低於肘關節；手從腹前抬起，至橫膈膜處，然後以肘關節為軸向右擺動，到身體右側稍前的地方停住；雙腳形成右丁字步，左手下垂，目視來賓，面帶微笑。這是在入口處常用的謙讓禮的姿勢。

2. 直臂式

直臂式要求右手臂向外側橫向擺動，指尖指向前方。與橫擺式不同的是，直臂式要將手臂抬至肩高，而非齊胸。直臂式適用於引導方位或指示物品所在之處。

3. 曲臂式

曲臂式的做法是手臂彎曲，由體側向體前擺動，手臂高度在胸以下。當一只手拿

著東西、扶著電梯門或房門，同時要做出「請」的手勢時，可採用曲臂式手勢。以右手為例，五指伸直並攏，從身體的側前方向上抬起，至上臂離開身體的高度，然後以肘關節為軸，手臂由體側向體前擺動，擺到手與身體相距 20 厘米處停止，面向右側，目視來賓。

4. 斜臂式

斜臂式手勢的手臂由上向下斜伸擺動，多適用於請人就座。請來賓入座時，手勢要斜向下方。先用雙手將椅子向後拉開，然后一只手曲臂由前抬起，再以肘關節為軸，前臂由上向下。

以上四種形式，一般都使用右手，並且五指自然並攏，掌心向上。左手臂此時最佳的位置，應為垂在身體一側，或背於身后。

(四) 遞接物品的手勢

接取物品時，主要應注意的是應當目視對方，而不要只顧註視物品，一定要用雙手或右手，絕不能單用左手。必要時，應當起身而立，並主動走近對方。遞送物品時，應注意的問題如下：

1. 雙手為宜

雙手遞物與人最佳。不方便雙手並用時，也要採用右手。以左手遞物，通常被視為失禮之舉，尤其是對亞洲國家的客人而言。

2. 遞於手中

遞給他人的物品，以直接交到對方手中為好。不到萬不得已時，最好不要將所遞的物品放在他處。

3. 主動上前

若雙方相距過遠，遞物者理當主動走近接物者。假如自己坐著的話，還應盡量在遞物時起身站立。

4. 方便接拿

在遞物與人時，應為對方留出便於接取物品的地方，不要讓其感到接物時無從下手。將帶有文字的物品遞交他人時，還須使物品正面面對對方。

5. 尖、刃向內

將帶尖、帶刃或其他易於傷人的物品遞與他人時，切勿以尖、刃直指對方。合乎服務禮儀的做法是，應當使尖、刃朝向自己，或是朝向他處。

(五) 敬茶的手勢

敬茶時應雙手，右手握住杯耳，左手墊於杯底，把茶杯置於客人座位的右上方，並注意把杯耳朝向客人的右邊，同時右手五指並攏，指尖朝下，做一個「請用茶」的示意。

(六) 展示物品的手勢

在工作中如需要將物品向他人進行展示時，有以下三點注意事項：

1. 便於觀看

要將被展示之物正面面對對方，舉至一定的高度，並令其所用的時間能讓觀眾感

到滿足。當四周皆有觀眾時，展示物品還必須變換不同角度。

2. 操作標準

展示物品時，不論是口頭介紹還是動手操作，均應符合有關標準。解說時，要口齒清晰、語速舒緩。動手操作時，則應手法乾淨、利索、速度適宜，並經常進行必要的重複。

3. 手位正確

在展示物品時，手位的共同之處是應使物品在身體一側展示，不宜擋住本人頭部。具體而言，一是將物品舉至高於雙眼之處。這一手位適於被人圍觀時採用；二是將物品舉至雙臂橫伸時，自肩至肘之處，其上不過眼部，其下不過胸部，這一手位易於給人以安定感，便於他人看清展示之物。

(七) 常見的引領

1. 陪同引領

走在客人左前方、步伐適中；轉彎、電梯口、樓梯口定下，待客跟上，再前行引領。

2. 進門引領

外開門，在前拉開門，站在門旁引領，莫擋路；內開門，在前推開門，站在門口引領。

3. 上下樓引領

右側通行，走側前方引領，莫擋路。

4. 進電梯引領

先出后入，候於電梯兩側，莫擋路。

5. 上車引領

上車引領時，引領員首先明晰不同的身分的人乘坐不同類型的汽車時，應該坐在什麼位置；然后為領導和客人打開車門，左手固定車門，右手護住車門的上沿（左側下車相反），防止領導或客人碰到頭部，確認領導和客人身體安全進車后輕輕關上車門。

【拓展閱讀】

不同汽車類型座次安排的差別

乘坐小轎車：如果是專職司機駕車，則貴賓專座應為后排右座，后排左座次之；如果是朋友親自駕車，客人應坐在副駕駛位置以示對主人的尊重。

乘坐出租車：客人數量不滿3人時，應坐在后排。

乘坐麵包車：以司機后面的座位最為尊貴，后面座位的尊貴程度從前往后依次降低。也就是說，司機后面靠窗的位子為主座。安全原則優先考慮，哪怕是緊急煞車，領導也不至於被甩出去。大家都知道，普通麵包車的右側為過道，最右側靠門座位實際上是輔助座位，既不舒適，也不安全。

乘坐商務車：商務車乘坐原則是司機后排為尊，離門近者為主座（司機后排右邊

靠門的座位為主座），由前向后，由右往左，離門越近，位置越高。

乘坐吉普車：上座是副駕駛座，因為吉普車底盤高、功率大，主要功能是越野，減震及懸掛太硬，坐在后排顛簸得厲害。

乘坐主人駕車：如果由主人親自駕駛，以駕駛座右側為首位，后排右側次之，左側再次之，而后排中間座為末席，前排中間座則不宜再安排客人。主人夫婦駕車時，則主人夫婦坐前座，客人夫婦坐后座，男士要服務於自己的夫人，宜開車門讓夫人先上車，然后自己再上車。

乘坐其他車：應一只腳先踏入車內，不要爬進車裡。需先站在座位邊上，把身體降低，讓臀部坐到位子上，再將雙腿一起收進車裡，雙膝一定保持並攏的姿勢。上下車的基本禮儀原則是「方便客人，突出客人」，上車時，領導和客人先上，自己后上；下車時，自己先下，領導和客人后下。

(八) 手勢的忌諱

與人交談時，講到自己不要用手指指自己的鼻尖，而應用手掌按在胸口上。談到別人時，不可用手指別人，更忌諱背后對人指點等不禮貌的手勢。初見新客戶時，避免抓頭髮、玩飾物、挖鼻孔、剔牙齒、抬腕看表、高興時拉袖子等粗魯的手勢動作。避免交談時指手畫腳、手勢動作過多和過大。

【拓展閱讀】

不同手勢的含義

一般而言，南歐地區的國家如義大利、西班牙、希臘等國的手勢運用頻繁且誇張；中西歐的國家如德國、英國、荷蘭等次之；北歐諸國則又次之，因為他們幾乎不會使用手勢來表達任何信息。

1. 豎大拇指，余指握拳

這一手勢，大多數是表示自己對某句話或某件事的欣賞；也表示對他人舉動的感謝，感激他人為自己所做的事；還表示準備妥當。例如，籃球比賽時裁判會一手執球一手豎大拇指表示一切就緒，比賽可以進行了，這是源自飛機駕駛員在飛機升空待發時，由於引擎聲音巨大，飛行員無法與地勤人員溝通，於是就以豎大拇指的方式表示「I am ready」（我已經準備好了）。

2. 食指刮下巴

以食指背刮下巴，有如刮鬍子一般，這是法國人特有的手勢，女性對不喜歡的追求者表示拒絕時常用。常可在咖啡廳見到法國美女一面微笑一面以手指刮下巴，非常迷人可愛，而追求者一見，也多會識趣地走開。這個動作原始意思就是「令人厭煩的」，因為在法語中「剃刀」與「厭煩」同義，所以巧妙地以剃刀表達了自己的不喜歡之意。

3. 「V」字手勢

這一手勢早已成了世界語了，源自英國，因為「V」字在英國代表「Victory」（勝利），所以用「V」來表達勝利的歡欣，用此手勢時需以手指背向自己。但在希臘用此

手勢則必須把手指背向對方，否則就表示侮辱、輕視對方之意。

4. 聳肩

聳肩以美國人最流行，表示無能為力、無可奈何以及愛莫能助的意思。這一姿勢搭配著瞪大眼睛、雙手一攤的附加動作，更為傳神。

5.「OK」手勢

毫無疑問，這一手勢也是世界語了，以英語字母「O」與「K」連結而成，表示「沒問題」「準備妥當」「一切就緒」；也表示「我很好」「沒事」「謝謝你的關心」之意。但是在法國南部地區，「OK」手勢則表示「零」「某件事不值一提」「不讚成」。

6. 暫停手勢

一般情況下，這一手勢用的人比較多。使用這一手勢時，右手平放，左手伸出一個手指頂在右手手心（慣於使用左手的人另議）。

任務 7　表情禮儀

表情神態指的是人通過面部形態變化所表達的內心的思想感情和表現出來的神情態度。有的心理學家和行為學家通過研究，發現了一個信息傳遞的比例，如圖 2-4 所示：

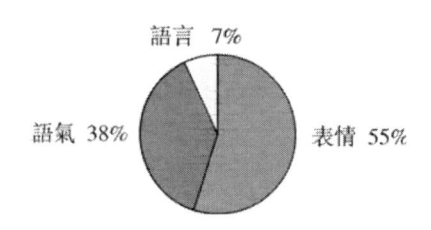

圖 2-4　信息傳遞的比例

一、微笑

微笑是人類最基本的動作。微笑應該是人類一種獨特的微妙表情、是人類的體態語言、是一種不確切的語言、是一種無聲的感召、是一種撫慰心靈的藥劑。微笑可以因時因事而來，也可以無意識、下意識地產生，而且會瞬間消失。

國際標準微笑是別人在離你 3 米時就可以看到你絕對標準迷人的微笑，面容和祥，嘴角微微上翹，露出上齒的八顆或六顆牙齒。注意要保持牙齒的清潔以表示尊重。

（一）微笑的種類

（1）禮儀的微笑：陌生人相見微微點頭的招呼式、應酬式的笑容，平時謙恭的、文雅的、含蓄的、深沉的或帶有其他禮儀成分的淺笑。

（2）職業的微笑：服務行業或其他一些臨時性宣傳、表演職業，保持微笑是起碼的要求，無論心情好壞，無論自己有沒有微笑的動因，都需要自覺地面帶笑容，這是

領導的要求、職業的需要、長期也可能形成了習慣；有時競技場上負於對手也需要高雅的職業姿態的微笑。

（3）真誠的微笑：具有人性化的、發自內心的、真實感情自然流露的一笑。

（4）信服的微笑：帶有信任感、敬服感的內心情懷的面部表示，或是雙方會心的淡淡一笑。

（5）友善的微笑：親近和善的、友好的、原諒的、寬恕的、詼諧的輕輕一笑。

（6）愛戀的微笑：男女之間的、依戀相愛的、欲火燒心的甜蜜一笑。

（7）喜悅的微笑：成功或勝利后的高興、愉悅心情自然流露的一笑。

（8）嬌羞的微笑：羞答答、粉面含羞、淺笑似花。

（9）苦澀的微笑：內心的莫大酸楚或傷痛不願意渲染外泄，只有掛在嘴邊的一絲苦笑才能真正表達深刻。

（10）無奈的微笑：失意時、失敗時無所求助、無所寄托、無可奈何的窘迫、尷尬、困惑、忍受、忍耐的勉強笑容。

（11）虛假的微笑：不實在、無誠心、假意、做作，帶有令人不可信任的笑眯眯的表情；有些時候，虛假的笑也帶有良善的意味，以對親人掩飾真實的失望和痛苦。

(二)微笑的特徵

微笑具有普遍性、時效性、示意性、感召性、美感性、不穩定性、可交換性、超凡灑脫性、緩解緩衝性等。

（1）微笑不分高低貴賤，不分雅俗，凡是智力正常的人皆可有之。

（2）微笑是人自然生成、自然消失、十分神祕的臨時性表情。

（3）微笑是做來容易、保持卻又很難的一種心情表達。

（4）微笑是給予別人、映襯自己的心靈語言，是人們感情上的美好，更是人與人之間的心領神會、互動感應。

（5）微笑是理智的潛能，是人與人之間交往的通行證，是協調關係的潤滑劑，是生活情調的添加劑，也是一些窗口服務單位的名片。

（6）微笑是沉默、幽默的夥伴，是智慧的使者，是無聲的語言，是美好的象徵，是感情的副產品。

（7）微笑是自信、自豪的象徵，是勝利者發自內心的喜悅，是內存博大、涵養深沉的象徵，是失意者掩飾的苦澀表情，是溝通的象徵，是人與人之間的招呼、友善、信任、依戀、默許的一種既簡單又快捷的表達方式。

（8）微笑具有隱性演化的特徵，有時是高傲、鄙視、虛偽、狡詐心態的一種緩衝形式。

（9）微笑表現在臉部，起因於內心，因此需要感情作為支柱。富有真情實感的微笑，是真善美的直接表達。否則，微笑就會因曲意、隱飾、虛偽而變得不自然、不美麗。

(三)微笑的作用

微笑是社交場合最富有吸引力、最有價值的面部表情。微笑表現著人際關係友善、

誠信、謙恭、和藹、融洽等最為美好的感情因素，因此已成為各國賓客都理解的心理性「語言」。

微笑可以調控自我情緒。微笑有助於防止情緒的大幅度波動，能很好地緩解情緒。微笑不僅是獻給別人的，也要給予自己，因為微笑本身就是一種自我調控心境的手段。

微笑是良好的潤滑劑。微笑是一種禮貌和涵養的表現。人際交往中偶爾會出現一些可能引起不愉快的事，在此情況下，為避免出現更大的摩擦，最好的辦法是微笑面對。怒拳不打笑臉人，微笑的好處自是不言而喻。

(四) 微笑的訓練

第一階段——放鬆肌肉。放鬆肌肉訓練又名「哆來咪練習」，嘴唇肌肉放鬆運動是從低音哆開始，到高音咪，大聲地、清楚地說三次每個音。不是連著練，而是一個音節一個音節地發音，為了正確地發音應注意嘴型。

第二階段——給嘴唇肌肉增加彈性。形成笑容時最重要的部位是嘴角。鍛煉嘴唇周圍的肌肉，能使嘴角的移動變得更干練好看，也可以有效地預防皺紋。伸直背部，坐在鏡子前面，反覆練習嘴角最大幅度的收縮或伸張。

張大嘴使嘴周圍的肌肉最大限度地伸張。張大嘴能感覺到顎骨受刺激的程度，並保持這種狀態10秒鐘。

閉上張開的嘴，拉緊兩側的嘴角，使嘴唇在水平上緊張起來，並保持10秒鐘。

使嘴角緊張的狀態下，慢慢地聚攏嘴唇。出現圓圓的卷起來的嘴唇聚攏在一起的感覺時，保持10秒鐘。保持微笑30秒鐘。反覆進行這一動作3次左右。

用門牙輕輕地咬住木筷子。把嘴角對準木筷子，兩邊都要翹起，並觀察連接嘴唇兩端的線是否與木筷子在同一水平線上。保持這個狀態10秒鐘。在第一種狀態下，輕輕地拔出木筷子之後，練習維持那種狀態。

第三階段——形成微笑。這是在放鬆的狀態下，練習笑容的過程，練習的關鍵是使嘴角上升的程度一致。如果嘴角歪斜，表情就不會太好看。練習各種笑容的過程中，就會發現最適合自己的微笑。

小微笑，把嘴角兩端一齊往上提。給上嘴唇拉上去的緊張感，稍微露出2顆門牙。保持10秒鐘之後，恢復原來的狀態並放鬆。

普通微笑，慢慢使肌肉緊張起來，把嘴角兩端一齊往上提。給上嘴唇拉上去的緊張感，露出6顆左右上門牙，眼睛也笑一點。保持10秒鐘后，恢復原來的狀態並放鬆。

大微笑，一邊拉緊肌肉，使之強烈地緊張起來，一邊把嘴角兩端一齊往上提，露出10顆左右上門牙，也稍微露出下門牙。保持10秒鐘后，恢復原來的狀態並放鬆。

第四階段——保持微笑。一旦尋找到滿意的微笑，就要進行至少維持那個表情30秒鐘的訓練。

第五階段——修正微笑。雖然認真地進行了訓練，但如果笑容還是不那麼完美，就要尋找其他部分是否有問題。如果能自信地笑，就可以把缺點轉化為優點，不會成為大問題。

【拓展閱讀】

有缺點的微笑

缺點1：嘴角上升時會歪。

意想不到的是兩側的嘴角不能一齊上升的人很多，這時利用木制筷子進行訓練很有效。剛開始會比較難，但若反覆練習，就會在不知不覺中使兩邊嘴角一齊上升，形成干練的微笑。

缺點2：笑時露出牙齦。

笑的時候露出很多牙齦的人，往往笑的時候沒有自信，不是遮嘴，就是腼腆地笑。自然的笑容可以彌補笑時露出牙齦的缺點，但由於本人太在意，所以很難展示自然亮麗的笑。露出牙齦時，通過嘴唇肌肉的訓練可以彌補弱點。

以各種形狀盡情地試著笑，在其中挑選最滿意的笑容，然后確認能看見多少牙齦。大概能看見2毫米以內的牙齦，就很好看。照著鏡子，試著笑出前面所選的微笑。在稍微露出牙齦的程度上，反覆練習美麗的微笑。

第六階段——修飾有魅力的微笑。如果認真練習，就會發現自己擁有魅力的微笑，並能展現那種微笑。伸直背部和胸部，用正確的姿勢在鏡子前面邊微笑，邊修飾自己的微笑。

二、眼神

(一) 眼神的基本要素

眼睛是心靈的窗戶，為此眼神的作用對於禮儀而言非常重要。如果說微笑是人的第一重要表情，則眼神就是人的第二重要表情。眼神構成要素如下：

(1) 眼球轉動方向——平視、斜視、仰視、俯視、白眼等。

(2) 眼皮瞳孔開合大小——大開眼皮、大開瞳孔（開心、歡暢、驚愕）；大開眼皮、小開瞳孔（憤怒、仇恨）；小開眼皮、大開瞳孔（欣賞、快樂）；小開眼皮、小開瞳孔（算計、狡詐）。

(3) 眼睛眨動速度快慢——快，意味著不解、調皮、幼稚、活力、新奇；慢，意味著深沉、老練、穩當、可信。

(4) 目光集中程度——集中，意味著認真、動腦思考；分散，意味著漠然、木訥；遊移不定，意味著心不在焉。

(5) 目光持續長短——長，意味著深情、喜歡、欣賞、重視、疑惑；短，意味著輕視、討厭、害怕、撒嬌。

(二) 眼神的訓練方法

1. 定眼

(1) 正定法：在前方2~3米遠的明亮處，選一個點。點的高度與眼睛或眉基本相平，最好找一個不太顯眼的標記。進行定眼訓練，眼睛要自然睜大，但眼輪匝肌不宜

收得太緊。雙眼正視前方目標上的標記，目光要集中，不然就會散神。註視一定時間后可以雙眼微閉休息，再猛然睜開眼，立刻盯住目標，進行反覆練習。

（2）斜定法：要求與正定法相同，只是所視目標與視者的眼睛成25度斜角，訓練要領同正定法。

2. 定向轉眼

眼球由正前方開始，移到左眼角，再回到正前方，然后再移到右眼角，如此反覆練習。眼珠由正前方開始，由左移到右，由右移到左，反覆練習。眼球由正前方開始，眼球移到上方（不許抬眉），回到前；移到右，回到前；移到下，回到前；移到左，回到前，反覆練習。眼球由正前方開始，由上、右、下、左各做順時針轉動，每個角度都要定住，眼球轉的路線要到位，然后再做逆時針轉動，反覆練習。

（1）左轉：眼球由正前方開始，由上向左快速轉一圈后，眼球立即定在正前方。
（2）右轉：同左轉，方向相反。
（3）慢轉：眼球按同一方向慢轉，在每個位置、角度上都不要停留，要連續轉。
（4）快轉：方向同慢轉，不同的是速度加快。

以上訓練開始時，一拍一次，再一拍二次，逐漸加快，但不要操之過急，正反方向都要練。

3. 掃眼

眼睛如同掃把一樣，視線經過路線上的東西都要全部看清。

（1）慢掃眼：在離眼睛2~3米處，放一張畫或其他物品。頭不動而眼瞼抬起，由左向右，做放射狀緩緩橫掃，再由右向左，四拍一次，進行練習。視線掃過的所有東西盡量一次全部看清。眼球轉到兩邊位置時，眼球一定要定住。逐漸擴大掃視長度，兩邊可增視斜25度，頭可隨眼動，但要平視。

（2）快掃眼：要求同慢掃眼，但速度加快，由兩拍到位加快至一拍到位，兩邊定眼。

初練時，眼睛稍有酸痛感。這些都是練習過程中的正常現象，其間可閉目休息兩三分鐘。眼睛肌肉適應了，這些現象也就消失了。

(三) 人際交往中的註視範圍

與人交談時，目光應該註視著對方，但應使目光局限於上至對方額頭，下至對方襯衣的第二粒紐扣以上，左右以兩肩為準的方框中。在這個方框中，一般有以下三種註視方式：

一是公務註視，一般用於洽談、磋商等場合，註視的位置在對方的雙眼與額頭之間的三角區域。

二是社交註視，一般在社交場合，如舞會、酒會上使用，註視的位置在對方的雙眼與嘴唇之間的三角區域。

三是親密註視，一般在親人之間、戀人之間、家庭成員等親近人員之間使用，註視的位置在對方的雙眼和胸部之間。

(四）註視的角度

在工作中，既要方便服務工作，又不至於引起服務對象的誤解，就需要有正確的註視角度。

1. 正視對方

這也就是在註視他人的時候，與之正面相向，同時還要將身體前部朝向對方。正視對方是交往中的一種基本禮貌，其含義表示重視對方。

2. 平視對方

在註視他人的時候，目光與對方相比處於相似的高度。在服務工作中平視服務對象可以表現出雙方地位平等和不卑不亢的精神面貌。

3. 仰視對方

在註視他人的時候，本人所處的位置比對方低，就需要抬頭向上仰望對方。在仰視對方的狀況下，往往可以給對方留下信任、重視的感覺。

4. 兼顧多方

在工作崗位上，服務人員為互不相識的多位客人服務時，需要按照先來後到的順序對每個客人多加註視，又要同時以略帶歉意、安慰的眼神環視等候在身旁的客人。巧妙地運用這種兼顧多方的眼神，可以對每一位服務對象給予兼顧，表現出善解人意的優秀服務水準。

(五）註視時間的長短

註視時間應當是總交談時間的三分之一長。

【拓展閱讀】

語言禮儀

俗話說：「一句話使人笑，一句話使人跳。」這句話形象地概括了使用禮貌用語的作用和要求。商務人員要善於運用這一有用的交際工具。

一、禮貌用語的基本準則

1. 言辭禮貌性

敬語包括尊敬語、謙讓語和雅語三個方面的基本內容。

說話者直接表示自己對聽話者敬意的語言叫尊敬語。尊敬語常用的場合：比較正規的社交場合；與師長或身分、地位較高的人交談；初次打交道或會見不太熟悉的人；會議、談判等公務場合；接待場合。例如，與對方交流時，以「請」字開頭，以「謝謝」收尾，「對不起」常掛在嘴邊，常用「您」稱呼身分、地位較高的人等。常用的尊敬語還有「對不起，讓您久等了」「請問」「勞駕」。尊敬語的最大特點是彬彬有禮，熱情而莊重。使用尊敬語時，一定要注意時間、地點和場合，使用的語調要甜美、柔和。尊敬語只是一種語言形式，不一定都是表示敬意。例如，若對某顧客的言行不太滿意，不管自己心裡怎麼想，語言表達形式一定要用尊敬語。使用尊敬語時，要注意用「您」而不用「你」來稱呼服務對象，這是尊重顧客的需要。為了搞好服務工作，

還需盡快地記住客人的姓氏和身分，不該冒失地直呼其名，如要稱「布朗先生」，而不要稱「布朗」。因為這樣可使客人感到對他們的尊重，從而盡快地消除生疏感，增加親切感。

另外，寒暄語是尊敬語的入門，寒暄語的使用，往往能使顧客產生良好的印象。

謙讓語是說話者通過自謙從而表示對聽話者敬意的語言。例如，稱自己「愚」或「敝人」，稱自己的見解為「愚見」等。「自謙」體現著一種精神，即以敬人為先導，以退讓為前提，是一種典型的禮儀待人的人際溝通方式（「退讓以敬人」的精神）。

雅語是指用一種比較委婉、含蓄的方式表達雙方都知道、理解但不願點破、不便直言的事。例如，在接待賓客時，用「幾位」代替「幾個人」，用「哪一位」代替「誰」，用「貴姓」代替「你姓什麼」，用「不新鮮」「有異味」代替「發霉」「臭了」，用「我去方便一下」或「去一趟洗手間」代替「去上廁所」，用「需不需要加一些主食」代替「要不要飯」，用「這件衣服不太適合您」代替「您穿這件衣服很難看」，用「發福」代替「發胖」等。雅語的使用不是機械的、固定的，需要根據不同場合、不同人物、不同時間靈活運用。

2. 措辭修飾性

在交流時要充分尊重顧客的人格和習慣，決不能講有損顧客自尊心的話，這就要求我們注意措辭。用語的措辭修飾性，主要表現在經常使用的謙謹語和委婉語兩方面。謙謹語是謙虛、友善的語言，表現出充分尊重對方，常用徵詢式、商量式的語氣進行。委婉語用好聽的、含蓄的、使人少受刺激的代詞，代替禁忌的詞語，用曲折的表達來提示雙方都知道的但不願點破的事物。

3. 語言生動性

語言不能呆板，不要機械地回答問題。應該認識到，生動幽默的語言能使氣氛和諧、感情融洽。幽默是一種微笑的藝術。一段幽默的對話能使人產生詼諧的情趣，使人在笑意中有所領悟，令人在輕鬆愉快的同時又能理解深刻的主題。

4. 表達隨意性

在溝通交流時，還須注意察言觀色，善於觀察對方的反應。針對不同的場合、不同的對象，說不同的話，有利於溝通和理解，這樣做往往會避免矛盾的出現或使矛盾得到緩和。每一個商務人士都需要學習和研究工作語言，並在實踐中努力提高自己的語言應變力，注意培養隨機性和靈活性，以便適應工作的需要。

二、常用禮貌用語口訣

與人相見說「您好」，問人姓氏說「貴姓」，問人住址說「府上」。
仰慕已久說「久仰」，長期未見說「久違」，求人幫忙說「勞駕」。
向人詢問說「請問」，請人協助說「費心」，請人解答說「請教」。
求人辦事說「拜託」，麻煩別人說「打擾」，求人方便說「借光」。
請改文章說「斧正」，接受好意說「領情」，求人指點說「賜教」。
得人幫助說「謝謝」，祝人健康說「保重」，向人祝賀說「恭喜」。
老人年齡說「高壽」，身體不適說「欠安」，看望別人說「拜訪」。
請人接受說「笑納」，送人照片說「惠存」，歡迎購買說「惠顧」。

希望照顧說「關照」，讚人見解說「高見」，歸還物品說「奉還」。
請人赴約說「賞光」，對方來信說「惠書」，自己住家說「寒舍」。
需要考慮說「斟酌」，無法滿足說「抱歉」，請人諒解說「包涵」。
言行不妥「對不起」，慰問他人說「辛苦」，迎接客人說「歡迎」。
賓客來到說「光臨」，等候別人說「恭候」，沒能迎接說「失迎」。
客人入座說「請坐」，陪伴朋友說「奉陪」，臨分別時說「再見」。
中途先走說「失陪」，請人勿送說「留步」，送人遠行說「平安」。

【案例分析】

濃妝淡抹總相宜

王芳是某高校文秘專業高才生，畢業后就職於一家公司做文員。為適應工作需要，上班時，王芳毅然放棄了「清純少女妝」，化起了整潔、漂亮、端莊的「白領麗人妝」：不脫色粉底液，修飾自然、稍帶棱角的眉毛，與服裝色系搭配的灰度高、偏淺色的眼影，緊貼上睫毛根部描畫的灰棕色眼線，黑色自然型睫毛，再加上自然的唇型和略顯濃豔的唇色，雖化了妝，卻好似沒有化妝，整個妝容清爽自然，盡顯自信、成熟、干練的氣質。

在公休日，王芳又給自己來了一個大變臉，化起了久違的「青春少女妝」：粉藍或粉綠、粉紅、粉黃、粉白等顏色的眼影，彩色系列的睫毛膏和眼線，粉紅或粉橘的腮紅，自然系的唇彩或唇油，看上去嬌嫩欲滴、鮮亮淡雅，整個身心都倍感輕鬆。心情好，自然工作效率就高。

分析：王芳以自己得體的外在形象、勤奮的工作態度和驕人的業績，贏得了公司同仁的好評。

模塊 3　商務交往禮儀

【模塊速覽】

　　任務 1　商務會見禮儀
　　任務 2　商務宴請、赴宴禮儀
　　任務 3　商務饋贈禮儀
　　任務 4　商務通信禮儀

【案例導入】

無心之失

　　某公司新建的辦公大樓需要添置一系列的辦公家具，價值數百萬元。公司的總經理已做了決定，向 A 公司購買這批辦公家具。

　　這天，A 公司的銷售部負責人打電話來，要上門拜訪這位總經理。總經理打算等對方來了，就在訂單上蓋章，定下這筆生意。

　　不料對方比預定的時間提前了 2 個小時來，原來 A 公司聽說這家公司的員工宿舍也要在近期內落成，希望員工宿舍需要的家具也能向他們購買。為了談成這件事，銷售部負責人提前來了，還帶來了一大堆資料，擺滿了臺面。總經理沒料到對方會提前到訪，剛好手邊又有事，便請秘書讓對方等一會。沒想到這位銷售負責人等了不到半小時，就開始不耐煩了，一邊收拾起資料一邊說：「我還是改天再來拜訪吧。」

　　這時，總經理發現對方在收拾資料準備離開時，將自己剛才遞上的名片不小心掉在了地上，對方卻並沒發覺，走時還無意地從名片上踩了過去。但這個不小心的失誤，卻令總經理改變了初衷，結果 A 公司不僅沒有機會與對方商談員工宿舍的家具購買，連幾乎已經到手的數百萬元辦公家具的生意也告吹了。

　　人要生存和發展，就不能置身於人際交往之外。沒有交往就難以合作，沒有合作就難以生存和發展。人際交往能力是衡量一個人能否適應現代開放社會的標準之一，是一個人獲得事業成功的必要條件。在各種商務場合中得體、正確的禮儀，不但令人愉快與信任，還有助於與商業夥伴建立廣泛、牢固的合作關係。在人與人的交往中，禮儀越周到越保險，運氣也越好，謙恭有禮，人人歡迎。若想馳騁商場、事業成功，就必須學會商務交往禮儀，掌握商務交往的技巧。

任務 1　商務會見禮儀

一、商務拜訪禮儀

(一) 拜訪前的準備

有句古話說得好：「不打無準備之仗。」商務拜訪前同樣需要做好充分的準備。

1. 預約不能少

拜訪之前必須提前預約，這是最基本的禮儀。一般情況下，應提前 3 天給拜訪者打電話，簡單說明拜訪的原因和目的，確定拜訪時間，經過對方同意以後才能前往。

2. 明確目的

拜訪必須明確目的，出發前對此次拜訪要解決的問題應做到心中有數。例如，需要對方解決什麼問題、對對方提出什麼要求、最終要得到什麼樣的結果等，這些問題的相關資料都要準備好，以防萬一。

3. 禮物不可少

無論是初次拜訪還是再次拜訪，禮物都不能少。禮物可以起到聯絡雙方感情、緩和緊張氣氛的作用。因此，在禮物的選擇上還要下一番苦功夫。既然要送禮就要送到對方的心坎裡，瞭解對方的興趣、愛好及品位，有針對性地選擇禮物，盡量讓對方感到滿意。

4. 自身儀表不可忽視

骯髒、邋遢、不得體的儀表，是對被拜訪者的輕視。被拜訪者會認為來訪者不把他放在眼裡，對拜訪效果有直接影響。一般情況下，登門拜訪時，女士應著深色套裙、中跟淺口深色皮鞋配肉色絲襪；男士最好選擇深色西裝配素雅的領帶，外加黑色皮鞋、深色襪子。

(二) 拜訪過程

商務拜訪過程中的禮儀眾多，主要有以下幾點：

1. 具備較強的時間觀念

拜訪他人可以早到卻不能遲到，這是一般的常識，也是拜訪活動中最基本的禮儀之一。早到可以借富裕的時間整理拜訪時需要用到的資料，並正點出現在約定好的地點。而遲到則是失禮的表現，不但是對被拜訪者的不敬，也是對工作不負責任的表現，被拜訪者往往會對此產生看法。

值得注意的是，如果因故不能如期赴約，必須提前通知對方，以便被拜訪者重新安排工作。通知時一定要說明失約的原因，態度誠懇地請對方原諒，必要時還需約定下次拜訪的日期和時間。

2. 先通報后進入

到達約會地點后，如果沒有直接見到被拜訪對象，拜訪者不得擅自闖入，必須經

過通報后再進入。一般情況下，前往大型企業拜訪，首先要向負責接待人員交代自己的基本情況，待對方安排好以後，再與被拜訪者見面。當然，生活中不免存在這樣的情況，被拜訪者身處某一賓館，如果拜訪者已經抵達賓館，切勿魯莽地直奔被拜訪者所在房間，而應該由賓館前臺接待人員打電話通知被拜訪者，經同意以後再進入。

3. 舉止大方，溫文爾雅

見面后，打招呼是必不可少的。如果雙方是初次見面，拜訪者必須主動向對方致意，簡單地做自我介紹，然後熱情大方地與被拜訪者行握手之禮。如果雙方已經不是初次見面了，主動問好致意也是必需的，這樣可顯示出誠意。說到握手不得不強調一點，如果對方是長者、職務級別高者或女性，自己絕對不能先將手伸出去，這樣有抬高自己之嫌，同樣可視為對他人的不敬。

見面禮行過以後，在主人的引導之下，進入指定房間，待主人落座以後，自己再坐在指定的座位上。

4. 開門見山，切忌囉嗦

談話切忌囉嗦，簡單的寒暄是必要的，但時間不宜過長。因為，被拜訪者可能有很多重要的工作等待處理，沒有很多時間接見來訪者，這就要求談話要開門見山，簡單的寒暄后直接進入正題。

當對方發表自己的意見時，打斷對方講話是不禮貌的行為。應該仔細傾聽，將不清楚的問題記錄下來，待對方講完以後再請求就不清楚的問題給予解釋。如果雙方意見產生分歧，一定不能急躁，要時刻保持沉著冷靜，避免破壞拜訪氣氛，影響拜訪效果。

5. 把握拜訪時間

在商務拜訪過程中，時間為第一要素，拜訪時間不宜拖得太長，否則會影響對方其他工作的安排。如果雙方在拜訪前已經設定了拜訪時間，則必須把握好已規定的時間，如果沒有對時間問題做具體要求，那麼就要在最短的時間裡講清所有問題，然後起身離開，以免耽誤被拜訪者處理其他事務。

(三) 拜訪結束

拜訪結束時，如果談話時間已過長，起身告辭時，要向主人表示「打擾」的歉意。出門後，回身主動與主人握別，說「請留步」。待主人留步後，走幾步再回首揮手致意，說「再見」。

商務拜訪是當今最流行的一種辦公形式，也是對禮儀要求最多的活動之一。掌握好上述禮儀要領，將有助於商務工作順利進行。

二、商務接待禮儀

迎來送往是社會交往接待活動中最基本的形式和重要的環節，是表達主人情誼、體現禮貌素養的重要方面。尤其是迎接，這是給客人良好第一印象的最重要工作。給對方留下好的第一印象，就為下一步深入接觸打下了基礎。

(一) 商務接待準備

1. 瞭解情況

接待的準備工作是為接待好客人而做的。要想使我們的接待工作做好，就必須事先詳細瞭解客人的情況。這主要是要弄清客人來訪的目的、性別比例、職務級別、人數、是否有夫婦同行等。客人來訪都是有目的而來、有備而來的，我們要事先瞭解客人來訪的目的是什麼，以便於做好充分的準備工作。弄清客人的人數和性別比例以及是否有夫婦同行，可以為我們安排交通工具和食宿做好準備。瞭解客人的職務級別，也便於我們安排接待規格。

2. 掌握時間

作為接待者，無論是因公接待，還是接待自己的朋友，事先一定要弄清、記住客人來訪的具體日期和時間。然後在客人來訪前做好各方面的準備工作。如果客人事先沒有通知而「不期而至」，作為主人，無論工作多麼繁忙也要放下手中的工作，熱情接待客人。如果室內衛生需要整理，可以請客人在門外稍候，陪對方說幾句話，並道歉，不要冷冷地下逐客令。

3. 布置場所

接待場所就是通常所說的會客室。在客人到達前，要根據不同情況，把會客室精心布置一番。一般情況下，應先打掃衛生，整理擺放桌椅，適當準備一些水果、飲料、茶具、香菸等。如果是商業或其他公務會談，還要準備一些文具用品和可能用得上的相關資料以及電話、傳真等，還要檢查衛生設施是否能正常使用。同時，還可以在會客室裡擺上一些鮮花。主人的精心、周到，能給客人以賓至如歸的感覺。如果會客室物品亂放亂堆，不講衛生，給人的第一印象就是心不誠、辦事不認真。

4. 交通、食宿

在客人到來之前，要事先瞭解客人是乘什麼交通工具來的，如果客人是帶車來訪，只要在門口做好準備即可；如果客人是乘火車、輪船、飛機、汽車而來，要做好接站的準備。另外，還要安排好客人的吃住。其原則是：一方面，要盡可能招待得好一些；另一方面，也不可脫離實際而一味追求高檔豪華，給人華而不實的感覺。

(二) 待客有方

隨著市場經濟的蓬勃發展，彼此往來的商務活動日益頻繁，接待工作也應越來越規範。要文明待客、禮貌待客、熱情待客，接待工作在禮儀方面應做到嚴謹、熱情、周到、細緻。

1. 文明待客

文明待客主要以主人的語言、舉止和態度來體現，即來有迎聲、問有答聲、去有送聲。

2. 禮貌待客

禮貌待客應注意禮貌用語的使用，如問候語、請求語、感謝語、道歉語、道別語。

3. 熱情待客

熱情待客要注意三個操作環節：

（1）眼到。眼睛註視對方，並且要平視，表示尊重。

（2）口到。講話內容要切合對方實際情況，明確表達心中所思，準確把握對方的話題傾向，給出合理反應。

（3）意到。講話時意思明確、態度平和、友善，意會他人言中之意，反應迅速、準確。

4. 一杯香茶暖人心

我國自古就有客來敬茶的傳統禮儀，中國人在辦公室、家裡接待客人時，茶水是必備的。專門舉行茶會來招待來賓也是商務活動中常見的。

（1）茶到。為客人沏茶之前先洗手，並洗淨茶杯；茶杯要無破損、無裂紋、無茶銹；茶杯以陶瓷製品為宜。

（2）茶葉。沏茶前，可事先徵求客人的意見來選擇茶葉。

（3）泡茶。泡茶不要太濃或太淡，倒茶倒八成滿即可。

（4）上茶。主人向客人上茶時，應起立，並用雙手把茶杯遞給客人，然後說一聲「請」。客人亦應起立，以雙手接過茶杯，道以「謝謝」。

（5）喝茶。喝茶時只宜小口仔細品嘗，不可大口喝水，發出響聲；漂浮在水面上的茶葉，不可用手從杯中撈出，也不要吃茶葉。

在迎接客人時具體應注意以下事項：

第一，對前來訪問、洽談業務、參加會議的外國、外地客人，應首先瞭解對方到達的車次、航班，安排與客人身分、職務相當的人員前去迎接。若因某種原因，相應身分的主人不能前往，前去迎接的主人應向客人做出禮貌的解釋。

第二，主人到車站、機場去迎接客人，應提前到達，恭候客人的到來，決不能遲到而讓客人久等。客人看到有人來迎接，內心必定感到非常高興，若迎接來遲，必定會給客人心裡留下陰影，事後無論怎樣解釋，都無法消除這種失職和不守信譽的印象。

第三，接到客人后，應首先問候「一路辛苦了」「歡迎您來到我們這個美麗的城市」「歡迎您來到我們公司」等，然後向對方進行自我介紹，如果有名片，可送予對方。

(三) 送客有道

送客時，應提醒客人帶好隨身物品，對即將離去的客人說些客氣的話，使客人愉快地離去。基本原則是送到客人離開視線為止。和上司一起送客，要比上司稍後一步。商務會面後告別語的使用如下：

第一，主客之間的告別語。客人向主人告別時，常伴以「請回」「請留步」等語言，主人則以「慢走」「恕不相送」等語回應。如果客人是遠行，主人可說「祝你一路順利」「一路平安」「代問××好」等告別語。

第二，熟人之間的告別語。可說「有空再來」「有時間來坐坐」「有空來喝茶」等，也可說「代問家人好」以示禮貌。

第三，「再見」是當今比較時興的告別語，適用於大部分場合的告別。

三、商務介紹禮儀

在當今競爭激烈的國際商務舞臺上，如能熟練而恰當地運用商務介紹禮儀知識，就有可能對業務產生事半功倍的效果。介紹是商務交往的序曲，是人與人溝通的橋樑。規範、有序的介紹，有助於擴大交際圈、廣交合作夥伴。

（一）自我介紹

自我介紹是一種毛遂自薦的介紹方式。在商務活動中，如果想結識某些人或某個人，而又無人引見，可以視情況將自己介紹給對方。但如果有介紹人在場，自我介紹則被視為不禮貌的。為使自我介紹得體而有效，應注意時機適當、繁簡適度、內容真實。時機適當，即選在對方有空閒、情緒較好、有興趣時，進行自我介紹；繁簡適度，即自我介紹應簡潔，一般以半分鐘為宜，特殊情況也不宜超過一分鐘；內容真實，即自我介紹要實事求是、真實可信，不可自吹自擂、誇大其詞。自我介紹的內容通常包括本人姓名、工作單位及部門、職務（或職業）等，如「您好！我叫李勇，是太陽公司公關部經理」「您好！我叫張鋒，在大華公司負責銷售」。

（二）他人介紹

1. 誰是介紹人

介紹人通常是社交活動中的東道主；家庭聚會中的主人；公務交往中的禮儀專職人員；正式活動中地位、身分較高者；熟悉被介紹的雙方，又應一方或雙方的要求，也可充當介紹人。

2. 介紹的順序

在為他人進行介紹時，誰先誰後是一個比較敏感的禮儀問題。根據規範，必須遵守「尊者優先瞭解情況」的規則。在為他人介紹前，先要確定雙方地位的尊卑，然后先介紹位卑者，后介紹位尊者。這樣可使位尊者先瞭解位卑者的情況。具體情況如下：

（1）介紹年長者與年幼者認識時，應先介紹年幼者，后介紹年長者。
（2）介紹長輩與晚輩認識時，應先介紹晚輩，后介紹長輩。
（3）介紹老師與學生認識時，應先介紹學生，后介紹老師。
（4）介紹女士與男士認識時，應先介紹男士，后介紹女士。
（5）介紹已婚者與未婚者認識時，應先介紹未婚者，后介紹已婚者。
（6）介紹同事、朋友與家人認識時，應先介紹家人，后介紹同事、朋友。
（7）介紹來賓與主人認識時，應先介紹主人，后介紹來賓。
（8）介紹社交場合的先至者與后來者認識時，應先介紹后來者，后介紹先至者。
（9）介紹上級與下級認識時，應先介紹下級，后介紹上級。
（10）介紹職位、身分高者與職位、身分低者認識時，應先介紹職位、身分低者，后介紹職位、身分高者。

介紹的順序應注意場合。例如，嚴肅的工作場合，要按照職位高低來判斷，把職位低的人介紹給職業高的人。對於公司客戶，就算是公司總裁面對一個普通客戶，也要把總裁介紹給客人，客戶永遠是上帝。

3. 介紹的內容

一般介紹雙方姓名、單位、職務，如「我來介紹一下。這位是長遠公司總經理趙國華先生，這位是海華集團公關主任王有賓先生。」

四、商務名片禮儀

一般來說，名片是商務人員對外交往時發送的自己的「身分檔案」，是讓對方記住自己、能找到自己的小廣告。名片是自己的象徵，也是自己所在企業的象徵。

在社交場合，沒有名片的人是一個沒有現代意識的人，不會使用名片的人也是一個沒有現代意識的人。名片是商務人員個人形象和企業形象的有機組合。沒有名片對方會對你產生懷疑：這是真的嗎？你說了算嗎？以後還能找到你嗎……同時，有名片但不會使用名片無異於形象的「自殘」。在商務交往中，特別是在對外交往中，名片有「三不準」：第一，不準塗改；第二，不準提供兩個以上的頭銜；第三，不準提供私人聯絡方式，公私有別、內外有別。

（一）名片的內容與分類

名片的基本內容一般有姓名、工作單位、職務、職稱、通信地址等，也有把愛好、特長等情況寫在上面，選擇哪些內容由需要而定，但無論繁、簡，都要求信息新穎，形象定位獨樹一幟。一般情況下，名片可分為以下兩類：

1. 交際類名片

這類名片除基本內容之外，還可以印上組織的徽標，或可在中文下面用英文寫，或在背面用英文寫，便於與外國人交往。

2. 公關類名片

這類名片可在正面介紹自己，背面介紹組織，或宣傳經營範圍。公關類名片有廣告效應，使組織得到更大的社會效益和經濟效益。

（二）名片的設計

名片的製作的規格、尺寸、色彩有自己的標準化要求。商務人員名片的國際標準規格是6厘米×10厘米，國內商務交往的名片的通用規格是5.5厘米×9厘米，藝術界人士另當別論。一般比較專業的名片還是紙質的，而且是再生紙的比較好。色彩上，商務交往中的名片一般色彩淡雅，要單色而不要花色，通常選擇淺白色的、淺黃色的、淺灰色的、淺藍色的。商務人員名片上一般可以有企業標誌、單位所處位置、企業的標誌性建築和主打產品。特別不主張在名片上印照片。名片上的文字字體用標準的印刷體和楷體，中文和外文要兩面印刷，不要印名人警句之類的內容。名片上的文字一般簡明清晰、實事求是、傳遞個人的基本情況，從而達到彼此交際的目的。

（三）名片的放置

一般說來，應把自己的名片放於容易拿出的地方，不要將名片與雜物混在一起，以免要用時手忙腳亂，甚至拿不出來。若穿西裝，宜將名片置於左上方口袋；若有手提包，可將名片放於包內伸手可得的部位。不要把名片放在皮夾內、工作證內，甚

褲袋內，這是一種很失禮的行為。另外，不要把別人的名片與自己的名片放在一起，否則一旦慌亂中誤將他人的名片當作自己的名片送給對方，是非常糟糕的。

（四）出示名片的禮節

1. 出示名片的順序

名片的遞送先后雖說沒有太嚴格的禮儀講究，但也是有一定的順序的。一般是地位低的人先向地位高的人遞名片，男性先向女性遞名片。當對方不止一人時，應先將名片遞給職務較高或年齡較大者；或者由近至遠處遞名片，依次進行，切勿跳躍式地遞名片，以免對方誤認為有厚此薄彼之嫌。

2. 出示名片的細節

向對方遞送名片時，應面帶微笑，稍欠身，註視對方，將名片正對著對方，用雙手的拇指和食指分別持握名片上端的兩角送給對方。如果是坐著的，應當起立或欠身遞送，遞送時可以說「我是××，這是我的名片，請笑納」「我的名片，請你收下」「這是我的名片，請多關照」之類的客氣話。在遞名片時，切忌目光遊移或漫不經心。出示名片還應把握好時機。當初次相識，自我介紹或別人代為介紹時可出示名片；當雙方談得較融洽，表示願意建立聯繫時就應出示名片；當雙方告辭時，可順手取出自己的名片遞給對方，以示願結識對方並希望能再次相見，這樣可加深留給對方的印象。

（五）接受名片的禮節

接受他人遞過來的名片時，應盡快起身或欠身，面帶微笑，用雙手的拇指和食指接住名片的下方兩角，態度也要畢恭畢敬，使對方感到你對名片很感興趣。接到名片時要認真地看一下，可以說「謝謝」「能得到您的名片，真是十分榮幸」等。然后鄭重地放入自己的口袋、名片夾或其他穩妥的地方。切忌接過對方的名片一眼不看就隨手放在一邊，更不要在手中隨意玩弄別人的名片，不要將別人的名片隨便拎在手上，不要將別人的名片拿在手中搓來搓去，否則會傷害對方的自尊、影響彼此的交往。

五、商務握手禮儀

握手禮是一切商務場合最常用、使用範圍最廣的見面禮節，是全世界最通用的致意禮節，見面、離別、迎來、送往、慶賀、感謝、慰問、鼓勵等場合均可施行。

（一）握手的規則

握手一般講究「尊者決定」的原則，即由身分尊貴的人決定雙方有無握手的必要。

握手的順序是：上級、長輩、女士、已婚者、職位高者伸出手來之后，下級、晚輩、男士、未婚者、職位低者方可伸出手與之相握。賓主之間，客人來訪時，主人先伸手；告辭時，客人先伸手。若一人與多人握手時，應講究先后次序，由尊而卑，即先上級，后下級；先長輩，后晚輩；先主人，后客人；先女士，后男士。在商務場合，握手時伸手的先后次序主要取決於職位、身分，而在社交、休閒的場合則主要取決於年齡、性別、婚否。

(二) 握手的具體要求

1. 握手的姿態

握手時，兩人相距為一步，兩足立正，上身稍向前傾，伸出右手，四指並攏，拇指張開，雙方的手掌與地面垂直相握，微微上下抖動。

2. 握手的時間

握手時間要恰當，長短要因人而異。在通常情況下，握手的時間不宜過短或過長，一般持續2~3秒。但若遇老友或敬慕已久的客人，為表示特別親切，握手時間可長些。

3. 握手的力度

握手時用力應適度，不輕不重，恰到好處。若過於用力，會讓人產生粗魯無理之感；若過於無力，則會給人缺乏熱情或敷衍之感。

4. 握手的方式

一般而言，握手主要有以下三種標準方式：

（1）平等式握手，即單手握。這是最為普通的握手方式，握手時雙方同時伸出手，手心向著左方。平等式握手適用於商務場合中的初次見面或交往不深的人。

（2）手扣手式握手。主動握手者用右手握住對方的右手，再用左手握住對方右手的手背。在西方國家，手扣手式握手被稱為「政治家的握手」。

（3）拍肩式握手。右手相握，左手扶對方右臂。拍肩式握手適用於情投意合或感情極為密切的人。

(三) 握手的禁忌

第一，忌用左手握手。左手相握是嚴重失禮的行為。第二，忌三心二意握手。握手時，忌諱目光遊移、漫不經心。第三，忌戴手套握手。握手時，一般不能戴手套。女士若身著禮服、禮帽，與他人握手可以不摘手套，因為手套也是禮服的一部分。第四，忌交叉握手。當兩人握手時，應避免與另外兩人相握的手形成交叉狀，否則就會構成西方人認為最不吉利的十字圖案。第五，忌不平等握手。若多人在場，只同一個人握手而對其他人視而不見，是非常失禮的。

任務2　商務宴請、赴宴禮儀

一、宴請禮儀

(一) 設宴及邀請禮儀

邀請的形式有兩種：一種是口頭的，另一種是書面的。

頭邀請就是當面或者通過電話把活動的目的、名義以及邀請的範圍、時間、地點等告訴對方，然后等待對方答覆，對方同意后再進行活動安排。

書面邀請有兩種方式：一種是比較普遍的發「請帖」；另一種是寫「便函」，這種方式目前使用較少。

(二) 宴請籌備禮儀

　　1. 掌握好發送邀請時間

　　國內邀請按被邀請人的遠近，一般以提前 3~7 天為宜。過早，客人可能會因日期長久而遺忘；太遲，使客人措手不及，難以如期應邀。

　　2. 發請帖的方法

　　請帖上面應寫明宴請的目的、名義、時間、地點等，然后發送給客人。請帖發出后，應及時落實出席情況，做好記錄，以安排並調整席位，即使是不安排席位的活動，也應對出席率有所估計。

(三) 開宴禮儀

　　1. 引客入座

　　作為宴請者，在開宴前，應該準備妥當、衣冠整潔、精心打扮，當客人相繼到來后，面帶微笑、站立於門前迎接客人。對客人態度應該熱誠懇切，一視同仁，對所有的客人表示熱烈歡迎，不能冷落任何一位客人。如果客人相互間有初次見面的，主人需要逐一介紹，使彼此有所瞭解，以增進宴會的友好氣氛。然后，按預先排好的座位，依次引客入座。如果客人有坐錯座位的，一般應「將錯就錯」或很巧妙地加以換座，要以不挫傷客人的自尊心為宜。

　　2. 按時開席

　　客人落座后，應按時開席。不能因個別客人誤時而影響整個宴會的進行。如系主要客人或是主賓、到開席時尚未到達，應盡快弄清原因，根據情況採取應急措施，並向其他客人表示歉意。一般來說，宴會延遲的時間不該超過 15 分鐘，萬不得已時，最多也不能超過 30 分鐘。等待過久，其他客人會不耐煩，同時也會衝淡宴會氣氛。

　　3. 致辭祝酒

　　在宴席中，主人應是第一個敬酒的人。敬酒是敬勻全席，而不應計較對方的身分。桌次多時，應按桌敬酒，不能顧此失彼，冷落一方。祝酒時，應由主人和主賓先碰杯，碰杯時應目視對方，以示敬意。人多時可同時舉杯示意，但不一定碰杯。切忌交叉碰杯。當前流行的致辭祝酒禮儀是：主人在第一道菜上來后，即舉杯邀請所有客人同飲，並致以簡短的祝酒辭。在祝酒辭中，應該首先感謝各位客人的光臨，並說明此次宴請的原因，最后請大家同飲。受傳統「酒過三巡，菜過五味」說法的影響，一般由主人領三杯酒，然后由第二主人領酒或主人與各位客人及客人與客人之間相互敬酒，敬酒要適可而止，心意到了就行。對於確實不會飲酒的人，是不宜勸其飲酒的。

二、赴宴禮儀

(一) 赴宴的準備

　　1. 接到請柬要及時回答

　　接到宴會請柬應及時回覆對方，以便主人準備。若不能赴宴，一定要講明原因並向主人致歉意；接受邀請后不要隨意改動，不得已無法赴宴，尤其是主賓，必須立即

告知主人，講清原因並賠禮道歉。

2. 赴宴要準時

準時赴宴是對主人的尊重，但一般不提前，身分高者可略晚，但也不能太晚。宴會結束，主賓退席後其他賓客就可陸續告辭；若確有要事須提前退席，應先與主人打招呼，屆時悄悄離席，但逗留時間不能太短。

3. 參加宴會要注意著裝

著裝要整潔大方，若另有規定，則必須按要求著裝赴宴。

(二) 席間禮儀

1. 打嗝

在席間打嗝是非常不禮貌的，若真是無法控制，則可通過喝水、屏息等方式使症狀減輕，若仍無效，則最好去洗手間，之後再返回座位。

2. 打噴嚏

若只是暫時性地打噴嚏當然可以以餐巾掩口方式，將「污染」減至最低。若是噴嚏不斷則最好離席至他處處理，若真的無法處理則不妨先行離席。

3. 補妝

補妝應該在洗手間或是人較少之處為之，公開場合補妝就好比是在梳頭髮、穿衣服等一樣，一般是不妥的。

4. 吸菸

幾乎所有的餐廳均劃分出吸菸區和非吸菸區，為了避免其他人吸二手菸，吸菸者最好盡力克制菸癮，如果真的菸癮太大則可利用正餐用完，在場人士已開始用甜點、咖啡時再離席前往吸菸區「吞雲吐霧」，如此既不算失禮亦不會妨害別人健康。

5. 剔牙

剔牙也要注意，牙籤用完放在盤中即可，千萬不要口中咬著一根牙籤與人交談，似流氓無賴狀，非常難看。有些人甚至用完餐後，口中仍叼著牙籤到處走動，那更是離譜的舉止了。

6. 刀叉掉落

進餐時若刀叉不小心掉落地面，此時只需要告之服務人員換一乾淨的即可，不自行清理掉落的刀叉，更不可以用餐巾擦拭過再繼續使用。

7. 其他

簡單地說，像挖鼻孔、抓頭皮、整理服裝、打哈欠等，凡是會給他人不佳感覺的事情在餐桌上都最好別做。

(三) 告別禮儀

吃完飯馬上離去是不禮貌的。主人應在門口為賓客送行。如果是家宴，主人應把賓客送到樓下握手道別。一般情況下，道別的順序是男賓先向男主人道別，女賓先向女主人道別，然后再交叉道別。客人應向主人致謝，感謝主人的盛情款待，稱讚主人的周到安排和精美菜肴。無論參加的宴請多麼乏味，道別時都不要向主人流露出厭倦或不悅，否則是失禮的。

任務3　商務饋贈禮儀

一、贈送禮儀

商務禮品是企事業單位在商務活動中或會議、節日等社交場合為了加強與彼此之間的感情及商務交流贈送給對方的紀念性禮品。作為商務禮品的產品，一般多帶有企事業單位名稱和標誌。

(一) 禮品的選擇

商務禮品是一種有目的的廣告和促銷手段，與大眾媒體廣告不同。公司無論大小，都期望他們所贈送的禮品被視為具有私人性質。

為了禮品計劃能夠達到預期的目的，應根據不同對象決定何種禮品、是否在禮品上刻上名字以及何時、以何種方式分發禮品等。

辦公用品作為禮品最受大小公司歡迎。辦公用品及辦公桌裝飾品多個系列，此類物品有鋼筆、日記本、日曆、公文包、文件夾、鎮紙、通信錄等。此外新潮流行的禮品也頗受推崇，在禮品行業幾乎每年都有新品推出，迎合市場求新求變的心理。

禮品最能體現出公司的形象，送給外國夥伴的禮品應是高質量的，表明公司懂得質量的意義，並能提供高品質的產品，而且應盡可能與對方送的禮品價值相當。如果禮品質低價廉，不僅是對收禮方的不恭敬，還可能直接影響公司形象。

(二) 商務贈禮

贈送禮品要把握時機。大多數禮品贈送者認為，選擇送禮時間相當重要。據最新調查表明，對大多數公司來說，選擇新春、元旦、中秋、聖誕節贈送禮品仍然是最流行的做法，但也有選擇公司成立周年紀念、公司會議、公關、促銷以及個人的生日等時間來贈送禮品的。有些公司習慣當面親手把禮品送給客戶，如展銷會上、訂貨會上以及促銷時。商務贈禮一般在雙方談生意前或結束時，最好不要在交易進行中進行。在決定誰該接受禮物時必須謹慎，如果只送一件禮物，要送給對方職位最高者，同時可以表明贈送這件禮物是為了對各位的幫助表示感謝。如果不止一人接受禮物，要注意對同等級別的人，送上的禮品也應該相同。

【小案例】

禮品的選擇

美國某製造公司的發言人說：「我們選擇與生產線有關的禮品，在客戶參觀工廠時，我們用禮品來吸引他們。我們送的禮品能使他們回想起參觀活動，而且贈送的禮品能帶回家。牛排餐刀對我們來說是極好的禮品，因為它是用我們自己生產的材料做成的。在推銷訂貨會上我們把不銹鋼鋼筆作為禮品贈送，筆上刻有公司標誌，這將使客戶永遠記住我們的公司，他們為隨身帶著這樣一只高質量的鋼筆而自豪。」

二、受贈禮儀

饋贈和接受饋贈是聯繫在一起的。受贈如果不講禮節，會傷害贈送者的感情，也會影響受贈者自身形象。

(一) 商務受禮

1. 慎重受贈

公務活動中收受禮品要遵守有關規定。按照規定，國家機關工作人員在國內交往中，不得收受可能影響公正執行公務的禮品饋贈，因各種原因未能拒收的禮品，必須登記上交。作為公務人員，要慎重接受饋贈，尤其對待那些可能影響公正執行公務的饋贈和作為某種交換條件或有明顯意圖目的的饋贈，要一律拒絕。

2. 收受有禮

對於那些不違反規定的饋贈，要表現得從容大方，不要局促慌亂、忸怩作態。接受禮物時，要雙手相接，然後與贈送者握手致謝，要表現感激之情，但不能有過望之喜，更不能「多雲轉晴」，表情波動幅度大。

【拓展閱讀】

贈送禮儀和如何受贈

受禮后，可能的話當面打開欣賞一番，並加以適當稱讚。受禮后，禮物不要隨手亂扔，丟在一邊。應該接受的禮物，一般不能推來推去，不能說「你拿回去吧」之類的話。確實不能收受的，要接受后加以表態，並說明處置辦法。

(二) 拒禮禮儀

公務活動中要學會拒收禮物。對於有可能影響公正執行公務的禮物，要堅決地拒收。拒收禮物要當場進行，盡量不要事后退還。拒收時，要感謝對方的一番好意，同時說明不能接受的理由。如果當時無法當面退還，可以設法退還贈禮者。事后退禮也要說明理由，並致以謝意。

任務 4　商務通信禮儀

一、接打電話的禮儀

所謂電話形象，即人們在通電話的整個過程之中的語言、聲調、內容、表情、態度、時間感等的集合。電話形象能夠真實地體現出個人的素質、待人接物的態度以及通話者所在單位的整體水平。

與日常會話和書信聯絡相比，接打電話具有即時性、經常性、簡潔性、雙向性、禮儀性等較為突出的特點。即時性、經常性、簡潔性、雙向性都不難理解，而禮儀性

卻是我們這裡要著重強調的。

電話的禮儀性直接與前面提到過的電話形象密切相關。它是指不論是打電話還是接電話，都必須以禮待人、克己敬人。假如不注意在使用電話的過程中講究禮貌，無形之中將會使自己的人際關係受到損害。

(一) 接打電話的基本禮儀

1. 鈴響三聲之內接電話

要是聽到電話鈴響第三聲還沒有接，接起來第一句話必須是對不起，然后把理由告知對方，這樣讓對方覺得受到了尊重。

2. 接打電話時，不管對方是誰，都要先說「你好」

不管要接打電話的對方是誰，不管是領導、下屬，還是朋友，都要先說「你好」。這是接打電話最起碼、最根本的禮儀。可能會因為這一個細節，獲得一個大的訂單；可能會因為這一個細節，交到人生中的一個摯友；可能會因為這一個細節，成就一生。因為禮儀對我們來說是特別重要的，只有得到了大家的認可，才可能會成功，而被認可的第一點就是懂禮節、講禮貌。

3. 接聽電話的時候，不管誰在旁邊說話，都要認真回答電話對方的人

不管誰在旁邊、不管有多麼重要的事情，都不要理會身邊的任何人、任何事情，因為電話對面的人是在聽我們講話，看不到我們本人，更看不到我們的表情，所以對方需要我們的尊重和全神貫註。要是不能讓對方感覺到我們的全神貫註，那麼對方會覺得我們不尊重人。

4. 接聽電話的時候，要是電話突然掛斷，應該第一時間用另外一部電話通知對方

不管掛斷電話的理由是什麼，不管是因為沒電、沒信號還是如何，都要立刻用電話給對方回過去，第一表示尊重，第二則是讓對方覺得我們沒有出任何事情，是安全的。

5. 掛斷電話的時候一定要說再見

再見、回見都是我們應該說的掛電話的禮貌用語，因為只有這樣對方才知道我們掛了電話。

6. 掛電話的時候，一定要等電話的對方先掛斷、才能再掛斷電話

這是一條原則性的禮儀，因為掛斷電話的時候，可能正是對方說話的時候。只有聽到對方是「嘟嘟嘟」的結束通話的聲音，再去掛斷電話才好。

(二) 接聽電話的禮儀

1. 接聽及時

電話鈴聲響起后，應盡快接聽。不要讓別人代勞，尤其不要讓小孩子代接電話。也不要鈴聲才響一次，就拿起聽筒。這樣會令對方覺得突然，而且容易掉線。電話鈴響了許久才接電話的話，要在通話之初向對方表示歉意。最好在鈴響兩次后拿起話筒。

2. 禮貌應答

拿起話筒后，即應自報家門，並首先向對方問好。通話時要聚精會神，語氣應謙恭友好，不要拿腔拿調、戲弄嘲諷對方。通話終止時，要向對方道一聲「再見」。

接到誤撥進來的電話，要耐心地告訴對方撥錯了電話，不能冷冷地說「打錯了」，就把電話用力掛上。通話因故暫時中斷后，要耐心等候對方再撥進來。

3. 分清主次

接通電話時不要與其他人交談，也不能邊聽電話邊看文件、看電視，甚至是吃東西。在會晤重要客人或舉行會議期間有人打來電話，可向其說明原因，表示歉意，並承諾稍后再聯繫。

接聽電話時，千萬不要不理睬另一個打進來的電話。可對正在通話的一方說明原因，要其稍候片刻，然后立即去接另一個電話。待接通之後，先請對方稍候，或過一會兒再打進來，隨後再繼續方才正打的電話。不論多忙多累，都不能成為拔下電話線找清靜的理由。

總之，接聽電話時應注意三點：其一，要及時，鈴響不過三聲；其二，要禮貌，要自報家門，並問候對方；其三，要耐心，對打錯電話者不要訓斥。

(三) 撥打電話的禮儀

日常工作中撥打電話給別人的人稱為發話人。對於發話人而言，有下列四點基本禮儀必須遵守。

1. 要選擇對方方便的時間

不要在他人的休息時間打電話。每日上午 7 點之前、晚上 10 點之後、午休時間和用餐時間，都不宜打電話。給海外人士打電話，先要瞭解一下時差，千萬不能騷擾他人。

打公務電話，不要占用他人的私人時間，尤其是節日、假日時間。應避開對方的通話高峰時間、業務繁忙時間、生理厭倦時間。社交電話最好在工作之余撥打。

2. 要長話短說

通話時間一般應遵守通話「3 分鐘原則」。所謂「3 分鐘原則」，是指在打電話時，發話人應當自覺地、有意識地將每次通話的時間限定在 3 分鐘之內，盡量不要超過這一限定。對通話的具體時間控制的基本要求是以短為佳，寧短勿長。不是十分重要、緊急、繁瑣的事務一般不宜超長。

3. 要規範內容

(1) 事先準備。通話之前，應做好充分準備。最好把對方的姓名、電話號碼、通話要點等通話內容列出一張清單。這樣可以避免出現現說現想、缺少條理、丟三落四的問題。

(2) 簡明扼要。電話接通后，除先要問候對方外，別忘記自報單位、職務、姓名。請人接轉電話，要向對方致謝。電話中講話一定要務實。通話時，忌諱說話吞吞吐吐、含糊不清、東拉西扯。寒暄后，就應直言主題。力戒講空話、說廢話、無話找話和短話長說。

(3) 適可而止。要講的話已說完，就應果斷地終止通話。按電話禮儀，一般應該由通話雙方中位高者終止通話。因此，不要話已講完，依舊反覆鋪陳、再三絮叨。那樣的話會讓人覺得做事拖拖拉拉、缺少素養。

4. 要注意舉止

打電話時，不要把話筒夾在脖子下，也不要扒著、仰著、坐在桌角上，更不要把雙腿高架在桌子上，不可一邊走一邊打電話。

(四) 常規的電話應對禮儀

常規的電話應對禮儀無論是接聽還是撥打時都要注意。

1. 重點情節要重複

在商務交往中接聽重要電話時，需要進行重點的必要重複。不論自己是否進行現場筆錄，都需要把對方傳遞給自己的一些重要的信息，比如商品的規格、具體的數量、銷售的價格等重要參數加以重複，以免出現記憶性錯誤，這是非常重要的。一定要養成在重要的商務場合重複重點通話內容的習慣。

2. 電話掉線要迅速再撥

通話時出現話音不清楚，或掉線狀態時要及時中斷，並盡快向對方撥打，同時說明電話之所以中斷是為了避免聲音不清晰而有礙接聽，或者說電話臨時跳線所致，否則有自己向對方示威、耍脾氣之嫌。

3. 代接電話

在工作場合接聽外來電話時，有的時候會出現外來電話需要找的人不在，自己成為電話的代接者。代接、代轉電話時，要注意以禮相待、尊重隱私、記憶準確、及時轉達等問題。

(1) 以禮相待。接電話時，不要因為對方所找的人不是自己就顯得不耐煩，以「不在」來打發對方。即使被找的人真的不在，也應友好地答覆：「對不起，他不在，需要我轉告什麼嗎？」

(2) 尊重隱私。代接電話時，不要詢問對方與其所找之人的關係。如果對方要找的人離自己較遠，不要大喊大叫。別人通話時，不要旁聽、不要插嘴。當對方希望轉達某事給某人時，千萬不要把此事隨意擴散。對方要找的人不在時，應向其說明后，詢問對方是否需要代為轉達。如對方有此請求時，應照辦。對方要求轉達的具體內容，最好認真地做好筆錄。

(3) 記憶準確。對方講完后，應重複驗證一遍，以免誤事。記錄內容主要包括通話者單位、姓名、通話時間、通話要點、是否要求回電話、回電話的具體時間等。

(4) 及時轉達。代接電話時，先要弄清楚對方是「誰」和「找誰」兩個問題。對方不願講第一個問題，不要勉強。對方要找的人不在，可據實相告，然后再詢問對方「有什麼事情」。應注意這兩者的先後次序不能顛倒。若對方所找的人在，應立即去找。答應對方代為傳話，就要盡快落實。不要把自己代人轉達的內容，托他人轉告。

(五) 手機使用的禮儀

手機作為現代人的必備通信工具，使用廣泛。使用手機時，更應講究禮儀。

1. 手機的攜帶

攜帶移動通信工具，應將其放在適當的位咯。總的原則是既要方便使用，又要合乎禮儀。常規位置是可以放在隨身攜帶的公文包之內；可以放在上衣口袋之內，尤其

是放在上衣內袋之內,但注意不要影響衣服的整體外觀。不要在不使用手機時將其執握在手裡,或是將其掛於上衣口袋之外。有時自己不方便把移動通信工具放在常規的位置,可以暫作變通。在參加會議時,可將其暫交秘書、會務人員代管。在與他人坐在一起交談時,可將手機暫放手邊、身旁、背後等不起眼之處。把手機掛在脖子上或握在手上,均不雅觀。可能的話,應把手機放在手袋或口袋內。

2. 使用手機的禁忌

使用手機等移動通信工具,可以方便交際聯絡。同時,一定要嚴格遵守使用規則。否則,就會有損自己的形象。

給對方打手機時,尤其當知道對方是身居要職的忙人時,首先想到的是這個時間對方方便接聽嗎?並且要有對方不方便接聽的準備。在給對方打手機時,注意從聽筒裡聽到的回音來鑑別對方所處的環境。如果很靜,應想到對方在會議上,有時大的會場能感到一種空闊的回聲;當聽到噪音時,對方就很可能在室外;開車時的隆隆聲也是可以聽出來的。有了初步的鑑別,對能否順利通話就有了準備。但不論在什麼情況下,是否通話還是由對方來定為好,因此「現在通話方便嗎」通常是撥打手機的第一句問話。其實,在沒有事先約定和不熟悉對方的前提下,我們很難知道對方什麼時候方便接聽電話。在有其他聯絡方式時,還是盡量不打對方手機好些。

3. 遵守公共秩序

使用移動通信工具時,絕對不允許擾亂公共秩序,給公眾帶來「聽覺污染」。不應在公共場合,尤其是樓梯、電梯、路口、人行道等人來人往之處,旁若無人地使用移動通信工具。不得在要求「保持安靜」的公共場所,如音樂廳、美術館、影劇院,動不動就用大嗓門對著手機喊叫。必要時,應關機,或讓其處於靜音狀態。不允許在上班期間,尤其是辦公室、車間裡,因私使用自己的移動通信工具。在開會、會見等聚會場合,不能當眾使用移動通信工具。以免給別人留下用心不專、不懂禮節的壞印象。

4. 注意安全

移動通信工具的使用會分散人們對別的事情的注意力,移動通信工具本身還會產生電磁波。應注意使用移動通信工具時,必須牢記安全準則。在駕駛汽車的時候,不要使用手機通話,或者查看信息。不要在加油站、麵粉廠、油庫等地方使用移動通信工具,以免移動通信工具引發火災、爆炸。不要在病房內使用移動通信工具,以免其信號干擾醫療儀器的正常運行,或者影響病人休息。不要在飛機飛行期間啟用手機,以免給航班帶來危險。涉及商業秘密、國家安全的事項最好不要在手機之中出現,因為手機容易出現信息外漏,產生不良事端。

二、收發傳真、電子郵件的禮儀

(一)收發傳真的禮儀

第一,在發傳真前,要先給對方通報一下;收到傳真后要給對方回個信,確認已收到;收到傳真后要及時處理,使用時要考慮到圖像、文字可能失真。

第二,接收或發送傳真時,如果需先人工呼叫,在接通電話時首先應口齒清晰地

說「你好」，然后報出自己的公司或單位的名稱以及詳細的部門名稱等。通話時，語氣要熱誠，口齒要清晰，語速要平緩。電話語言要簡潔、得體、準確、音調適中、態度自然。

第三，如果發送國際傳真，要將國際代碼和對方號碼連在一起發送，或者中間加一個中橫線。例如，00861058851266、0086-1058851266、00-861058851266，這三種格式都是可以的，如果使用中橫線，那麼中橫線前面的數字不能超過四位。

第四，資料備份。傳真的資料不大容易保存，因此重要的傳真文件要複印備份。

(二) 使用電子郵件的禮儀

1. 關於主題

(1) 一定不要空白標題，這是最失禮的。

(2) 標題要簡短，不宜冗長。

(3) 標題要能真實反應文章的內容和重要性，切忌使用含義不清的標題，如「王先生收」。

(4) 一封信盡可能只針對一個主題，不在一封信內談及多件事情，以便於日後整理。

(5) 可適當用使用大寫字母或特殊字符（如「*」「!」等）來突出標題，引起收件人注意，但應適度，特別是不要隨便就用「緊急」之類的字眼。

(6) 回覆對方郵件時，可以根據回覆內容需要更改標題。

2. 關於稱呼與問候

(1) 恰當地稱呼收件者，拿捏尺度。郵件的開頭要稱呼收件人，這既顯得禮貌，也明確提醒某收件人，此郵件是面向他的，要求其給出必要的回應。在多個收件人的情況下可以稱呼「大家」。如果對方有職務，應按職務尊稱對方，如「×經理」；如果不清楚職務，則應按通常的「×先生」「×小姐」稱呼，但要把性別先搞清楚。不熟悉的人不宜直接稱呼英文名，對級別高於自己的人也不宜稱呼英文名。稱呼全名也是不禮貌的。

(2) 電子郵件開頭和結尾最好要有問候語。最簡單的開頭是寫一個「你好」；結尾常見的是寫個「祝您順利」之類的也就可以了。俗話說得好：「禮多人不怪。」禮貌一些，總是好的，即便郵件中有些地方不妥，對方也能平靜地看待。

3. 附件

(1) 如果郵件帶有附件，應在正文裡面提示收件人查看附件。

(2) 附件文件應按有意義的名字命名，不可隨意使用文件名。

(3) 正文中應對附件內容做簡要說明，特別是帶有多個附件時。

(4) 附件數目不宜超過4個，數目較多時應打包壓縮成一個文件。

(5) 如果附件是特殊格式文件，應在正文中說明打開方式，以免影響使用。

(6) 如果附件過大，應分割成幾個小文件分別發送。

4. 語言的選擇和漢字編碼

(1) 只在必要的時候才使用英文郵件。英文郵件只是交流的工具，而不是用來炫

耀和鍛煉英文水平的。如果收件人中有外籍人士，應該使用英文郵件交流；如果收件人是其他國家和地區的華人，也應採用英文交流。由於存在中文編碼的問題，中文郵件在其他地區可能顯示成為亂碼。

（2）尊重對方的習慣，不主動發起英文郵件。如果對方與你的郵件往來是採用中文，請不要自作聰明地發送英文郵件；如果對方發英文郵件給你，也不要用中文回覆。

（3）對於一些信息量豐富或重要的郵件，建議使用中文。發件人很難保證自己的英文表達水平或收件人中某人的英文理解水平不存在問題，而影響郵件所涉及問題的解決。

（4）選擇便於閱讀的字號和字體。中文宜用宋體或新宋體，英文宜用「Verdana」或「Arial」字體，字號用五號字即可。這是經研究證明最適合在線閱讀的字號和字體。不要用稀奇古怪的字體或斜體，最好不用背景信紙，特別是公務郵件。

5. 回覆技巧

（1）及時回覆電子郵件。收到他人的重要電子郵件后，即刻回覆對方一下，往往是必不可少的，這是對他人的尊重。理想的回覆時間是 2 小時內，特別是對一些緊急重要的郵件。

（2）進行針對性回覆。當回郵件答覆問題的時候，最好把相關的問題抄到回件中，然後附上答案。不要用簡單的、太生硬的答案要點，應該進行必要的闡述，讓對方一次性理解，避免再反覆交流，浪費資源。

（3）回覆不得少於 10 個字。對方發來一大段郵件，收件人卻只回覆「是的」「對」「謝謝」「已知道」等字眼，這是非常不禮貌的，顯示出不尊重對方。

（4）不要就同一問題多次回覆討論。如果收發雙方就同一問題的交流回覆超過 3 次，這只能說明交流不暢，說不清楚。此時應採用電話溝通等其他方式進行交流後再做判斷。電子郵件有時並不是最好的交流方式。對於較為複雜的問題，多個收件人頻繁回覆，發表看法，這將導致郵件過於冗長笨拙而不可閱讀。此時應及時對之前討論的結果進行小結，突出有用信息。

（5）要區分「Reply」和「Reply All」（單獨回覆和回覆全體）。如果只需要單獨一個人知道的事，單獨回覆給他一個人就行了。如果對發件人提出的要求作出結論回應，應該回覆全體，讓大家都知道。如果對發件人提出的問題不清楚，或有不同的意見，應該與發件人單獨溝通，不要當著所有人的面，不停地回覆，與發件人討論。不要向上司頻繁發送沒有確定結果的郵件。點擊「回覆全體」前，要三思而行。

6. 接收與回覆電子郵件時的注意事項

（1）應當定期打開收件箱，最好是每天都查看一下有無新郵件，以免遺漏或耽誤重要郵件的閱讀和回覆。

（2）應當及時回覆公務郵件。凡是公務郵件，一般應在收件當天予以回覆，以確保信息的及時交流和工作的順利開展。若涉及較難處理的問題，則可先電告發件人已經收到郵件，再擇時另發郵件予以具體回覆。

（3）若由於因公出差或其他原因而未能及時打開收件箱查閱和回覆時，應迅速補辦具體事宜，盡快回覆，並向對方致歉。

（4）不要未經他人同意向對方發送廣告郵件。

（5）發送較大郵件需要先對其進行必要的壓縮，以免占用他人信箱過多的空間。

（6）尊重隱私權，不要擅自轉發別人的私人郵件。

三、商務信函禮儀

(一) 商務信函的內容和格式

商務信函的內容一般由稱謂、正文、敬語、落款和時間四部分構成。

1. 稱謂

稱謂是指寄信人對收信人的稱呼，一般要單獨頂格書寫，包括收信人的姓名和職務。如果是熟悉的客戶，可以直接使用大家常用的稱呼。如果收信人有多個職務，要根據書信重點內容選擇合適的稱謂。

2. 正文

正文一般用簡短的問候語作為開始，用得最多的是「您好」。格式要求另起一行，空兩格寫，單獨成行。正文中一個問題或一件事情都應單列一段，條理清晰，語言簡潔有針對性。段落之間可以空一行。最后表明希望、意願或再聯繫等，要求簡短自然。

3. 敬語

敬語是向對方表示祝願、敬意或問候的話。在商務信函中，一般使用「順頌商祺」「祝工作順利」等敬語，格式要求另起一行，空兩格或頂格寫。

4. 落款和時間

商務信函的最后要寫上發信人的姓名、單位和寫信日期。公務信函的署名要署全名，署名要寫在敬語后另起一行靠右邊的位置，姓名、單位和日期要各占一行。如果是第一次通信，要在信尾詳細、準確地寫上自己的地址、聯繫電話，以便對方回信或回電。

(二) 商務信函的要求

寫作商務信函並不要求使用華麗優美的詞句，需要做的就是用簡單樸實的語言，準確地表達自己的意思，讓對方可以非常清楚地瞭解寫信者想說什麼。

1. 簡單、樸實的語言

每一封信函的往來，都是寫信者跟收信人彼此之間的一次交流。人都是感性的，因此需要在信函裡體現感性的一面。應多用一些簡單明瞭的語句，用「我」或「我們」作為主語，這樣才能讓信函讀起來熱情、友好，就像兩個朋友之間的談話那樣簡單、自然、人性化。

2. 語氣語調

由於信函都是有其目的性的，因此信函裡所採用的語氣語調也應該符合信函的目的。在寫信之前先不妨仔細考慮一下寫這封信是想達到一個什麼樣的目的，希望對收信人產生一種怎樣的影響。是帶有歉意的、勸說性的，還是堅決的、要求性的。這完全可以通過信函中的語氣語調來表現。

3. 直接、簡潔

我們每天都要閱讀大量的信函文件，客戶也是一樣。因此，信函一定要寫得簡明扼要、短小精悍、切中要點。如果是不符合主題或者對信函的目的無益的內容，應毫不留情地捨棄它們。因為這些內容不僅不能使交流通暢，反而會混淆視聽，非但不能讓閱讀者感興趣，反而會讓他們惱火，產生反感。

4. 禮貌

我們這裡所說的禮貌，並不是簡單地用一些禮貌用語，比如「感謝您致電諮詢」等就可以的。我們所說的禮貌是要體現一種為他人考慮、多體諒對方心情和處境的態度。如果本著這樣的態度去跟別人交流，那麼就算你這次拒絕了對方的要求，也不會因此失去這個朋友，不會影響今後合作的機會。

特別要注意，當雙方觀點不能統一時，我們首先要理解並尊重對方的觀點。如果對方的建議不合理或者對我們的指責不公平時，應表現一下我們的高姿態。我們可以據理力爭，說明我們的觀點，但要注意講究禮節禮貌，避免用冒犯性的語言。還要提醒一點，所謂「過猶不及」。任何事情，一旦過了頭，效果反而不好。禮貌過了頭，可能會變成阿諛奉承；真誠過了頭，也會變成天真幼稚。因此，最關鍵的還是要把握好「度」，才能達到預期的效果。

5. 精準

當涉及數據或者具體的信息時，比如時間、地點、價格等，盡可能做到精確。這樣會使交流的內容更加清楚，更有助於加快事務的進程。

6. 針對性

應在郵件中寫上對方公司的名稱，或者在信頭直接稱呼收件人的名字。這樣會讓對方知道這封郵件是專門給他的，而不是那種群發的通函，從而表示對此的重視。

7. 回覆迅速及時

給客戶的回覆一定要迅速及時。最好收到信的當天就回信，如果回覆不夠及時，就可能因為搶不到先機而失去商機。

8. 標題

這一點是特別針對寫電子郵件的。也許很多人都沒有意識到，事實上，電子郵件的標題是很重要的一個部分，郵件給對方的第一個印象就是通過標題來完成的。首先，電子郵件要有標題。如果標題沒有內容，看起來像群發的垃圾郵件的話，很多客戶可能就會直接刪除。其次，標題不能太長，公司郵件的標題可以寫得較長，但使用其他網路郵件無法看到太長的標題。標題應該是信函主要內容的提煉，像作文的題目一樣，要突出核心內容。最后，註明信件來源。寫給客戶的郵件，標題最好能註明此封郵件的來源，使客戶能很快捕捉到重要信息。

9. 校對、檢查

任何語法、拼寫、標點的錯誤都會給人帶來壞印象，因此寫完郵件之後一定要檢查。最基本的是要確保拼寫和語法正確，然后檢查一下所提供的事實、數據等是否完整、準確以及是否清楚易懂等。雖然我們都會犯錯，但即使在信函裡有一個極小的失誤，也可能會破壞溝通方面的可信度，使對方對我們表達的其他信息有所疑慮。

此外，我們在郵件中附帶附件時，要在發送前認真檢查確認是否為要發送的文件，如果是錯誤文件，即使沒有給公司業務造成損失，也會讓客戶對我們個人的能力和素質產生懷疑。

【案例分析】

一個廢紙團的效應

小張是某公司的員工，某天正好去財務部窗口領工資。在等候的時候，他隨手把手中捏著的一張無法報銷的票據揉成團扔在了地上。

其他部門的同事看見了，心裡說：「那個××部門的人素質真差！」恰巧此時有位顧客來財務部交定金，他看到小張把紙團扔在地上，心裡想：「這個公司的員工如此行事，他們做的東西質量會好嗎？售後服務會有保障嗎？還是先別交定金了吧，回去再掂酌掂酌！」生產部經理陪著幾位外商參觀公司，正好路過這裡，地上的紙團沒有逃過大家的眼睛，結果外商指著那紙團問：「這樣的員工，能做出符合質量要求的產品嗎？」

本來不費吹灰之力便能扔到垃圾桶裡的一小團廢紙，導致公司失去了數百萬元的訂單。

分析：在商務場合當中，你的行為舉止不僅僅代表著你本人，還代表著你為之工作的部門、你的部門所屬的公司、你的公司所屬的集團，甚至代表你的集團所屬的地區以及我們的國家。

模塊 4　商務活動禮儀

【模塊速覽】

任務 1　簽約儀式禮儀
任務 2　開業與剪彩禮儀
任務 3　新聞發布會禮儀
任務 4　商務會議禮儀
任務 5　展覽會禮儀
任務 6　商務談判禮儀

【案例導入】

請柬發出之后

某單位定於某月某日召開總結表彰大會，發了邀請函請有關部門的領導光臨，在邀請函上把開會的時間、地點寫得一清二楚。

接到邀請函的幾位有關部門的領導很積極，提前來到邀請函上的會場。一看會場布置不像是開表彰會的樣子，經詢問負責人才知道，當天同一時間禮堂開報告會，總結表彰會改換地點了。幾位領導感到莫名其妙，個個都很生氣：改地點了為什麼不重新通知？一氣之下，都回去了。

事後，會議主辦單位的領導才解釋說是因為秘書人員工作粗心，在發邀請函之前還沒有與禮堂負責人取得聯繫，一廂情願地認為不會有問題，便把會議地點寫在邀請函上。開會的前一天下午才去聯繫，才得知禮堂早已租給別的單位用了，只好臨時改換會議地點。由於邀請的單位及人員較多，來不及一一通知，結果造成了上述失誤。

任務 1　簽約儀式禮儀

一、簽約儀式的準備

簽約儀式是由雙方正式代表在有關協議或合同上簽字並產生法律效力，體現雙方誠意和共祝合作成功的莊嚴而隆重的儀式。因此，主辦方要做好充分的準備工作。

(一) 確定參加儀式的人員

根據簽約文件的性質和內容，安排參加簽約儀式的人員。參加簽約儀式的人員有的涉及國家部委、有的涉及地方政府，也有的涉及對方國家，因此要進行相應的安排，原則上是強調對等，人員數量上也應大體相當。一般來說，雙方參加洽談的人員均應在場。客方應提前與主辦方協商自己出席簽約儀式的人員，以便主辦方進行相應的安排。具體簽字人，在地位和級別上應要求對等。

(二) 做好協議文本的準備

簽約之「約」事關重大，一旦簽訂即具有法律效力。因此，待簽的文本應由雙方與相關部門指定專人，分工合作完成好文本的定稿、翻譯、校對、印刷、裝訂等工作。除了核對談判內容與文本的一致性以外，還要核對各種批件、附件、證明等是否完整準確、真實有效以及譯本和副本是否與樣本正本相符。如有爭議或處理不當，應在簽約儀式前，通過再次談判以達到雙方諒解和滿意方可確定。作為主辦方，應為文本的準備過程提供周到的服務和方便的條件。

(三) 落實簽約儀式的場所

落實舉行儀式的場所，應視參加簽約儀式人員的身分和級別、參加儀式人員的多少和所簽文件的重要程度等諸多因素來確定。著名賓館、飯店、政府的會議室和會客廳都可以選擇。既可以大張旗鼓地宣傳，邀請媒體參加，也可以選擇僻靜場所進行。無論怎樣選擇，都應是雙方協商的結果。任何一方自行決定后再通知另一方，都屬失禮的行為。

(四) 簽約儀式現場的布置

現場布置的總原則是莊重、整潔、清靜。我國常見的布置為在簽約現場的廳（室）內，設一加長條桌，桌面上覆蓋著深冷色臺布（應考慮雙方的顏色禁忌），桌后只放兩張椅子，供雙方簽約人簽字時用。禮儀規範為客方席位在右，主方席位在左。桌上放好雙方待簽的文本，上端分別置有簽字用具（簽字筆、吸墨器等）。如果是涉外簽約，在簽字桌的中間擺一國旗架，分別掛上雙方國旗，注意不要放錯方向。如果是國內地區、單位之間的簽約，也可在簽字桌的兩端擺上寫有地區、單位名稱的席位牌。簽字桌后應有一定空間供參加儀式的雙方人員站立，背牆上方可掛上「××（項目）簽字儀式」字樣的條幅。簽字桌的前方應開闊、敞亮，如請媒體記者，應留有空間、配好燈光。

二、簽約儀式的禮儀

簽約是洽談結出的碩果。簽約儀式上，雙方氣氛顯得輕鬆和諧，也沒有了洽談時的警覺和自律，但簽約儀式禮儀仍不可大意。

(一) 注意服飾整潔、挺括

參加簽約儀式，應穿正式服裝，莊重大方，切不可隨意著裝。這反應了簽約一方

對簽約的整體態度和對對方的尊重。

（二）簽約者的身分和職位雙方應對等

身分和職位過高或過低而不對等都會造成不必要的誤會。其他人員在站立的位置和排序上也應有講究，不可自以為是。在整個簽約完成之前，參加儀式的雙方人員都應平和地微笑著直立站好，不宜互相走動談話。

（三）簽字應遵守「輪換制」的國際慣例

簽字者應先在自己一方保存的文本左邊首位處簽字，然後再交換文本，在對方保存的文本上簽字。這樣可使雙方都有一次機會首位簽字。在對方文本上簽字後，應親自與對方簽字者互換文本，而不是由助簽者代辦。

三、簽約儀式的程序

簽約儀式有一套嚴格的程序，大體由以下步驟構成：

第一，參加簽約儀式的雙方代表及特約嘉賓按時步入簽字儀式現場。

第二，簽約者在簽約臺前入座，其他人員分主、客各站一邊，按其身分自裡向外依次由高到低，列隊於各自簽約者的座位之後。

第三，雙方助簽人員分別站立在自己簽約者的外側。

第四，簽約儀式開始後，助簽人員翻開文本，指明具體的簽字處，由簽字人簽上自己的姓名，並由助簽人員將己方簽了字的文本遞交給對方助簽人員，交換對方的文本再簽字。

第五，雙方保存的協議文本都簽好字以後，由雙方的簽字人自己鄭重地相互交換文本，同時握手致意、祝賀，雙方站立人員同時鼓掌。

第六，協議文本交換後，服務人員用托盤端上香檳酒，雙方簽約人員舉杯同慶，以增添合作愉快氣氛。

第七，簽約儀式結束後，雙方可共同接受媒體採訪。退場時，可安排客方人員先走，主方送客後再離開。

任務 2　開業與剪彩禮儀

一、開業典禮的準備

第一，做好輿論宣傳工作。企業（公司）或店鋪可運用傳媒廣泛發布廣告，或在告示欄中張貼開業告示，以引起公眾的注意。這些廣告或告示內一般包括開業典禮舉行的日期、地點、企業的經營範圍及特色、開業的優惠情況等。

第二，精心擬定出典禮的賓客名單。邀請的賓客一般應包括政府有關部門負責人、社區負責人、知名人士、同行業代表、新聞記者、員工代表及公眾代表等。對邀請出席典禮的賓客要提前將請柬送達其手中。

第三，確定典禮的規模和時間。

第四，確定致賀、答詞人名單，並為本單位負責人擬寫答詞。

第五，確定剪彩人員，並準備用具。參加剪彩的除本單位負責人外，還應請來賓中地位較高、有一定聲望的人共同剪彩。

第六，安排各項接事宜。應事先確定簽到、接待、剪彩、攝影、錄像等有關服務人員，這些人員要在典禮前到達指定崗位。

第七，布置環境。開業典禮一般在單位門口舉行。為了烘托出熱烈、隆重、喜慶的氣氛，可在現場懸掛「××開業典禮」或「××隆重開業」的橫幅，兩側布置一些來賓的賀匾、花籃，會場周圍還可張燈結彩，懸掛彩燈、氣球等。

二、開業典禮的程序

開業典禮的程序是指典禮活動的進程。一般情況下，開業典禮的程序由以下幾項組成：

第一，典禮開始。主持人宣布開業典禮正式開始，全體起立，鳴放鞭炮並奏樂。

第二，宣讀重要來賓名單。

第三，致賀詞。由上級領導或來賓代表致賀詞，主要表達對開業單位的祝賀，並寄予期望。

第四，致答詞。由本單位負責人致答詞，其主要內容是向來賓及祝賀單位表示感謝，並簡要介紹本單位的經營特色和經營目標等。

第五，揭幕或剪彩。揭幕就是由本單位負責人和上級領導或嘉賓揭去蓋在牌匾上的紅布。剪彩的彩帶通常是用紅綢製作的，剪彩前應事先準備好剪刀、托盤和彩帶。剪彩時，由禮儀小姐拉好彩帶，端好托盤，剪彩者用剪刀將彩帶上的花朵剪下，放在托盤內。這時場內應以掌聲表示祝賀。

第六，參觀座談。

第七，歡迎首批顧客光臨。

第八，舉行招待酒會或文藝演出等。

以上程序可視具體情況有所增減，無須生搬硬套。總之，開業典禮的整個過程要緊湊、簡潔。

三、參加開業典禮的禮儀要求

第一，參加人員要注意儀容儀表，並準時參加典禮，為主辦方捧場。

第二，賓客可在典禮前或典禮進行時，送些賀禮，並寫上賀詞。

第三，賓客見到主人應向其表示祝賀，並說一些祝興旺、發財等吉利話語。

第四，賓客在致賀詞時，要簡短精練，注意文明用語，少用含義不明的手勢。

第五，在典禮進行過程中，參加人員應做一些禮節性的附和，如鼓掌、跟隨參觀、寫留言等。

第六，典禮結束后，賓客離開時應與主辦單位領導、主持人、服務人員等握手告別，並致謝意。

任務3　新聞發布會禮儀

新聞發布會簡稱發布會，有時亦稱記者招待會，是一種主動傳播各類有關的信息，謀求新聞界對某一社會組織或某一活動、事件進行客觀而公正的報導的有效的溝通方式。對商界而言，舉辦新聞發布會，是聯絡、協調與新聞媒介之間的相互關係的一種最重要的手段。

新聞發布會的常規形式是由某一商界單位或幾個有關的商界單位出面，將有關的新聞界人士邀請到一起，在特定的時間裡和特定的地點內舉行一次會議，宣布某一消息，說明某一活動，或者解釋某一事件，爭取新聞界對此進行客觀而公正的報導，並且盡可能地爭取擴大信息的傳播範圍。按照慣例，當主辦單位在新聞發布會上進行完主題發言之後，允許與會的新聞界人士在既定的時間裡圍繞發布會的主題進行提問，主辦單位必須安排專人回答這類提問。簡言之，新聞發布會就是以發布新聞為主要內容的會議。

通常發布會上會聚集一些比較注重禮儀的人物，這時要是我們的表現不當就會給人留下不好的印象。新聞發布會禮儀一般指的就是有關舉行新聞發布會的禮儀規範。對商界而言，新聞發布會禮儀至少應當包括新聞發布會的策劃、會議的籌備、媒體的邀請、現場的應酬、善後的事宜五個主要方面的內容。

一、新聞發布會的策劃

(一) 策劃發布會新聞亮點

對於媒體來說，新聞發布會也是媒體所期待的。在一次全國性的媒體調查中發現，媒體獲得新聞最重要的一個途徑就是新聞發布會，幾乎100%的媒體都將其列為最常參加的媒體活動。由於新聞發布會現場人物、事件都比較集中，時效性又很強，並且參加新聞發布會免去了預約採訪對象、採訪時間的一些困擾，通常情況下記者都不會放過這些機會。因此，企業更加不能錯過這樣的機會。企業應該充分利用新聞發布會，宣傳自己的品牌和產品。如何讓媒體願意報導企業的產品和品牌，就涉及新聞發布會地策劃了。策劃得當、新聞發布會有亮點，不僅現場被邀請的媒體會對企業進行積極報導，而且未到場的媒體也會對新聞稿件進行轉載，為企業作免費的新聞宣傳。如何策劃有亮點的新聞發布會就成為眾多企業關心的問題了。策劃有亮點的新聞發布會可以從以下幾個方面著手：

1. 邀請明星到現場助陣

媒體對公眾人物從來都不會吝嗇篇幅和版面，因此企業的發布會要能邀請到知名的明星或公眾人物出席的話，必將起到事半功倍的宣傳效果。例如，國內某知名電子遊戲公司開新聞發布會的時候，就邀請了韓庚等大牌明星到現場參加活動，並吸引了大批媒體和「粉絲」的眼球，各大媒體紛紛對這次發布會進行了重點報導。

2. 結合政策導向，占據行業高點

每一個企業所在的行業都擁有豐富的傳播亮點可以發掘，我們在策劃新聞發布會主題的時候，不妨從行業制高點開始切入，以整個行業未來的發展或者整個行業對社會的意義這些大處著手，結合當前國家政策熱點，召開行業高峰論壇，邀請政府相關部門領導和行業內知名人士參加會議，從中挖掘新聞亮點，最終傳播企業品牌。例如，國內某太陽能熱水器企業做策劃的時候，就緊緊抓住了行業當前存在的一些問題和弊端，由此策劃新聞點，塑造一個具有社會責任感、為消費者說話、推動整個行業發展的企業形象。最終這樣的新聞素材獲得媒體認可並進行大量轉發，同時企業的形象也得到了很大的提升，很多消費者在看到新聞之後打電話給企業諮詢新聞報導中關乎消費者切身利益的問題，該企業也因此獲得眾多消費者的信賴。

3. 社會公益性

做公益性的活動，關注民生，以促進全社會良好發展為主題的新聞發布會是企業行銷的至高境界。國內很多企業的行銷思維還比較落後，僅僅停留在廣告等硬性宣傳上。現在的市場情況是強行直入的廣告信息和赤裸裸的銷售信息傳播已經越來越惹人討厭，因此企業應該改變自己的推廣方式，從思想上轉變之前的土辦法，為其品牌和產品植入更具親和力和社會公信力的元素，讓品牌產生更高的附加值。無論是常規的媒體傳播還是品牌新聞發布會等推廣活動，都需要將這種新型的行銷思維貫穿其中，贏得更多消費者的認可與信賴。

(二) 邀請重要政府部門參與或領導出席

媒體關不關注、重不重視某一新聞發布會，有時候取決於新聞發布會是不是緊跟政策，有沒有國家政府部門的支持，擁有政府支持的項目媒體往往就會加大宣傳力度。因此，企業新聞發布會主題最好能和政府部門的政策結合，並且在發布會當天邀請相關部門的領導出席會議，這樣的會議能夠在國內製造影響力，超出企業預期的宣傳效果。

(三) 盡量達到小活動、大傳播的效果

目前很多企業在操作新聞發布會等企業行銷活動的時候，缺乏傳播意識，或者沒有把關注重點放在對品牌媒體傳播上，這種做法是不可取的，畢竟地面活動做得再好，活動現場人來得再多，活動當天現場反響再怎麼熱烈，這些也都只是局限在活動現場所能影響到的一小部分人群，而更多的人、更多的市場都被忽視了。開新聞發布會的目的不僅僅是造就發布會現場的影響力，而更重要的是讓媒體宣傳企業，讓更多的人，乃至全國的人知道企業。因此，企業市場推廣人員一定要有小活動、大傳播的思維，將新聞發布會或者其他企業地面行銷活動、公關活動的影響範圍盡可能地擴大。

二、會議的籌備

籌備新聞發布會，要做的準備工作甚多。其中，最重要的是要做好主題的確定、人員的安排、時空的選擇、材料的準備等具體工作。

(一) 確定發布會的主題

發布會的主題大致有兩類，即說明性主題和解釋性主題。

在召開新聞發布會之前，首先要在輿情調研的基礎上確定是否有召開發布會的必要、記者會不會對發布的主題感興趣、能否完成準確詳盡的報導等。否則，很有可能費盡周折也請不到所需的媒體到場，即使媒體到場也不做報導。

新聞發言人應該挖掘發布會主題的新聞點，既要突出自己的立場也要符合記者的需求，幫助媒體設計一個「新聞鈎」，就像一個「引子」將企業的信息順理成章地推銷出去。

一場新聞發布會通常僅設置一個總的主題，圍繞該主題可以提供幾條重點信息。為了使記者的報導更集中、力度更大，重點信息不能太多，最好不超過 3 條。

(二) 確定發布人和主持人

應當根據發布主題確定最適合的發布人選。一般來說，發布人職位越高、名聲越響，對媒體記者的吸引力越大。但是選擇發布人的第一標準應以其掌握發布內容的程度來衡量，對發布內容越熟悉、參與相關決策越多，其權威性越強，更容易應答記者提出的各種問題。此外，發布人最好是經過新聞發言人培訓的人員，懂得對待記者的基本原則和回答棘手問題的技巧。發布人可由身經百戰的新聞發言人自己擔當，對於專業性強的主題，也可以請相關的分管領導、專家出任。

發布會的主持人一般由新聞發言人擔任，主要負責把握發布會的節奏，如宣布發布會開始和結束、說明發布會主題、介紹發布人、指定記者提問。在例行新聞發布會上，新聞發言人一般兼任發布人、主持人雙職，一個人完成一場新聞發布，一般以站姿發布。

(三) 確定發布會的時間

確定發布會的時間包括兩點：一是發布會在哪一天舉行，二是在這一天的什麼時候舉行。

在哪一天舉行主要是從發布會的效果考慮。這一天發布是否能與某相關熱點事件聯繫起來？另外，應考慮這一天發布是否會與其他重要事件衝突，而分散了媒體的注意力。例如，世界杯足球賽期間，其他體育新聞被報導的篇幅就會減少。

在這一天什麼時候舉行主要考慮媒體的截稿時間。大部分新聞機構的截稿時間在中午以後，黃金時間的電視新聞在下午截稿，日報一般在晚上截稿。為了給記者留出充裕的時間消化發布資料，編寫新聞，發布會最好安排在上午 10 點，最晚也不要超過下午 3 點。一場發布會的時長一般控制在 1 小時左右。

對於重大突發事件的新聞發布會，原則是越快越好，不論在什麼時間都可以立即召開發布會，向記者通報最新情況、澄清事實，以免謠言泛濫。突發事件的新聞發布可以時間很短、多次召開，一有新的情況就向記者透露，抓住媒體的注意力。

(四) 確定發布會的地點

確定發布會的地點主要是考慮給記者創造各種方便採訪的條件。一是交通應比較

便利，能夠解決停車問題。二是會場設備齊全，如滿足拍攝需要的輔助燈光、網路直播所需的網路插口、擴音設備、電源插座等，盡可能照顧到各種媒體的技術需求。三是會場應相對封閉，以免外面人走動、說話干擾發布會。

特定主題的新聞發布會，可以選擇有特色的發布場所，以增強傳播效果。

（五）確定媒體的名單

在對媒體瞭解、調研之后，應根據試圖達到的信息傳播範圍和影響力來確定媒體的覆蓋面積和級別，考慮如何配合選擇報紙、雜誌、廣播、電視、網路等各種媒介。另外，還要考慮這個媒體是國際性的、全國性的還是地方性的。確定邀請媒體的名單，還應根據新聞發布會的主題，考慮行業類媒體的選擇，如財經類、體育類、教育類、衛生類、法制類等。

（六）準備發布會資料

發布會資料的收集與整理是發布會準備工作中最重要的也是最花費精力的環節。發布會資料的準備應圍繞發布會的主題，依據確定的口徑。發布會資料包括文字資料，也可有圖像和實物資料。

準備發布會資料需經歷5個步驟：由新聞辦公室進行輿情調研→由各相關部門提供基礎資料→由新聞發言人及其助手篩選、整理發布會資料→由決策領導審批發布會資料→再由新聞辦公室校對並印刷發布會資料。

1. 為新聞發言人準備的資料

為新聞發言人準備的資料，即發布方資料，一般包括主持人的主持詞、發布人的發布稿、答問參考、輔助資料。

2. 為記者準備的資料

為記者準備的資料，即媒體方資料，常見的有新聞通稿、新聞事實資料、背景材料、問答材料、專家名單、圖像動畫資料、發布會材料清單。如果邀請了外國記者，應同時準備英文資料。

（七）發布會的會務準備

會務工作主要包括3個方面：會場設置、設備調試、現場分工。

1. 會場設置

會場設置主要完成背景板、展板、橫幅、宣傳畫等的設計和裝貼，主席臺及座簽的擺放，記者座位的布置，翻譯間和網路直播臺的安排，簽到處和資料發放臺的擺放等。

2. 設備調試

設備調試主要是檢查話筒的聲量是否能夠到達會場的每個角落，固定電話、移動話筒及音箱之間是否會產生噪音，燈光的亮度是否合適，空調是否運行正常，電源插座、網路接口等是否都完好，用於備份的錄音、錄像設備是否已充足電，投影儀是否可與電腦正常連接並且后排能否看清，同聲傳譯設備的信號是否清晰無干擾。

3. 現場分工

在發布會前就要制定好每一位工作人員在現場的任務，明確分工。發布會現場的

工作人員主要包括以下幾種：
(1) 總協調員：負責整體調度、處理突發情況、迎接發言人。
(2) 記者接待員：負責簽到、發放資料。
(3) 設備調控員：負責現場音響、燈光等的正常運行。
(4) 會場服務員：負責安排記者座位、給記者提供茶水點心、遞送話筒。
除此之外，有的發布會還需要翻譯人員和速錄人員。

三、媒體的邀請

在新聞發布會上，主辦單位的交往對象自然以新聞界人士為主。在事先考慮邀請新聞界人士時，必須有所選擇、有所側重。不然的話，就難以確保新聞發布會真正取得成功。

邀請對象一經確定，應提前發出採訪通知。這樣可以刺激電視新聞記者事先進行背景拍攝，並讓對主題不熟悉的人有機會瞭解一些背景。對採訪通知和發布主題的反應可以幫助我們確定散發資料的內容。發布會前新聞發言人應主動與記者接觸，瞭解記者關心的問題。

四、現場的應酬

在新聞發布會正式舉行的過程之中，往往會出現種種這樣或那樣的確定和不確定的問題。有時甚至還會有難以預料到的情況或變故出現。要應付這些難題，確保新聞發布會的順利進行，除了要求主辦單位的全體人員齊心協力、密切合作之外，最重要的是要求代表主辦單位出面應付來賓的主持人、發言人要善於沉著應變、把握全局。

發布會的基本程序：簽到→發會議資料→宣布會議開始→發言人講話→回答記者提問→接受重點採訪。

五、善后的事宜

新聞發布會舉行完畢之后，主辦單位需在一定的時間之內對其進行一次認真的評估善后工作。瞭解新聞界的反應，整理保存會議資料。

【小案例】

發放資料的學問

某石化股份有限公司董事會召開會議討論從國外引進化工生產設備的問題。秘書小李負責為與會董事準備會議所需文件資料。因為有多家國外公司競標，所以材料很多。小李由於時間倉促就為每位董事準備了一個文件夾，將所有資料放入文件夾中。有3位董事在會前回覆說將有事不能參加會議，於是小李就未準備他們的資料。不想，正式開會時其中的兩位又趕了回來，結果會上有的董事因沒有資料可看而無法發表意見，有的董事面對一大摞資料不知如何找到想看的資料，從而影響了會議的進度。

任務 4　商務會議禮儀

一、商務會議的組織安排

(一) 會場預約

根據需要，制訂最完美的策劃方案；根據會議的級別，選擇會議舉辦地；根據會議的具體情況，確定是否將會議劃分為幾個分會場，選擇分會場的地點，並提前預約。

(二) 會場的佈局，設備的安裝調試

根據會議的具體情況，設計並安排會場的佈局，細緻周到地設計好所有的細節；根據需要，準備會議所需要的所有設備，並提前安放在指定位置；根據需要，提前調試好設備，並進行演練，確保會議的順利進行。

(三) 印刷材料的設計製作

根據會議的具體需求，設計印刷品的樣式、內容、選擇圖案；提前把印刷品送到會場或指定位置。

(四) 參會者的接送

根據參加會議者的具體情況以及人數多少安排接送事宜。

(五) 參會者的餐飲

根據參會人員的喜好，預定各種形式的餐會，如西餐、中餐、自助餐等；根據參會人員的具體情況以及會場和下榻酒店的地點，選擇不同的用餐地點。

(六) 參會者業餘時間的安排

根據參會人員的喜好，選擇不同的休閒方式；設計專門的旅遊線路。

二、商務會議的組織禮儀

(一) 會務

在召開會議過程中，每名與會者都應嚴守會場紀律、準時到會、正點開會、限時發言、到點散會，並保持坐姿端正；應保持會場安靜，手機調到震動狀態或關機；做好會議記錄。會議組織者在會議開始前可給予與會者必要的提醒。

(二) 座次

主席臺座次的規則是前排高於后排，中央高於兩側，左側高於右側（左、右是指當事人之間相對的位置；政務禮儀講究左高右低，但現在均通用國際慣例，即右高左低）。桌簽應使用彩色紙，雙向打印。

(三) 奉茶

茶水招待，是對來訪者的尊重與誠意的表示，有禮貌的端茶方法很重要，不能讓

來訪者要求才端出茶水。奉茶禮儀包括：整理儀容、洗手；確定茶杯是否有缺角或裂痕；手指避免摸到杯口；適當的溫度、濃度，斟七八分滿。為他人續茶水時，小心端起茶杯或茶杯柄，手指不可伸入杯口。從右側遞茶時用右手拿茶杯（左側時相反）。萬一茶水濺出來，應不慌不忙地擦拭。在會議進行中為與會人員倒茶，應本著先客後主的原則。

（四）離場

會議結束時，會議組織者應安排與會者有序地退出會場。

三、一般與會者禮儀

（一）開會之前

在會議召開前，應注意以下幾點：

1. 守時

在參加會議時，一般在規定的會議時間之前提早五六分鐘進入會場，不要遲到，遲到可以視為是對本次會議不重視或是對會議主持人以及其他與會者的小視與不尊重。確有其他原因遲到的，要向主持人及與會者點頭致歉。

2. 儀表

衣著應以正式上班服裝為主，穿著不可過於隨便。如果是戶外會議，應事先詢問主辦單位是否可著休閒服。

3. 舉止

在參加會議時，坐姿應端正，不可東倒西歪或趴在桌子上。不要掏耳朵、挖鼻子、剔牙齒、剪指甲，甚至把腳從鞋裡抽出來摳腳趾頭。室內若無菸灰缸，表示不能抽菸。

若在會議開始前，主席仍未介紹與會人士，可主動和左鄰右舍的人握手，並且進行自我介紹。

（二）會議進行時

會議進行期間，應認真傾聽報告或他人發言。做好記錄對深入體會和準確傳達會議精神有很大幫助。攜帶手機進入會場，在會議開始時應關閉或調至振動模式。開會時，在下面閒聊、看書報、擺弄小玩意兒、抽菸、吃零食、打瞌睡或隨意進出會場，都是切忌出現的不文明行為。

在會議進行中，出席者要發言時，應先舉手，這是發言的禮貌。發言時應對事不對人，勿損及他人的人格及信譽。會上發言時，應口齒清楚、態度平和、手勢得體，不可手舞足蹈、忘乎所以或出言不遜。在大型會議上發言，準備要充分，態度要謙虛，發言開始時要向聽眾欠身致意。發言內容要求做到中心突出、材料翔實、感情真實、語言生動。力戒自我宣傳、自我推銷，更不能有對聽眾不尊重的語言動作和表情。發言要嚴格遵守會議組織者規定的時間。發言結束，要向聽眾致謝並欠身施禮。如參加小型的座談會、研討會，發言要簡練，觀點要明確，討論問題態度要友好，不要隨便打斷別人的發言。對不同意見，應求同存異，以理服人。不要嘲諷挖苦，對他人進行

人身攻擊。別人發言時不要打岔，如有問題可舉手，經過會議主持人認可後再發言。

不可否認的是開會有時很悶，但別在大眾面前打哈欠、頻頻看表、身體動來動去、把玩手上的筆或閉上眼睛等，這些都是很不禮貌的行為。

（三）會議結束后

會議結束后，要按順序離開會場，不要擁擠和橫衝直撞。

四、商務會議主持禮儀

會議的主持人一般由具有一定職位的人來擔任，其禮儀表現對會議能否圓滿成功有著重要的影響。

第一，主持人應衣著整潔，大方莊重，精神飽滿，切忌不修邊幅，邋裡邋遢。

第二，走上主席臺應步伐穩健有力，行走的速度因會議的性質而定。

第三，入席后，如果是站立主持，應雙腿並攏，腰背挺直。持稿時，右手持稿的底中部，左手五指並攏自然下垂。雙手持稿時，應與胸齊高。如果是坐姿主持，應身體挺直，雙臂前伸，兩手輕按於桌沿。主持過程中，切忌出現搔頭、揉眼、抖腿等不雅動作。

第四，主持人言談應口齒清楚，思維敏捷，簡明扼要。

第五，主持人應根據會議性質調節會議氣氛，或莊重，或幽默，或沉穩，或活潑。

第六，主持人對會場上的熟人不能打招呼，更不能寒暄閒談，會議開始前，或會議休息時間可點頭、微笑致意。

【拓展閱讀】

會議主持人的儀態

一、站姿

站姿是指人的雙腿在直立靜止狀態下所呈現出的姿勢。站姿是坐姿和走姿的基礎。一個人想要表現出得體雅致的姿態，首先要從規範站姿開始。得體的站姿的基本要點是：雙腿基本並攏，雙腳呈 45~60 度夾角，身體直立，挺胸、抬頭、收腹、平視。

主持人的標準站姿，要求上半身挺胸、收腹、直腰，雙肩平齊、舒展，雙臂自然下垂；下半身雙腿應靠攏，兩腿關節伸直，身體重心落於兩腳中間，身體重心微微傾向於前腳掌，后腳跟同時用力下踩，頭頂感覺往上頂，似乎身體被拉長，有挺拔感。站姿的具體要求如下：

（1）女士站立時，雙腳成「V」形，雙膝和雙腳后跟盡量靠緊。

（2）男士站立時，雙腳可稍稍叉開，最多與肩同寬。

（3）一般情況下，不要把手插在衣服或褲子的兜裡。

二、坐姿

坐姿文雅、大方是主持人必須具備的基本要求。主持人坐姿的要領是：上體自然挺直，坐在椅子前端，軀干有支持力，身體稍前傾，兩肩放松；兩腿自然彎曲，雙腳平落地上，雙膝並攏或稍稍分開。但是女士的雙膝和腳跟必須靠緊，或雙腳踝前后交

叉。這是一種收斂型的演播坐姿，顯得穩重大方，比較適合我國人民傳統的審美習慣。坐姿的整體軀干造型的一般要求是：身正肩平，立腰收腹，挺而不僵，松而不懈。坐姿的具體要求如下：

（1）入座起座動作要輕盈舒緩，從容自如，切忌猛坐猛起。
（2）落座要保持上身平直，含胸駝背會顯得萎靡不振。
（3）不要玩弄桌上東西或不停抖腿，給人無修養之感。

三、走姿

主持人的走姿（步態）可以根據節目內容靈活掌握。輕松的節目，步子可以快一點；內容沉重的節目，步子要慢一些。一些娛樂競賽節目或少兒節目，有時需要主持人走到一定位置后彎腰或蹲下，這時應注意不要撅臀，以免損害形象。

女士在較正式的場合中的行路軌跡應該是一條線，即行走時兩腳內側在一條直線上，兩膝內側相碰、收腰、提臀、挺胸、收腹、肩外展、頭正頸直收下頜。男士在較正式的場合中的行路軌跡應該是兩條線，即行走時兩腳的內側應是在兩條直線上。不雅的步態會給人留下不好的印象，如左右搖晃、彎腰駝背、左顧右盼、鞋底蹭地、八字腳、碎步等。走姿的具體要求如下：

（1）不要左右晃肩，不要左右晃胯。
（2）同行注意調整步幅，盡量同步行走。
（3）保持膝關節和腳尖正對前進的方向，避免雙腳成內八字或外八字。

五、商務會議匯報禮儀

第一，遵守時間，不可失約。不要過早抵達，以防止上級準備未畢，也不要遲到，讓上級等候過久。

第二，輕輕敲門，經允許后才能進門。不可大大咧咧，破門而入。即使門開著，也要用適當的方式告訴上級有人來了，以便上級及時調整。

第三，匯報時，要注意儀表、姿態，吐字清晰，語調、聲音大小恰當。站有站相，坐有坐相，文雅大方，彬彬有禮。不誠惶誠恐、腼腆木訥、面紅耳赤、語無倫次、失調走聲、手舞足蹈。

第四，匯報內容要實事求是，有喜報喜，有憂報憂，語言精煉，條理清楚，不可察言觀色，投其所好，歪曲或隱瞞事實真相。

第五，匯報結束后，上級如果談興猶在，不可有不耐煩的體態語產生，應等到上級表示結束時才可以告辭。告辭時，要整理好自己的材料、座椅等，當領導送別時要主動說「謝謝」或「請留步」。

第六，利用電話匯報要言簡意賅並有意識地保守秘密。

任務 5　展覽會禮儀

所謂展覽會，對商界而言，主要是特指有關方面為了介紹本單位的業績，展示本單位的成果，推銷本單位的產品、技術或專利，而以集中陳列實物、模型、文字、圖表、影像資料供人參觀瞭解的形式，所組織的宣傳性聚會。有時人們也將其簡稱為展覽，或稱之為展示、展示會。展覽會在商務交往中往往發揮著重大的作用。展覽會不僅具有很強的說服力、感染力，可以現身說法打動觀眾，為主辦單位廣交朋友，而且還可以借助於個體傳播、群體傳播、大眾傳播等各種傳播形式，使有關主辦單位的信息廣為傳播，提高其名氣與聲譽。正因為如此，幾乎所有的商界單位都對展覽會倍加重視，踴躍參加。

展覽會禮儀通常是指商界單位在組織、參加展覽會時，所應當遵循的規範與慣例。

一、展覽會的組織

一般的展覽會既可以由參展單位自行組織，也可以由社會上的專門機構出面張羅。不論組織者由誰來擔任，都必須認真做好具體的工作，力求使展覽會取得完美的效果。

根據慣例，展覽會的組織者需要重點進行的具體工作，主要包括參展單位的確定、展覽內容的宣傳、展示位置的分配、安全保衛的事項、輔助服務項目等。

(一)　參展單位的確定

一旦決定舉辦展覽會，由什麼單位來參加的問題，通常都是非常重要的。在具體考慮參展單位的時候，必須注意兩相情願，不得勉強。按照商務禮儀的要求，主辦單位事先應以適當的方式，向擬參展的單位發出正式的邀請或召集。邀請或召集參展單位的主要方式為刊登廣告、寄發邀請函、召開新聞發布會等。不管是採用其中任何一種方式，均須同時將展覽會的宗旨、展出的主要題目、參展單位的範圍與條件、舉辦展覽會的時間與地點、報名參展的具體時間與地點、諮詢有關問題的聯絡方法、主辦單位擬提供的輔助服務項目、參展單位所應負擔的基本費用等，一併如實地告之參展單位，以便對方據此加以定奪。對於報名參展的單位，主辦單位應根據展覽會的主題與具體條件進行必要的審核。切勿良莠不分，來者不拒。當參展單位的正式名單確定之後，主辦單位應及時地以專函進行通知，令被批准的參展單位盡早有所準備。

(二)　展覽內容的宣傳

為了引起社會各界對展覽會的重視，並且盡量地擴大展覽會的影響力，主辦單位有必要對展覽會進行大力宣傳。宣傳的重點應當是展覽的內容，即展覽會的展示陳列之物。因為只有它，才能真正地吸引各界人士的注意和興趣。對展覽會，尤其是對展覽內容所進行的宣傳，主要可以採用下述幾種方式：舉辦新聞發布會；邀請新聞界人士到場進行參觀採訪；發表有關展覽會的新聞稿；公開刊發廣告；張貼有關展覽會的宣傳畫；在展覽會現場散發宣傳性材料和紀念品；在舉辦地懸掛彩旗、彩帶或橫幅；

利用升空的彩色氣球、飛艇進行宣傳。這些方式,可以只擇其一,亦可多種同時並用。在具體進行選擇時,一定要量力而行,並且要嚴守法紀,注意安全。為了搞好宣傳工作,在舉辦大型展覽會時,主辦單位應專門成立對外進行宣傳的組織機構。其正式名稱,可以叫新聞組,也可以叫宣傳辦公室。

(三) 展示位置的分配

對展覽會的組織者來講,展覽現場的規劃與布置,通常是其重要職責之一。在一般情況下,展覽會的組織者要想盡一切辦法充分滿足參展單位關於展位的合理要求。假如參展單位較多,並且對於較為理想的展位競爭較為激烈的話,則展覽會的組織者可依照展覽會的慣例,採用對展位進行競拍、對展位進行投標、對展位進行抽簽或按「先來后到」分配,不管採用上述何種方法,組織者均須事先將其廣而告之,以便參展單位早做準備,盡量選到稱心如意的展位。

(四) 安全保衛的事項

無論展覽會舉辦地的社會治安環境如何,組織者對於有關的安全保衛事項均應認真對待,免得由於事前考慮不周而麻煩叢生。在舉辦展覽會前,必須依法履行常規的報批手續。此外,組織者還須主動將展覽會的舉辦詳情向當地公安部門進行通報,求得其理解、支持與配合。

(五) 輔助服務項目

主辦單位作為展覽會的組織者,有義務為參展單位提供一切必要的輔助性服務項目。否則,不僅會影響自己的聲譽,而且還會授人以把柄。

【拓展閱讀】

展覽會的分類

嚴格地講,展覽會是一個覆蓋面甚廣的基本概念。細而言之,展覽會其實又分為許許多多不盡相同的具體類型。要開好一次展覽會,自然首先必須確定展覽會的具體類型,然后再進行相應的定位。否則,很可能就會出現不少漏洞。

站在不同的角度上來看待展覽會,往往可以對其進行不同標準的劃分。按照商界目前所通行的會務禮儀規範,劃分展覽會不同類型的主要標準一共有下列 6 條:

其一,展覽會的目的。這是劃分展覽會類型的最基本的標準。依照這一標準,展覽會可被分為宣傳型展覽會和銷售型展覽會兩種類型。顧名思義,宣傳型展覽會顯然意在向外界宣傳,介紹參展單位的成就、實力、歷史與理念,因此又稱為陳列會。而銷售型展覽會則主要是為了展示參展單位的產品、技術和專利,來招徠顧客、促進其生產與銷售。通常人們又將銷售型展覽會直截了當地稱為展銷會或交易會。

其二,展覽品的種類。在一次展覽會上,展覽品具體種類的多少,往往會直接地導致展覽會的性質有所不同。根據展覽品具體種類的不同,可以將展覽會區分為單一型展覽會與綜合型展覽會。

單一型展覽會往往只展示某一大的門類的產品、技術或專利,只不過其具體的品

牌、型號、功能有所不同而已。例如，化妝品、汽車等。因此，人們經常會以其具體展示的某一門類的產品、技術或專利的名稱，來對單一型展覽會進行直接的冠名，如稱之為「化妝品展覽會」「汽車展覽會」等。在一般情況下，單一型展覽會的參展單位大都是同一行業的競爭對手，因此這種類型的展覽會不僅會使其競爭更為激烈，而且對於所有參展單位而言不啻為一場公平的市場考試。

綜合型展覽會亦稱混合型展覽會，是一種包羅萬象的、同時展示多種門類的產品、技術或專利的大型展覽會。與前者相比，后者所側重的主要是參展單位的綜合實力。

其三，展覽會的規模。根據具體規模的大小，展覽會又有大型展覽會、小型展覽會與微型展覽會之分。大型展覽會通常由社會上的專門機構出面承辦，其參展的單位多、參展的項目廣，因而規模較大。舉辦此類展覽會，要求一定的操作技巧。因其檔次高、影響大，參展單位必須經過申報、審核、批准等一系列程序，有時還要支付一定的費用。小型展覽會一般都由某一單位自行舉辦，其規模相對較小。在小型展覽會上，展示的主要是代表著主辦單位最新成就的各種產品、技術和專利。微型展覽會則是小型展覽會的進一步微縮。微型展覽會提取了小型展覽會的精華之處，一般不在社會上進行商業性展示，而只是將其安排陳列於本單位的展覽室或榮譽室之內，主要用於教育本單位的員工和供來賓參觀之用。

其四，參展者的區域。根據參展單位所在的地理區域的不同，可將展覽會劃分為國際性展覽會、洲際性展覽會、全國性展覽會、全省性展覽會等。全國性展覽會往往被人們稱為博覽會。應當明言的是，組織展覽會不一定非要貪大求全不可，特別是忌諱虛張聲勢、名不副實，動輒以「世界」「全球」「全國」命名之。若是根據參展單位所屬行業的不同，則展覽會亦可分為行業性展覽會和跨行業展覽會。

其五，展覽會的場地。舉辦展覽會免不了要占用一定面積的場地。若以所占場地的不同而論，展覽會有著室內展覽會與露天展覽會之別。室內展覽會大都被安排在專門的展覽館或賓館和本單位的展覽廳、展覽室之內。室內展覽會大都設計考究、布置精美、陳列有序、安全防盜、不易受損，並且可以不受時間與天氣的制約，顯得隆重而有檔次。但是，室內展覽會所需費用往往偏高。在展示價值高昂、製作精美、忌曬忌雨、易於失盜的展品時，室內展覽會自然是首選。露天展覽會則安排在室外露天之處。露天展覽會可以提供較大的場地，而且花費較小。展示大型展品或需要以自然界為其背景的展品時，此種選擇最佳。通常，展示花卉、農產品、工程機械、大型設備時，大都選擇露天展覽會。不過露天展覽會受天氣等自然條件影響較大，並且極易使展覽品丟失或受損。

其六，展覽會的時間。舉辦展覽會所用的具體時間的長短稱為展期。根據展期的不同，可以把展覽會分作長期展覽會、定期展覽會和臨時展覽會。長期展覽會大都常年舉行，其展覽場所固定、展品變動不大。定期展覽會展期一般固定為每隔一段時間之後，在某一特定的時間之內舉行。例如，每三年舉行一次，或者每年春季舉行一次等。其展覽主題大都是既定不變的，但允許變動展覽場所，或展品內容有所變動。一般來看，定期展覽會往往呈現出連續性、系列性的特徵。臨時展覽會則隨時可根據需要與可能舉辦。臨時展覽會所選擇的展覽場所、展品內容及至展覽主題，往往不盡相同，但其展期大都不長。

二、展覽會組織禮儀

(一) 迎接禮儀

迎來送往是社會交往接待活動中最基本的形式和重要環節，是表達主人情誼、體現禮貌素養的重要方面。尤其是迎接，這是給客人良好第一印象的最重要工作。給對方留下好的第一印象，就為下一步深入接觸打下了基礎。迎接客人要有周密的部署，應注意以下事項：

第一，對前來訪問、洽談業務、參加會議的外國或外地客人，應首先瞭解對方到達的車次、航班，安排與客人身分、職務相當的人員前去迎接。若因某種原因，相應身分的主人不能前往，前去迎接的主人應向客人做出禮貌的解釋。

第二，迎接客人應提前為客人準備好交通工具，不要等到客人到了才匆匆忙忙準備交通工具，那樣會因讓客人因久等而誤事。

第三，主人應提前為客人安排好住宿，幫客人辦理好一切手續並將客人領進房間，同時向客人介紹住處的服務、設施，將活動的計劃、日程安排交給客人，並把準備好的地圖或旅遊圖、名勝古跡等介紹材料送給客人。

第四，主人到車站、機場去迎接客人，應提前到達，恭候客人的到來，決不能因遲到而讓客人久等。客人看到有人來迎接，內心必定感到非常高興，若迎接來遲，必定會給客人心裡留下陰影，事後無論怎樣解釋，都無法消除這種給客人留下失職和不守信譽的印象。

第五，接到客人后，應首先問候「一路辛苦了」「歡迎您來到我們這個美麗的城市」「歡迎您來到我們公司」等。然后向對方進行自我介紹，如果有名片，可送予對方。注意送名片的禮儀，當與長者、尊者交換名片時，雙手遞上，身體可微微前傾，說一句「請多關照」。當想得到對方名片時，可以用請求的口吻說：「如果您方便的話，能否留張名片給我？」作為接名片的人，雙手接過名片后，應仔細地看一遍，千萬不要看也不看就放入口袋，也不要順手往桌上一扔。

第六，將客人送到住地后，主人不要立即離去，應陪客人稍作停留，熱情交談，談話內容要讓客人感到滿意，比如客人參與活動的背景材料、當地風土人情、有特點的自然景觀等。考慮到客人一路旅途勞累，主人不宜久留，應讓客人早些休息。分手時，主人應將下次聯繫的時間、地點、方式等告訴客人。

(二) 接待禮儀

客人要找的負責人不在時，要明確告訴對方負責人到何處去了以及何時回本單位。請客人留下電話、地址，明確是由客人再次來單位，還是我方負責人到對方單位去。

客人到來時，我方負責人由於種種原因不能馬上接見，要向客人說明等待理由與等待時間。若客人願意等待，應該向客人提供飲料、雜誌，如果可能，應該時常為客人換飲料。

三、展覽會商務禮儀規範

總的來說，標準的商務禮儀在參展禮儀中都是適用的。很重要的一點是參與展覽的人員要樂於跟陌生人交談，並瞭解他們的需要；將事先準備好的企業印刷品或精致的小禮品適時發送給潛力客戶，達到行銷的最終目的。參展單位在正式參加展覽時，必須要求自己的全部派出人員齊心協力、同心同德，為大獲全勝而努力奮鬥。在整體形象、待人禮貌、解說技巧等三個主要方面，參展單位尤其要予以特別的重視。

(一) 要努力維護整體形象

在參與展覽時，參展單位的整體形象直接映入觀眾的眼裡，因此參展單位的整體形象對其參展的成敗影響極大。參展單位的整體形象主要由展示之物的形象與工作人員的形象兩個部分所構成。對於兩者要給予同等的重視，不可偏廢其一。展示之物的形象主要由展品的外觀、展品的質量、展品的陳列、展位的布置、發放的資料等構成。用以進行展覽的展品，外觀上要力求完美無缺，質量上要優中選優，陳列上要既整齊美觀又講究主次，布置上要兼顧主題的突出與觀眾的注意力。用於在展覽會上向觀眾直接散發的有關資料，要印刷精美、圖文並茂、資訊豐富，並且註有參展單位的主要聯絡方法，如公關部門與銷售部門的電話、傳真以及電子郵箱等。工作人員的形象則主要是指在展覽會上直接代表參展單位露面的人員的穿著打扮。在一般情況下，要求在展位上的工作人員應當統一著裝。最佳的選擇是身穿本單位的制服，或者是穿深色的西裝、套裙。在大型的展覽會上，參展單位若安排專人迎送賓客時，則最好請其身穿色彩鮮豔的單色旗袍，並胸披寫有參展單位或其主打展品名稱的大紅色綬帶。為了說明各自的身分，全體工作人員皆應在左胸佩戴標明本人單位、職務、姓名的胸卡，唯有禮儀小姐可以例外。按照慣例，工作人員不應佩戴首飾，但男士應當剃須，女士則最好化淡妝。

(二) 要時時注意待人禮貌

在展覽會上，不管是宣傳型展覽會還是銷售型展覽會，參展單位的工作人員都必須真正意識到觀眾是上帝，為觀眾熱情而竭誠地服務則是參展單位的工作人員的天職。因此，全體工作人員都要將禮貌待人記在心裡，並且落實在行動上。展覽一旦正式開始，全體參展單位的工作人員即應各就各位，站立迎賓。不允許遲到、早退、無故脫崗、東遊西逛，更不允許在觀眾到來之時坐、臥不起，怠慢對方。當觀眾走近自己的展位時，不管對方是否向自己打招呼，工作人員都要面含微笑、主動地向對方說：「你好！歡迎光臨！」隨後，還應面向對方，稍許欠身，伸出右手，掌心向上，指尖直接展臺，並告知對方：「請您參觀。」當觀眾在本單位的展位上進行參觀時，工作人員可隨行於其後，以備對方諮詢；也可以請觀眾自便，不加干擾。假如觀眾較多，尤其是在接待組團而來的觀眾時，工作人員亦可在左前方引導對方進行參觀。對於觀眾所提出的問題，工作人員要認真回答。不允許置之不理，或以不禮貌的言行對待對方。當觀眾離去時，工作人員應當真誠地向對方欠身施禮，並道以「謝謝光臨」或「再見」。在任何情況下，工作人員均不得對觀眾惡語相加或譏諷嘲弄。對於極個別不守展覽會

規則而亂摸亂動、亂拿展品的觀眾，仍應以禮相勸，必要時可請保安人員協助，但不許可對對方擅自動粗，進行打罵、扣留或者非法搜身。

（三）要善於運用解說技巧

解說技巧主要是指參展單位的工作人員在向觀眾介紹或說明展品時，應當掌握的基本方法和技能。具體而言，在宣傳型展覽會與銷售型展覽會上，解說技巧既有共性可循，又有各自的不同之處。在宣傳型展覽會與銷售型展覽會上，解說技巧的共性在於要善於因人而異，使解說具有針對性。與此同時，要突出自己展品的特色。在實事求是的前提下，要注意對展品揚長避短，強調「人無我有」之處。在必要時，還可邀請觀眾親自動手操作，或由工作人員對其進行現場示範。此外，還可安排觀眾觀看與展品相關的影視資料，並向其提供說明材料與單位名片。通常說明材料與單位名片應常備於展臺之上，由觀眾自取。

在宣傳型展覽會上，解說的重點應當放在推廣參展單位的形象之上。要善於使解說圍繞著參展單位與公眾的雙向溝通而進行，時時刻刻都應大力宣傳本單位的成就和理念，以便使公眾對參展單位給予認可。

在銷售型展覽會上，解說的重點則必須放在主要展品的介紹與推銷之上。按照國外的常規說法，解說時一定要注意「FABE」並重。其中，「F」指展品特徵，「A」指展品優點，「B」指客戶利益，「E」指證據。工作人員在銷售型展覽會上向觀眾進行解說之時，應當以客戶利益為重，要在提供有利證據的前提之下，著重強調自己所介紹、推銷的展品的主要特徵與主要優點，以爭取使客戶覺得言之有理、樂於接受。爭搶、尾隨觀眾來兜售展品、弄虛作假，或是強行向觀眾推介展品，則是不可取的。

四、展覽會現場禮儀

在展會現場，笑容非常重要。海外觀眾一般路過展位都會向諮詢臺人員抱以善意的笑容並且問好。參展單位工作人員在向觀眾問好的時候，一定要有眼神交流，表示禮貌。如果有觀眾表示比較感興趣，應當主動上前詢問並解釋。最好是友善地邀請他們坐下來談，通常觀眾願意坐下來以後，談得也比較多、比較深，企業也可以從交談中瞭解觀眾的真實想法和背景。交談過程中，參展單位工作人員最好先耐心地聽觀眾講對產品的需求以及特別的要求，千萬不要在一開始就大談自己的公司，要針對觀眾的需要介紹相應的內容。另外，適當地向觀眾展示產品實物以及講解生產工藝等，都會對交談產生積極推動的作用。在交談結束以後，參展單位工作人員要記得和觀眾握手告別，並與觀眾交換名片（在初問好的時候也可以交換名片），千萬不要因為交談沒有實質的結果而表示對觀眾的輕視。參展單位工作人員具體的注意事項如下：

第一，不要坐著。展覽會期間坐在展位上，給人留下的印象是不想被人打擾。例如，在諮詢臺附近的人員最好是站立的而不是端坐的，當有觀眾表現出對企業有興趣的時候，應主動地去詢問觀眾是否有需要解答的地方。

第二，不要在展位上吃東西。在展位上吃東西會顯得漠不關心，而且你吃東西時潛在顧客往往不會上前諮詢。

第三，不要以貌取人。展覽會上一定要注重儀表的是參展單位的工作人員，而顧客都會按自己的意願盡量穿著隨便些，如牛仔褲、運動衫、休閒褲，什麼樣的都有。因此，參展單位工作人員不要因為顧客穿著隨意就低眼看人。

第四，不要聚群。與兩個或更多參展夥伴或其他非潛在顧客一起談論，那就是聚群。在參觀者眼中，走近一群陌生人總令人心裡發虛。參展單位應在展位上創造一個溫馨、開放、吸引人的氛圍。

第五，要滿腔熱情。表現得熱情，就會變得熱情，反之亦然。熱情洋溢十分有感染力。參展單位工作人員要熱情地宣傳自己的企業和產品。在參觀者看來，參展單位工作人員就代表著企業。參展單位工作人員的言行舉止和神情都會對參觀者認識企業產生極大的影響。

第六，要善用潛在顧客的名字。人們都喜歡別人喊自己的名字。努力記住潛在顧客的名字，在談話中不時提到，會讓其感到自己很重要。參展單位工作人員可以直接看著參觀者胸前的名牌，大聲念出他的名字來。

任務 6　商務談判禮儀

商務談判是指人們為了協調彼此之間的商務關係，滿足各自的商務需求，通過協商對話以爭取達成某項商務交易的行為和過程。談判已深入到社會生活的各個領域。例如，為了成交一筆買賣而進行的業務洽談；為了達成互利、互助或合作經營的協議而進行的討論磋商；為了解決某項爭端或改善與某個外部組織的關係而進行的交涉、協商和調解；等等。這一切活動都可以稱為談判。商務談判已經成為人類活動中一種最普遍的行為，因為在現代社會中每時每刻都發生著商務活動，而商務活動就是從商務談判開始的，商務談判的成敗也往往就是商務活動的成敗。

商務談判禮儀，一方面可以規範自己的行為，表現出良好的素質修養；另一方面可以更好地向對方表達尊敬、友好和友善，增進雙方的信任和友誼。商務談判禮儀是商務談判的重要組成部分，是每個參與談判的談判者必須遵守的規則。主持談判時，主持方要做好接待和迎送工作，布置好談判室及安排好談判的座次。出席商務談判的人員要做到儀容整潔，服飾規範，言談舉止文明得體。商務談判人員應從自身的形象做起，在商務活動中給人留下良好的第一印象。

一、商務談判的基本原則

在商務談判過程中要想取得較好的談判結果，就要遵循談判活動的內在規律，商務談判原則就是這些規律的體現。遵循談判原則是談判成功的基本保證。

商務談判原則是指在談判過程中，談判雙方必須遵守的思想和行為規則。商務談判應當堅持平等自願原則、真誠守信原則、知己知彼原則、維護利益與互惠互利原則、確定目標原則、靈活變通原則、時效性原則、依法辦事原則。

(一) 平等自願原則

　　談判是智慧的較量,談判桌上,唯有確鑿的事實、準確的數據、嚴密的邏輯和藝術的手段,才能將談判引向自己所期望的勝利。平等自願原則是談判中必須遵循原則。平等自願原則要求商務談判的各方堅持在地位平等、自願合作的條件下建立合作關係,並通過平等協商、公平交易來實現各方的權利和義務。

　　商務談判的平等是指在商務談判中,無論各方的經濟實力強弱、組織規模大小,其地位都是平等的。因此,在談判時無論企業規模大小、實力強弱、效益好壞,都沒有高低貴賤之分,相互之間都要平等對待。平等是商務談判的重要基礎,平等是衡量商務談判成功的最基本標準。就這一點而言,商務談判比外交談判具有更高的平等性。具體來看,在商務談判中,各當事人對於交易項目及其交易條件都擁有同樣的選擇權。協議的達成只能通過各方的平等對話而協商一致,不能一方說了算或者少數服從多數。從合作項目的角度看,合作的各方都具有一定的「否決權」。這種「否決權」具有同質性,因為任何一方不同意合作,那麼交易就無法達成。這種同質的「否決權」在客觀上賦予了談判各方相對平等的地位。

　　商務談判中的自願是指具有獨立行為能力的交易各方出於自身利益目標的追求,能夠按照自己的意願來進行談判,並做出決定,而非受到外界的壓力或他人的驅使來參加談判。任何一方都可以在任何時候退出或拒絕進行談判。自願是商務談判各方進行合作的重要前提和保證。只有自願,談判各方才會有合作的誠意,才會進行平等的競爭與合作,才會互諒互讓,做出某些讓步,通過互惠互利最終達成協議,取得令各方滿意的結果。

　　貫徹平等自願原則,要求談判各方相互尊重、禮敬對手。在談判的整個進程中,談判各方要排除一切干擾,始終如一地對自己的對手錶現出不失真誠的敬意,任何一方都不能仗勢欺人,以強欺弱,把自己的意志強加於人。只有堅持平等自願原則,商務談判才能在互相信任合作的氣氛中順利進行,才能達成互助互惠的談判目標。

(二) 真誠守信原則

　　真誠守信在商務談判中的價值不可估量,它會使談判方從劣勢方變為優勢方,使優勢方更好地發揮作用。

　　談判各方人員之間的相互信任感會決定談判有一個好的發展方向,因為信任感在商務談判中的作用是至關重要的。如果雙方沒有信任感,也就不可能有任何談判,更不可能達成任何協議。只有出於真誠,雙方才會認真對待談判。對於談判人員來說,真誠守信重於泰山。在談判中,談判各方應真誠相待、講信用、講信譽。談判只有做到真誠守信,才能取得相互的理解、信賴與合作,即談判各方堅持真誠守信的談判原則,就在很大程度上奠定了談判的基礎。

　　在談判中注重真誠守信,一是本方要站在對方的立場上,將其瞭解到的情況坦率相告,以滿足其權威感和自我意識;二是把握時機,以適當的方式向對方袒露本方某些意圖,消除對方的心理障礙,化解疑惑,為談判打下堅實的信任基礎。但這並非原原本本地把企業的談判意圖和談判方案告訴對方。真誠守信原則也並不反對談判中的

策略運用，而是要求企業在基本的出發點上要誠摯可信、講究信譽、言必行、行必果，要在人格上取得對方的信賴。真誠守信原則還要求在談判時，觀察對手的談判誠意和信用程度，以避免不必要的損失。

(三) 知己知彼原則

「知己」就是要對自己的優勢與劣勢非常清楚，知道自己需要準備的資料、數據和要達到的目的以及退路在哪裡。「知彼」就是通過各種方法瞭解談判對手的禮儀習慣、談判風格和談判經歷，不要觸碰對方的禁忌。

在談判準備過程中，談判者要在對自身情況進行全面分析的同時，設法全面瞭解談判對手的情況。收集信息需要做到以下幾點：

1. 「知己」

「知己」即首先瞭解自己，瞭解本企業產品及經營狀況。看清自己的實際水平與所處的市場地位，對於談判地位確立及決策制定十分重要。只有對自家產品的規格、性能、質量、用途、銷售狀況、競爭狀況、供需狀況等熟悉，才能更全面地分析自己的優勢、劣勢、評估自己的力量，從而認定自我需要，滿懷信心地坐在談判桌前。

然而僅僅瞭解本企業是不夠的，代表企業出席談判的談判人員作為直接參與談判交鋒的當事人，其談判技巧、個人素質、情緒及對事物的談判分析應變能力直接影響談判結果。因此，談判者需要對自己進行瞭解，如「遇到何事易生氣」等影響談判的個人情緒因素，使自己在談判中避免因此而影響談判效果。同時，談判者也可以事先對談判場景進行演練，針對可能發生的衝突做好準備，鍛煉應變能力，以免一旦衝突發生，措手不及，難以控制局面。

2. 「知彼」

「知彼」即對談判對手調查分析，越瞭解對方，越能掌握談判的主動權。在談判前，當對手選定了，應針對談判的企業，進行企業類型、結構、投資規格等一系列基礎性調查，分析對方市場地位，明確其談判目標，即瞭解對方為什麼談判、是否存在什麼經營困難等會對談判主動權產生影響的因素，將其優勢、劣勢細細分析，使己方在談判中占主動地位。與此同時，也不能忽視對該企業的資信調查，確定其是否具有經營許可等能力，降低信用風險。

「知彼」與「知己」同樣，也應通過各種途徑去詳細摸清對方談判代表的一切情況。也許要談判的人是和己方以前合作過的，即使有過不愉快，也應該開誠布公地強調會積極避免類似事情再發生。如果對方是新客戶，就更應從其個人簡歷、興趣愛好、談判思維及權限等方面進行不帶任何個人色彩的瞭解，做到心中有數。

3. 「知同行」

「知同行」，顧名思義就是關注行業內其他企業的產品及經營狀況。隨著經濟的發展，企業面臨著國內外同行業企業的激烈競爭。也許當己方正與談判對手討價還價之時，被忽視的「第三者」已準備坐收漁翁之利了。因此，必須以主動的姿態對整個市場該行業的經營狀況及形勢展開調查，瞭解「同行」主要商品類型、性能、質量等信息，包括資信、市場情況及決策方式等，對比優勢及差距，便於己方談判時揚長避短，

有利於己方的談判戰略。

(四) 維護利益與互利互惠原則

談判是為了追求利益，讓己方利益最大化的同時，也要讓對方獲利，實現雙贏。

在談判過程中，應以維護利益為前提。每個談判者都明白在談判中所做的一切都是要維護己方的利益。同時，要避免只站在己方的立場上去解決問題。雖然堅持立場的出發點是為了維護利益，但實際結果確並非如此。其至往往會導致相反的結果。這是因為片面地堅持己方立場，無法達成一個明智、有效而又友好的協議。為捍衛立場所磋商的談判協議，最常見的就是談判的一方或雙方不顧對方的客觀情況，不考慮對方利益，一味地強調己方的得失，寸金必得。一方有時爭取到近期利益，卻損害了長遠利益。要想使己方利益得到長遠地、徹底地維護就要消除雙方的敵意，尋找雙方利益的共同點，這樣達成的協議才會使雙方的利益持續不斷地增長。

在商務交往中，談判一直被視為一種合作或作為合作而進行的準備。因此，商務談判最圓滿的結局，應當是談判的所有參與者各取所需，各償所願，同時也都照顧到其他各方的實際利益，是一種多贏的局面。互利原則要求商務談判雙方在適應對方需要的情況下，互通有無，使雙方都能有所得；在考慮己方利益的同時，要照顧雙方利益，使交易談判結果實現等價交換、互惠互利。同時，堅持平等原則也要求交易雙方在經濟利益上互利互惠。當然，互利互惠不等於利益均分，談判雙方可能一方獲得利益多一些，另一方獲得利益少一些，這主要取決於雙方各自擁有的實力和談判技巧等因素。

(五) 確定目標原則

談判正式開始之前，必須確定談判目標。因為整個談判活動都要圍繞談判目標進行。談判目標設定好之後，談判人員便明確了談判任務。激勵談判人員要努力實現這一目標，才有可能帶來對己方有利的談判結果。在設定談判目標時，注意目標應有彈性，即我們通常所說的要制定多層次目標，有理想目標、可接受目標、最低目標。談判前制定的目標不是盲目的，而是在分析了對方情況、考慮了對方合理的利益基礎上做出的，不是單方面的意願。只有這樣，談判才能順利進行下去，雙方才有可能獲得滿意的結果。

談判目標是對談判所要達到結果的設定，是指導談判的核心。分析企業的內部條件和外部環境，根據企業的經營目標提出明確的談判目標。例如，商品貿易談判的談判目標應該包括品質目標、數量目標、價格目標、支付方式目標、保證期目標、交貨期目標、商品檢驗目標等。談判目標是一種體系，包括最低目標（基本目標）、可接受的目標（爭取目標）、最高目標（期望目標）。按談判目標的重要性，確定談判雙方各自的目標的優先順序。在談判前，談判方應經過充分的準備，客觀地分析自己的優勢和劣勢，進而尋找辦法彌補己方的不足，為談判的順利進行創造時間、人員、環境等方面的有利條件，由此推動談判的成功。此外，商務談判準備還可以設法建立或改變對方的期望，通過「信號」和談判前的接觸，建立對方某種先入為主的印象，使之產生某種心理適應，從而減輕談判的難度，為實現「雙贏」談判奠定良好的基礎。

(六) 靈活變通原則

靈活變通原則是指談判者在把握己方最低利益目標的基礎上，為了使談判協議得以簽署而運用多種途徑、多種方法、多種方式靈活地加以處理。

商務談判具有很強的隨機性，因為它受到多種因素的制約，其變數很多，所以只有在談判中隨機應變、靈活應對、加以變通，才能提高談判成功的概率。這就要求談判者具有全局眼光和長遠眼光以及敏捷的思維，能靈活地進行運籌，善於針對談判內容的輕重、對象的層次、事先決定的「兵力」部署和方案設計，而隨時做出必要的改變，以適應談判場上的變化。談判者在維護己方利益的前提下，只要有利於雙方達成協議，沒有什麼不能放棄的，也沒有什麼不可更改的。在談判中，往往是在利益衝突之中體現著共同利益。例如，產品的交易談判，雙方的利益衝突是賣方要抬高價格，買方要降低價格；賣方要延長交貨期，買方要縮短交貨期。但雙方的共同利益卻是雙方都有要成交的強烈願望，雙方都有長期合作的打算，也可能是雙方對產品的質量、性能都很滿意。由此可見，雙方共同利益還是存在的。因此，談判人員可以採取一定方法靈活地調和雙方的利益分歧，使不同的利益變為共同的利益。這樣一來談判的前景就會勝利在望。

(七) 時效性原則

商務談判要講時效性原則，在一定的時間內實現最高的談判價值，是商務談判所追求的。守時、高效，只有這樣才能帶來更大的利潤價值和需求滿足，從而使談判順利化、有效化。

時效性原則就是要保證商務談判的效率和效益的統一，商務談判要在高效中進行，要提高談判效率、降低談判成本，決不能進行馬拉松式的談判，否則對談判雙方都會造成很大困擾。特別是在當代社會，科學技術發展日新月異，產品壽命周期日益縮短，這更要求商務談判應具有較高的效率。很多企業的做法是企業開發的新產品還沒有上市時，就開始進行廣泛的供需洽談，以利於盡早地打開市場，贏得更多客戶，以取得較好的經濟效益。

商務談判應注意降低談判成本和加快談判進程，這有利於談判效率的提高。另外，選擇適宜的談判方式也有助於降低談判成本。例如，能採用電子商務談判方式的，就不必遠赴他鄉進行面對面的口頭談判。

(八) 依法辦事原則

經濟活動的宗旨是合法盈利，因此任何談判都是在一定的法律約束下進行的，商務談判必須遵循依法辦事原則。依法辦事原則是指談判及合同的簽訂必須遵守相關的法律法規，對於國際談判，應當遵守國際法及尊重談判對方所在國家的有關規定。所謂依法辦事，主要體現在四個方面：談判主體必須合法、交易項目必須合法、談判過程中的行為必須合法、簽訂的合同必須合法。

談判主體合法是談判的前提條件。無論是談判的行為主體還是談判的關係主體，都必須具備談判的資格，否則就是無效的談判。

交易項目合法是談判的基礎。如果談判各方從事的是非法交易，那麼他們為此舉行的談判不僅不是合法的談判，而且其交易項目應該受到法律的禁止，交易者還要受到法律的制裁，如買賣毒品、販賣人口、走私貨物等，其談判肯定是違法的。

談判行為合法是談判順利進行並且取得成功的保證。談判要通過正當的手段達到目標，而不能通過一些不正當的手段謀取私利，如行賄受賄、暴力威脅等。

只有在談判中遵循合法原則，談判及簽訂的合同或協議才具有法律效力，談判當事人的權益才能受到保護，實現其預期的目標。

二、商務談判的準備工作

（一）談判人員的準備

我們知道，商務談判是由談判人員完成的，談判人員的素質、談判班子的組成情況對談判的結果有直接的影響，決定著談判的效益與成敗。因此，選好談判人員和組織好談判班子是談判準備工作的首要內容。

商務談判是一項涉及多方面知識的人際交往工作，是一種智慧和能力的較量，只有具備較高素質的人才能勝任。一個優秀的談判人員應具備以下素質：

1. 良好的職業道德

這是談判人員必須具備的首要條件，也是談判成功的必要條件。談判人員是作為特定組織的代表出現在談判桌上的，商務談判人員不僅代表組織個體的經濟利益，而且在某種意義上還肩負著維護國家利益的義務和責任。因此，談判人員必須遵紀守法、廉潔奉公、忠於國家、組織和職責，要有強烈的事業心、進取心和責任感。

2. 健全的心理素質

談判是各方之間精力和智力的較量，較量的環境在不斷變化，對手的行為也在不斷變化，要在較量中達到特定目標，談判人員就必須具有健全的心理素質。健全的心理素質是談判者素質的重要內容之一，表現為談判者應具備堅忍頑強的意志力、高度的自制力和良好的協調能力等。

（1）堅忍頑強的意志力。許多重大艱辛的談判，就像馬拉松運動一樣，考驗著參與者。談判者之間的持久交鋒，不僅是一種智力、技能和實力的比試，更是一場意志、耐心和毅力的較量。只有具有堅忍頑強意志力的談判者，才能在較量中獲得最後勝利。

（2）高度的自制力。自制力是談判者在談判環境發生巨大變化適時克服心理障礙的能力。由於談判始終是利益的對決，談判雙方在心理上處於對立，故而僵持、爭執的局面不可避免，這會引起談判者的情緒得波動。如果談判者出現明顯的情緒變化，如發怒、沮喪等，可能會產生疏忽，給對手以可乘之機。因此，一個優秀的談判人員，無論在談判的高潮階段還是低潮階段，都能心靜如水，特別是當勝利在望或陷入僵局時，都能夠控制自己的情感。喜形於色或憤憤不平，不僅有失風度，而且會讓對方抓住弱點與疏漏，給對方造成可乘之機。

（3）良好的協調能力。協調能力要求談判者善於與他人和睦相處，有良好的人際關係。在談判中，談判人員的協調能力是非常重要的。一個好的談判者，既能尊重他

人，虛心聽取一切有利於談判進行和談判目標實現的合理意見，又要善於解決矛盾衝突，善於溝通和調動他人，使談判人員為實現談判目標密切合作，統一行動。

3. 合理的學識結構

商務談判過程是測驗談判者知識、智慧、勇氣、耐力的過程，更是談判雙方才能較量的過程。因此，商務談判的參加者必須要有合理的學識結構。商務談判人員，既要知識面寬，又要在某些領域有較深的造詣。也就是說，不僅在橫向方面有廣博的知識，而且在縱向方面也要有較深的專門學問，兩者構成一個「T」形的知識結構。

（1）談判人員的橫向知識結構。從橫向方面來說，商務談判人員應當具備的知識包括：我國有關經濟貿易的方針政策及我國政府頒布的有關法律和法規；某種商品在國際、國內的生產狀況和市場供求關係；某種商品價格水平及其變化趨勢的信息；產品的技術要求和質量標準；有關國際貿易和國際慣例知識；國外有關法律知識，包括貿易法、技術轉讓法、外匯管理法及有關國家稅法方面的知識；各國、各民族的風土人情和風俗習慣；可能涉及的各種業務知識、金融知識、市場行銷知識；等等。

（2）談判人員的縱向知識結構。從縱向方面來說，作為商務談判的參與者，應當掌握的知識包括：豐富的專業知識，即熟悉產品的生產過程、性能及技術特點；熟知某種（類）商品的市場潛力或發展前景；具有豐富的談判經驗及處理突發事件的能力；懂得談判的心理學和行為科學；瞭解談判對手的性格特點；等等。

上述的「T」形知識結構，構成了一個稱職的商務談判人員的必備條件，也是一名合格的談判人員應具備的最起碼的個體素質要求。否則，將無法應付複雜的談判局面，承擔談判任務，更談不上維護本企業和國家的利益。一名稱職的商務談判人員，在力爭將自己培養成全才的同時，還應當精通某個專業或領域。否則的話，對相關產品的專業知識知之甚少，就會導致在談判技術條款時非常被動，提不出關鍵意見，這無疑將削弱本方的談判實力。一名商務談判人員應該是「全能型專家」，所謂「全能」，即通曉技術、商務、法律和語言，涵蓋上述縱橫各方面的知識；所謂「專家」，即指能夠專長於某一個專業或領域的人。

總之，擴大知識視野，深化專業知識，獵取有助於談判成功的廣博而豐富的知識，能使在談判的具體操作中，左右逢源，運用自如，最終取得談判的成功。

4. 談判人員的能力素養

談判者的能力是指談判人員駕馭商務談判這個複雜多變的「競技場」的能力，是談判者在談判桌上充分發揮作用所應具備的主觀條件。談判人員的能力素養主要包括以下內容：

（1）認知能力。善於思考是一個優秀的談判人員所應具備的基本素質。談判的準備階段和洽談階段充滿了多種多樣、始料未及的問題和假象。談判者為了達到自己的目的，往往以各種手段掩飾真實意圖，其傳達的信息真真假假、虛虛實實。優秀的談判者能夠通過觀察、思考、判斷、分析和綜合的過程，從對方的言行和行為跡象中判斷真偽，瞭解對方的真實意圖。

（2）運籌、計劃能力。談判的進度如何把握；談判在什麼時候、什麼情況下可以由準備階段進入接觸階段、實質階段，進而到達協議階段；在談判的不同階段將使用

怎樣的策略；等等。這些都需要談判人員發揮其運籌、計劃的能力，當然這種運籌和計劃離不開對談判對手背景以及需要可能採取的策略的調查和預測。

（3）語言表達能力。談判是人類利用語言工具進行交往的一種活動。一個優秀的談判者，應像語言大師那樣精通語言，通過語言的感染力強化談判的效果。談判中的語言包括口頭語言和書面語言兩類。無論是哪類語言，都要求準確無誤地表達自己的思想和感情，使對手能夠正確領悟表達者意思，這點是最基本的要求。此外，還要突出談判語言的藝術性。談判中的語言不僅應當準確、嚴密，而且應生動形象、富有感染力。巧妙地用語言表達自己的意圖，本身就是一門藝術。

（4）應變能力。談判中發生突發事件和產生隔閡是難以避免的，任何細緻的談判準備都不可能預料到談判中可能發生的所有情況。千變萬化的談判形勢要求談判人員必須具備沉著、機智、靈活的應變能力，要有冷靜的頭腦、正確的分析、迅速的決斷，善於將靈活性與原則性結合起來，靈活地處理各種矛盾，以控制談判的局勢。應變能力主要包括處理意外事故的能力、化解談判僵局的能力等。

（5）交際能力。商務談判是一項談判過程，更是一項交際過程。真正的交際能力是與人溝通感情的能力，絕不是花言巧語的伎倆。

（6）創造性思維能力。創造性思維是以創新為唯一目的，並能產生創見的思維活動。創造性思維能力反應了人們解決問題的靈活性與創新性。談判人員要具備豐富的創造性思維能力，用於開拓創新，拓展商務談判的新思維、新模式和新方法。創造性思維能力可以提高談判的效率。

(二) 明確談判的地點和時間

1. 談判地點

談判總是要在某一個具體的地點展開。商務談判地點的選擇往往涉及一個談判環境心理因素的問題，它對於談判效果具有一定的影響，談判者應當很好地加以利用。有利的地點、場所能夠提升和增強己方的談判地位和談判力量。

商務談判的地點選擇與足球比賽的賽場安排有相似之處，一般有四種選擇：一是在己方國家或公司所在地談判；二是在對方所在的國家或公司所在地談判；三是在雙方所在地交叉談判；四是在談判雙方之外的國家或地點談判。不同的地點對於談判者來說，均各有其優點和缺點，談判者要根據不同的談判內容具體問題具體分析，正確地加以選擇，充分發揮談判地點的優勢，促使談判取得圓滿成功。

（1）在己方地點談判。談判的地點最好選擇在己方所在地，因為人類與其他動物一樣，是一種具有「領域感」的高級動物。談判者才能的發揮程度、能量的釋放和自己所處的環境密切相關。在己方地點談判的優勢表現在：談判者在自己的領地談判，地點熟悉，具有安全感，心理態勢較好，信心十足；談判者不需要耗費精力去適應新的地理環境、社會環境和人文環境，可以把精力集中地用於談判；可以利用種種便利條件，控制談判氣氛，促使談判向有利於己方的方向發展；可以利用現場展示的方法向對方說明己方產品水平和服務質量；在談判中「臺上」人員與「臺下」人員的溝通聯繫比較方便，可以隨時向高層領導和有關專家請示、請教，獲取所需資料和指示；

利用東道主的身分，可以通過安排談判之餘的各種活動來掌握談判進程，從文化習慣上、心理上對對方產生潛移默化的影響，處理各類談判事務比較主動；談判人員免除旅途疲勞，能夠以飽滿的精神和充沛的體力去參加談判，並可以節省去外地談判的差旅費用和旅途時間，降低談判支出，提高經濟效益。在己方地點談判的劣勢表現在：在己方公司所在地談判，不易與公司工作徹底脫鉤，經常會有公司事務分散談判人員的注意力；離高層領導近，聯繫方便反而會產生依賴心理，一些問題不能自主決斷，而頻繁地請示領導也會造成失誤和被動；己方作為東道主主要負責安排談判會場以及談判中的各項事宜，要負責對方人員的接待工作，安排宴請、遊覽等活動，己方負擔比較重。

商務談判最好爭取安排在己方所在地點談判。猶如體育比賽一樣，在主場獲勝的可能性大。有經驗的談判者，都設法把對方請到己方地點，熱情款待，使己方得到更多的利益。

（2）在對方地點談判。在對方地點談判，對己方的有利因素表現在：己方談判人員遠離家鄉，可以全身心投入談判，避免主場談判時來自工作單位和家庭事務等方面的干擾；在高層領導規定的範圍，更有利於發揮談判人員的主觀能動性，減少談判人員的依賴性；可以實地考察一下對方公司及其產品的具體情況，能獲取直接的、第一手的信息資料；當談判處於困境或準備不足時，可以方便地找到借口（如資料欠缺、身體不適、授權有限需要請示等），從而拖延時間，以便做出更充分的準備；己方省去了作為東道主所必須承擔的招待賓客、布置場所、安排活動等事務的繁雜工作。在對方地點談判，對己方的不利因素表現在：與公司本部的距離遙遠，某些信息的傳遞以及資料的獲取比較困難，某些重要問題也不易及時與本公司磋商；談判人員對當地環境、氣候、風俗、飲食等方面會出現不適應，再加上旅途勞累、時差不適應等因素，會使談判人員身體狀況受到影響；在談判場所的安排、談判日程的安排等方面處於被動的地位；己方也要防止對方過多安排旅遊景點等活動而消磨談判人員的精力和時間。因此，到對方地點去談判必須做好充分的準備，比如摸清領導的意圖要求，明確談判目標，準備充足的信息資料，組織好談判班子等。

（3）在雙方所在地交叉輪流談判。有些多輪、大型談判可在雙方所在地交叉談判。這種談判的好處是對雙方來說至少在形式上是公平的，同時也可以各自考察對方的實際情況。各自都擔當東道主和客人的角色，對增進雙方相互瞭解、融洽感情是有好處的。這種談判的缺點是這種談判時間長、費用大、精力耗費大，如果不是大型的談判或是必須採用這種方法談判，一般應少用。

（4）在第三地談判。在第三地談判對雙方的有利因素表現在：在雙方所在地之外的地點談判，對雙方來講是平等的，不存在偏向，雙方均無束道主優勢，也無作客他鄉的劣勢；雙方策略運用的條件相當，可以緩和雙方的緊張關係，促成雙方尋找共同的利益均衡點。在第三地談判對雙方的不利因素表現在：雙方首先要為談判地點的確定而談判，而且地點的確定要使雙方都滿意也不是件容易的事，在這方面要花費不少時間和精力。第三地點談判通常被相互關係不融洽、信任程度不高，尤其是過去是敵對、仇視、關係緊張的雙方的談判所選用，可以有效地維護雙方的尊嚴。

2. 談判時間

談判總是在一定的時間內進行的，這裡所講的談判時間是指一場談判從正式開始到簽訂合同時所花費的時間。在一場談判中，時間有三個關鍵變數：開局時間、間隔時間和截止時間。

（1）開局時間。開局時間，即選擇什麼時候來進行這場談判。開局時間選擇的得當與否，有時會對談判結果產生很大影響。例如，如果一個談判小組在長途跋涉、喘息未定之時，馬上便投入到緊張的談判中去，就很容易因為舟車勞頓而導致精神難以集中，記憶和思維能力下降而誤入對方圈套。因此，我們應對選擇開局時間給予足夠的重視。一般說來，在選擇開局時間時，要考慮以下幾個方面的因素：

①準備的充分程度。俗話說：「不打無準備之仗。」在安排談判開局時間時也要注意給談判人員留有充分的準備時間，以免到時倉促上陣。

②談判人員的身體和情緒狀況。談判是一項精神高度集中，體力和腦力消耗都比較大的工作，要盡量避免談判人員身體不適、情緒不佳時進行談判。

③談判的緊迫程度。盡量不要在己方急於買進或賣出某種商品時才進行談判，如果避免不了，應採取適當的方法隱蔽這種緊迫性。

④考慮談判對手的情況。不要把談判安排在讓對方明顯不利的時間進行，因為這樣會招致對方的反對，引起對方的反感。

（2）間隔時間。一般情況下，一場談判極少是一次磋商就能完成的，大多數的談判都要經歷過數次，甚至數十次的磋商洽談才能達成協議。這樣在經過多次磋商沒有結果，但雙方又都不想中止談判的時候，一般都會安排一段暫停時間，讓雙方談判人員暫時休息，這就是談判的間隔時間。

談判間隔時間的安排，往往會對舒緩緊張氣氛、打破僵局具有很明顯的作用。常常有這樣的情況：在談判雙方出現了互不相讓、緊張對峙的時候，雙方宣布暫停談判兩天，由東道主安排旅遊和娛樂節目，在友好、輕鬆的氣氛中，雙方的態度和主張都會有所改變，結果在重新開始談判以後，就容易互相讓步，達成協議了。

當然，也有這樣的情況：談判的某一方經過慎重的審時度勢，利用對方要達成協議的迫切願望，有意拖延間隔時間，迫使對方主動做出讓步。可見，間隔時間是時間因素在談判中又一個關鍵變數。

（3）截止時間。截止時間也就是一場談判的最后限期。一般來說，每一場談判總不可能沒完沒了地進行下去，總有一個結束談判的具體時間。而談判的結果卻又往往是在結束談判的前一點點時間裡才能出現。因此，如何把握截止時間去獲取談判的成功，是談判中一種絕妙的藝術。

截止時間是談判的一個重要因素，往往決定著談判的戰略。首先，談判時間的長短往往迫使談判者決定選擇克制性策略還是速決勝策略。同時，截止時間還構成對談判者本身的壓力。由於必須在一個規定的期限內做出決定，這將給談判者本身帶來一定的壓力。談判中處於劣勢的一方，往往在限期到來之前，對達成協議承擔著較大的壓力。該方往往必須在限期到來之前，在做出讓步、達成協議、中止談判或交易不成之間做出選擇。一般說來，大多數的談判者總是想達成協議的，因此他們唯有做出

讓步。

(三) 確定談判的議程和進度

談判的議程是指有關談判事項的程序安排。談判的議程是對有關談判的議題和工作計劃的預先編製。談判的進度是指對每一事項在談判中應占時間的把握，目的在於促使談判在預定的時間內完成。

1. 議題

凡是與本次談判有關的，需要雙方展開討論的問題，都可以成為談判的議題。我們應將與本次談判有關的問題羅列出來，然后再根據實際情況，確定應重點解決哪些問題。

2. 順序

安排談判問題先后順序的方法是多種多樣的，應根據具體情況來選擇採用哪一種程序：其一，可以首先安排討論一般原則問題，達成協議后，再具體討論細節問題；其二，也可以不分重大原則問題和次要問題，先把雙方可能達成協議的問題或條件提出來討論，然后再討論會有分歧的問題。

3. 進度

至於每個問題安排多少時間來討論才合適，應視問題的重要性、複雜程度和雙方分歧的大小來確定。一般來說，對重要的問題、較複雜的問題、雙方意見分歧較大的問題的談判占用的時間應該多一些，以便讓雙方能有充分的時間對這些問題展開討論。

在談判的準備階段中，己方應率先擬定談判議程，並爭取對方同意。在談判實踐中，一般以東道主為先，經協商后確定談判議程，或雙方共同商議談判議程。談判者應盡量爭取談判議程的擬定，這樣對己方來講是很有利的。談判議程的擬定大有學問：首先，議程安排要根據己方的具體情況，在程序上能揚長避短，即在談判的程序安排上，保證己方的優勢能得到充分的發揮。其次，議程的安排和佈局要為己方出其不意地運用談判手段埋下契機。一個經驗豐富的談判者是絕不會放過利用擬定談判議程的機會來運籌謀略的。最后，談判議程的內容要能夠體現己方談判的總體方案，統籌兼顧，還要能夠引導或控制談判的速度以及己方讓步的限度和步驟等。

談判議程的安排與談判策略、談判技巧的運用有著密切的聯繫，從某種意義上來講，安排談判議程本身就是一種談判技巧。因此，我們要認真檢查議程的安排是否公平合理，如果發現不當之處，就應該提出異議，要求修改。

【拓展閱讀】

模擬談判的方法

一、全景模擬法

全景模擬法是指在想像談判全過程的前提下，企業有關人員扮成不同的角色所進行的實戰性排練。這是最複雜、耗資最大，但也往往是最有效的模擬談判方法。這種方法一般適用於大型的、複雜的、關係到企業重大利益的談判。在採用全景模擬法時，應注意以下兩點：

（1）合理地想像談判全過程。這要求談判人員按照假設的談判順序展開充分的想像，不只是想像事情發生的結果，更重要的是想像事物發展的全過程，想像在談判中雙方可能發生的一切情形。依照想像的情況和條件，演繹雙方交鋒時可能出現的一切局面，如談判的氣氛、對方可能提出的問題、我方的答覆、雙方的策略和技巧等問題。合理的想像有助於談判的準備更充分、更準確。因此，這是全景模擬法的基礎。

（2）盡可能地扮演談判中所有會出現的人物。這有兩層含義：一方面，對談判中可能會出現的人物都有所考慮，要指派合適的人員對這些人物的行為和作用加以模仿；另一方面，主談人員（或其他在談判中準備起重要作用的人員）應扮演一下談判中的每一個角色，包括自己本身、己方的顧問、對手及其顧問。這種對人物行為、決策、思考方法的模仿，能使我方對談判中可能會遇到的問題、人物有所預見；同時，處在別人的角度上進行思考，有助於我方制定更完善的策略。

二、討論會模擬法

這種方法類似於「頭腦風暴法」。討論會模擬法分為兩步：第一步，企業組織參加談判人員和一些其他相關人員召開討論會，請他們根據自己的經驗，對企業在本次談判中謀求的利益、對方的基本目標、對方可能採取的策略、我方的對策等問題暢所欲言。不管這些觀點、見解如何標新立異，都不會有人指責，有關人員只是忠實地記錄，再把會議情況上報領導，作為決策參考。第二步，請人針對談判中種種可能發生的情況，以及對方可能提出問題等提出疑問，由談判組成員一一加以解答。

討論會模擬法特別歡迎反對意見。這些意見有助於己方重新審核擬訂的方案，從多種角度和多重標準來評價方案的科學性和可行性，並不斷完善準備的內容，以提高成功的概率。國外的模擬談判對反對意見加倍重視，然而這個問題在我國企業中長期沒有得到應有的重視。討論會往往變成「一言堂」，領導往往難以容忍反對意見。這種討論不是為了使談判方案更加完善，而是成了表示贊成的一種儀式。這就大大地違背了討論會模擬法的初衷。

三、列表模擬法

列表模擬法是最簡單的模擬方法，一般適用於小型的、常規性的談判。列表模擬法的具體操作過程是這樣的：通過對應表格的形式，在表格的一方列出我方經濟、科技、人員、策略等方面的優缺點和對方的目標及策略；在表格的另一方則相應地羅列出我方針對這些問題在談判中所應採取的措施。這種模擬方法的最大缺陷在於其實際上還是談判人員的一種主觀產物，只是盡可能地搜尋問題並列出對策。對於這些問題是否真的會在談判中發生、這一對策是否能起到預期的作用，由於沒有通過實踐的檢驗，因此不能百分之百地講這一對策是完全可行的。

三、商務談判中的禮儀

（一）主、客座談判的禮儀

主場談判、客場談判在禮儀上習慣稱為主座談判和客座談判。主座談判因在我方所在地進行，為確保談判順利進行，我方（主方）通常需做一系列準備和接待工作；

客座談判因到對方所在地談判，我方（客方）則需入鄉隨俗，入境問禁。主座談判時，東道主一方出面安排談判各項事宜時，一定要在迎送、款待、場地布置、座次安排等各方面精心、周密地準備。在商務談判過程中，自始至終都貫穿一定的禮儀規範，每一個細節都不能忽略。

1. 主座談判的禮儀

（1）主座談判的接待準備。主座談判時，東道主一方出面安排各項談判事宜時，一定要在迎送、款待、場地布置、座次安排等各方面精心、周密地準備，盡量做到主隨客便、主應客求，以獲得客方的理解、信賴和尊重。

①成立接待小組。接待小組成員由后勤保障（食宿方面）、交通、通信、醫療等各環節的負責人員組成，涉外談判還應配有翻譯。

②瞭解客方基本情況，收集有關信息。主方可向客方索要談判代表團成員的名單，瞭解其性別、職務、級別及一行人數，作為食宿安排的依據。主方應掌握客方抵達和離開的具體時間、地點、交通方式，以便安排迎送的車輛和人員及預訂、預購返程車船票或飛機票。

③擬訂接待方案。主方應根據客方的意圖、情況和主方的實際，擬訂出接待計劃和日程安排表。日程安排還要注意時間上緊湊，日程安排表擬出后，可傳真給客方徵詢意見，待客方無異議確定以后，即可打印。如果是涉外談判，則要將日程安排表譯成客方文字，日程安排表可在客方抵達後交由客方副領隊分發，亦可將其放在客方成員住房的桌上。

主座談判時，東道主可根據實際情況舉行接風、送行、慶祝簽約的宴會或招待會，客方談判代表在談判期間的費用通常都是由其自理的。

（2）主座談判迎送工作。主方人員應準確掌握談判日程安排的時間，先於客方到達談判地點。當客方人員到達時，主方人員在大樓門口迎候，亦可指定專人在大樓門口接引客人，主方人員只在談判室門口迎候。

如主方應主動到機場、車站、碼頭迎接，應在客方到達前 15 分鐘趕到。對於客方身分特殊或尊貴的領導，還可以安排獻花。迎接的客人較多的時候，主方迎接人員可以按身分職位的高低順序列隊迎接，雙方人員互相握手致意，問候寒暄。如果主方主要領導陪同乘車，應該請客方主要領導坐在其右側。最好客人從右側門上車，主人從左側門上車，避免從客人座前穿過。

2. 客座談判的禮儀

所謂客座談判，指的是在談判對象單位所在地所舉行的談判。一般來說，這種談判顯然會使談判對象占盡地主之利。所謂「入鄉隨俗、客隨主便」，對一些非原則性問題，客方應採取寬容的態度，以保證談判的順利進行。要明確告訴主方自己代表團的來意、成員人數、成員組成、抵達和離開的具體時間、航班車次、食宿標準等，以方便主方的接待安排。

談判期間，對主方安排的各項活動要準時參加，通常應在約定時間的 5 分鐘之前到達約定地點。到主方公司做公務拜訪或有私人訪問要先預約，對主方的接待，在適當的時間以適當的方式表示感謝。客座談判有時也可視雙方的情況，除談判的日程外，

自行安排食宿、交通、訪問、遊覽等活動。

(二) 談判人員個人基本禮儀

1. 談判者的儀表

儀表是談判者形象的重要方面，主要是指人的形象外表，包括人的身材、發行、容貌和服飾等方面，不僅反應其個人的精神面貌和禮儀素養，同時還使人聯想到一個人的處事風格。美好、整潔的儀表給人一種做事認真、有條理的感覺。因此，良好的儀表對談判者的交際和工作起重要的作用。

談判者的儀表反應了談判者的精神面貌和禮儀素養，顯示了談判者在談判中所充任的角色，對商務談判的成功有著不容忽視的作用。儀表的修飾不僅體現談判者自身的自尊、自愛，同時還體現出對談判對方的尊重。

儀表是談判者洽談成功的通行證。在商務談判中，談判者的儀表對談判是否成功有一定的影響，談判者的儀表不但能夠影響雙方的相互間的形象和印象，影響談判的節奏和談判的效率，同時還能夠影響周圍人的態度和商務談判的成敗。商務談判中，特別是初次談判，最初印象的形成主要是通過談判對象的外部因素和信息。

(1) 儀表的修飾。談判者儀表的修飾是指對人的儀表、儀容進行修整妝飾，以使其外部形象達到整潔、大方、美觀的基本方法。修飾是形成談判者個人良好形象的手段。適當的修飾可以使談判者保持健康的身體和活力。修飾可以體現一個人的修養、氣質和追求，從而對談判者的心理與情緒產生較大的影響。通過適當的修飾，可以使人發現自身的美，從而增加信心。具體講談判者修飾主要有以下幾方面：

①頭髮。應保持頭髮的清潔，頭髮上不能有頭屑。髮型要整齊，散亂的頭髮給人以精神萎靡不振的感覺。一般來講，男士的頭髮不宜留得過長，以兩邊的頭髮不超過兩耳為準，並且不宜留大鬢角。女士的頭髮沒有長短的要求，只是劉海不要太低而遮住眉毛，因為眉毛既可以傳情達意，又可以體現一個人的個性。

②面部。面部要注意保持清潔。男士要剃淨鬍鬚，女士應該化妝，化妝以示對他人的尊重，同時也可以增強自信心。

③口腔。一是除去口腔的食物殘渣，最好的辦法是飯後漱口刷牙；二是除去口腔異味，最好的辦法是喝茶或嚼口香糖。

④手。保持雙手的清潔，注意不留長指甲，並清除指甲內的污垢。如果戴有手套，手套也應保持清潔。

⑤腳。腳的修飾主要是指鞋的修飾，鞋要擦去灰塵，並保持皮鞋的光亮。

(2) 女士化妝。女士要適當化妝，漂亮的化妝不僅讓人賞心悅目，同時還能給自己一個好的心情。在化妝時選擇濃淡適宜的妝是比較重要的。不同的場合，對化妝的濃淡要求也不一樣。總體來講，白天適宜化淡妝，晚上適宜化濃一點的妝。不同的人化妝也不一樣，中年女性的妝應該濃一點，年輕女性的妝應該淡一點。與關係比較熟的客戶進行談判時，可以化淡妝，與初次打交道的人談判可以適當化濃一點的妝。

(3) 理妝。不論男女，為了使修飾好的整潔儀表得以保持，要注意及時理妝。

①女士的理妝。女士的理妝一般只限於加一點口紅以及補一點粉而已。如果只為

了加一點口紅而把小鏡子晃來晃去、嘴唇抿來抿去，就顯得有些過分了。因此，女士的補妝不能不分時間和場合隨意進行。一般來講，在工作場合當著眾人的面補妝是不適宜的，如果確有必要補妝，應到洗手間或是休息室去補妝。

②男士的理妝。男士的理妝範圍也局限在兩個方面：一是把歪掉的領帶理正；二是把凌亂的頭髮撫平。男士理妝可以在洗手間及公共場所的鏡子前理妝，切忌當眾拿出小鏡子或是小梳子理妝。

2. 談判者的服飾

在商務活動中，能夠理解並充分利用服飾的功能對於商務活動的有效及順利進行是非常重要的。得體的著裝不僅反應一個人的修養與氣質，同時也表現了對他人的尊重。因此，每個商務談判人員都應該注重著裝禮儀。

（1）談判者著裝原則。

①合身。這一原則要求談判者著裝第一要符合自己的身材，第二要符合自己的年齡，第三要符合自己的職業身分。

②合意。這一原則要求談判者的著裝第一要使自己滿意，第二要考慮到談判對象的習慣和所在地的風俗，恰當地表現自己的個性。

③合時。這一原則要求談判者的服飾要符合時代的特色、環境、場所和季節的要求。

（2）談判者服裝的選擇。

①男士服裝的選擇。男士服裝一直都處於比較穩定的狀態，對男士服裝的要求不高。一般來講，男士的著裝只要穿著得體就行。因此，男士在選擇服裝時既要注重款式和色彩，又要注重服裝的質地和面料。西裝是男性談判者在正式場合著裝的優先選擇，也是男性談判者必備的禮服。在選擇西裝時應注意以下幾方面：

面料：質地要好，首選毛料。

色彩：應該選擇莊重、正統的西裝，以深色為佳。

圖案：應選擇無圖案的。

款式：選擇三件套（一衣、一褲、一馬甲）。

造型：選擇適合自己的款式。

尺寸：大小合身，寬鬆適度。

場合：正裝適合正式場合，休閒裝適合非正式場合。

②女士服裝的選擇。女士在商務談判中以裙裝為佳，西式套裙為首選。套裙應該成套穿著，要注意顏色少、款式新，不適宜穿著亮度過高的彩色裙裝。套裙應選擇那些質地滑潤、平整、勻稱、光潔、挺括的上乘面料，並且彈性好、不起褶皺，圖案以簡潔為最佳，可以選擇格子、條紋和圓點等圖案。

在商務活動中穿著旗袍，可以更好地體現東方女性特有的氣質。旗袍的開衩不能過高，以膝上一至兩寸為佳。女士的正裝鞋是高跟或半高跟淺口皮鞋，襪子的顏色以肉色為佳，不能穿帶圖案和網眼的襪子，應注意襪口不能露出裙擺。

【小案例】

不適宜的著裝

瑞士某財團副總裁率代表團來華考察合資辦藥廠的環境和商洽有關事宜，國內某國營藥廠出面接待安排。第一天洽談會，瑞方人員全部西裝革履，穿著規範出席，而中方人員有的穿夾克衫布鞋，有的穿牛仔褲運動鞋，還有的乾脆穿著毛衣外套。結果，當天的會談草草結束後，瑞方連要考察的現場都沒去，第二天找了個理由，匆匆地就打道回府了。

3. 談判者的舉止

舉止是指人的動作和表情。舉止是一種無聲的語言，人們的舉手投足間都傳遞著信息。因此，在商務談判中，保持規範、得體的姿態是比較重要的。這就要求談判者具有良好的坐姿、站姿和走姿。

（1）正確的站姿。站姿是人體的靜態造型動作，是其他人體動態造型的基礎和起點。在出席各種商務場合時，談判者的站姿會首先引起別人的注意，優美挺拔的站姿能顯示出個人的自信、氣質和風度，給他人留下美好的印象。正確站姿的要點是挺拔、直立。正確站姿的具體要求是頭正，雙目平視，嘴唇微閉，下頜微收，雙肩放鬆、稍向下沉，身體有向上的感覺，呼吸自然，軀幹挺直，收腹、挺胸、立腰，雙臂自然下垂於兩側，手指並攏並自然彎曲，雙腿並攏立直，膝、兩腳跟靠緊，腳尖分開呈45度，身體重心放在兩腳中間。男性的雙腿可以分開，但兩腳之間的距離最多與肩齊寬。正確的站姿會給人挺拔、大方、精力充沛的感覺。站立要避免身體東倒西歪、重心不穩；雙腿交叉站立、隨意抖動或晃動、雙腳叉開過大或隨意亂動；倚牆靠壁、聳肩；雙手叉在腰間或環抱在胸前，盛氣凌人。

（2）正確的坐姿。端莊典雅的坐姿可以展現商務談判人員的氣質和良好的教養。商務談判人員入座時要輕而穩，走到座位前，轉身後輕輕地坐下，雙肩平正放鬆，兩臂自然彎曲放在腿上，亦可放在椅子上或是沙發扶手上，以自然得體為宜。女士雙膝並攏，男士兩膝間可分開一定的距離，但不要超過肩寬。入座後，應至少坐滿椅子的2/3，談話時應根據交談者方位，上身可以略傾向對方，但上身仍保持挺直。女子入座時，若是裙裝，應用手將裙子稍稍攏一下，再慢慢坐下，避免坐下後再拽拉衣裙。正式場合一般從椅子的左邊入座，離座時也要從椅子左邊離開。各種坐姿的要求如下：

①正坐：兩腿並攏，上身坐正，小腿應與地面垂直。女士應雙手疊放，置於腿上；男士應將雙手放在膝上，雙腿微分，兩膝之間的距離保持在一拳到一拳半之間。

②側坐：首先坐正，男士小腿與地面垂直，上身傾斜，向左或向右，左肘或右肘支撐在扶手上；女士應雙膝靠緊，上身挺直，兩腳腳尖同時向左或向右，雙手疊放在左腿或者右腿上。

③交叉式坐姿：兩腿向前伸，一腿置於另一腿上，在踝關節處交叉成前交叉坐式；也可以小腿后屈，前腳掌著地，在踝關節處交叉成后交叉式。

（3）正確的走姿。正確的走姿能體現一個人的風度和韻味。從一個人的走姿可以

瞭解到其精神狀態、基本素質和生活節奏。走路時的要點是：右腳完全著地，左腳跟抬起一半左右，身體重心完全移到右腳上，左腳腳跟抬起，左腳腳尖完全離地，重心往前移，左腳腳跟著地。然後再回到第一步的姿勢。走路時應當身體直立、收腹直腰、兩眼平視前方；雙臂自然下垂，在身體兩側自然擺動；腳尖微向外或向正前方伸出，跨步均勻，兩腳之間相距約一只腳到一只半腳長，步伐穩健，步履自然，要有節奏感。起步時，身體微向前傾，身體重心落於前腳掌；行走中，身體的重心要隨著移動的腳步不斷向前過渡，而不要讓重心停留在后腳，並注意在前腳著地和后腳離地時伸直膝部。男步稍大，步伐應矯健、有力、瀟灑、豪邁，展示陽剛之美。女步略小，步伐應輕捷、嫻雅、飄逸，體現陰柔之美。

4. 談判者的表情

表情是指談判者的面部情態，主要是通過面部的眼、嘴、眉、鼻動作和臉色的變化來表達談判者的內在意識。表情在商務活動中起著十分重要的作用。

①目光。當商務談判人員初次與別人相識或者不很熟悉時，特別是面對異性，應使自己的目光完全在許可的範圍之內，否則會很失禮。目光的最大許可範圍是以額頭為上限，以對方上衣的第二顆紐扣為下限，左右以兩肩為限，表示對對方的關注。眼睛是心靈的窗戶，是人深層心理情感的一種自然表現。

目光的表現形式是多種多樣的。炯炯有神的目光，體現出對事情的堅定和執著；呆滯的目光，體現著對生活的厭倦；明澈坦蕩的目光，體現的是為人正直、心胸開闊。在商務活動中，恰到好處的目光是友善坦蕩、真誠熱情、炯炯有神。雙方在交談中，應註視對方的眼睛或臉部，以示尊重別人，但是當雙方緘默無語時，不要長時間註視對方的臉，以免造成對方的尷尬。在與多人進行交談時，要經常用目光與聽眾進行溝通，不要只與一個人交談，冷落其他人。在公共場合，目光註視的位置是以兩眼為上限，以唇部為底線，構成的一個倒三角，這種目光帶有一定的情感色彩，親切而友好。不要總是迴避對方的目光，這樣會使對方誤認為你心裡有鬼或者在說謊。

②微笑。微笑是最富有吸引力的面部表情。微笑可以消除冷漠，溫暖人心，使人際關係變得友善、和諧、融洽。微笑能使人對自己以及自己的生活充滿信心，特別是在遇到挫折和不幸時，微笑能給人戰勝困難的力量，重新找回生活的樂趣。微笑不僅是臉上的表情，真正的微笑、受人歡迎的微笑是發自內心的，笑得自然真切。愛心使人友好，理解使人寬容，微笑只有充滿愛心和理解，才能感染他人。充滿自信的人，才能在各種不同的場合對不同關係的人保持微笑。親切、溫馨的微笑能使不同文化、不同國度的人快速縮短彼此的心理距離，創造一個良好的溝通氛圍，但不要失去莊重和尊嚴。

在商務活動中，要力戒憨笑、傻笑等不成熟的笑容；要力戒奸笑、冷笑、皮笑肉不笑等不誠懇的笑容；要力戒大笑、狂笑等不穩重的笑容。

5. 談判者的風度

風度是人們在一定程度上的思想修養和文化涵養的外在表現。風度之美是通過人的外在行為顯現出來的。風度也是一種魅力，風度之美是一種綜合的美、完善的美。這種美應是身體各部分器官相互協調的整體表現，同時也包括了一個人內在素質與儀

態的和諧。

風度是模仿不來的，風度往往是一個人的獨有的個性化標誌。風度是因為具有了一定的實力才顯現出來的。風度來自良好的道德修養和豐富的文化內涵。一個人要擁有翩翩的風度，應該注重培養，在談判活動中，要做到以下「五要」：

一要有飽滿的精神狀態。一個人精力充沛、自信而富有活力，就能在商務活動中激發對方的交往慾望，活躍現場氣氛。如果一個人精神萎靡不振、給人敷衍的感覺，即使對方有交往的慾望或誠意，也會終止。

二要有誠懇的待人態度。談判者與談判對手坐在一起的時候，要讓對方感覺到談判者是一位親切、溫和、誠懇的人。談判者在與對方交往的過程中，應端莊而不驕傲冷漠，謙遜而不矯揉造作，誠懇待人。

三要有健康的性格特徵。性格是表現人對現實的態度和行為方面比較穩定的心理特徵，往往會通過行為表現出來。談判者要加強性格的修養，做到大方而不失理、自重而不自傲、豪放而不粗俗、自強而不偏執、謙虛而不虛偽、直爽活潑而不幼稚輕佻。

四要有幽默文雅的談吐。幽默不僅能顯示人的智慧，而且在緊張的談判環境中能夠創造輕鬆、風趣、和諧的氛圍。但幽默並不代表庸俗，庸俗是沒有修養的表現，在商務談判中要避免庸俗。

五要有得體的儀態和表情。談判者的儀態和表情是溝通當事人情感的交流手段，是風度的具體表現。談判者需要刻意追求，但要自然地顯示出來，沒有生硬的矯揉造作，沒有刻意的模仿，仿佛是漫不經心，但都是精心追求的結果。

優美的風度令人向往和羨慕，美好的風度來自優秀的品格，有了優秀的品格，才有良好的風度。對談判者來講，在商務活動中應有良好的風度，要求做到以下幾個方面：

一是心平氣和。在談判桌上，每一位成功的談判者均應做到心平氣和、處變不驚、不急不躁、冷靜處事。如果對方向我方提出不合理的要求，不要覺得對方缺乏合作的誠意而生氣。在談判中始終保持心平氣和，是一位高明的談判者所應保持的風度。

二是取得雙贏。談判往往是利益之爭，商務談判中，參加談判的人都希望在談判中最大限度地維護或者爭取自身的利益。如果對方對我方所提出的合理要求不予接受，不要因此失去耐心而變得煩躁。在事關我方利益的問題上，應據理力爭，不能輕言放棄。最終從本質上來講，真正成功的談判，應當以各方的妥協即雙贏或多贏來結束。商務談判不是以「你死我活」為目標，而是應當兼顧各方利益，各有所得，實現雙贏。在商務談判中，如果只顧己方目標的實現而忽略對方利益的存在，是沒有風度的，最終也不會真正贏得談判的勝利。

三是禮遇對手。在談判期間，一定要禮遇自己的談判對手。在事關我方利益的原則性問題上，既要據理力爭、不輕言放棄，又要做到不出言傷害對方、埋怨責怪對方或用不禮貌的語言諷刺挖苦對方。在商務談判中要將人和事分開，明確雙方之間的利益關係，正確地處理己方談判人員與談判對手之間的關係。在談判之外，對手可以成為朋友；在談判之中，朋友也會成為對手，二者要區別對待，不要混為一談。在談判過程中，不論身處何種環境，都不可意氣用事、言談舉止粗魯放肆、不懂得尊重談判

對手。談判者要時刻表現出自信、沉著和冷靜。談判既是雙方組織實力的較量，也是雙方談判人員心理的較量。誰在談判中更沉著、冷靜，誰就可能在談判中獲得更多的勝利。

(三) 商務談判中的交際禮儀

1. 見面禮儀

見面禮儀是指談判者見面之際應該遵守的主要禮儀，具體表現為問候、稱呼、握手、介紹。在商務活動中，當人們聽到恰當的稱呼時，便能從心裡產生親近感，使人與人之間的交際變得順利、愉快。

2. 問候禮儀

問候也稱問好或者打招呼，主要表現在向他人問好，表示敬意。最普遍、最常用的招呼詞是說一聲「您好」，在迎送客人時較為多見的問候是招手致意。

(1) 問候的內容。人們在問候他人時所使用的問候語具體內容多有不同。一般來講，問候語的內容有明顯的地域性特徵。在一般情況下，問候語大致可以分以下幾類：

①問好型：在見面時直接問候談判對方，主要用語為「您好」「早上好」「下午好」「晚上好」「大家好」。這些問候語言簡意賅，既不失禮貌，又可避免跑題，比較適合在一天中首次見面或一次活動中初次遇到的時候使用，也是最為正式、適用範圍最廣的問候。

②寒暄型：在日常生活中問候他人時的一些用語，如「吃飯沒有」「最近忙些什麼」等。對於這些問候語，一般可以不做實質性的答覆。這些問候語較適合熟人之間的應用，在不同文化背景下的交際時要慎用。

③交談型：談判者在問候他人時直接從一個話題開始，問候對方的同時希望就此交談下去，較適用於公務場合。

(2) 問候的順序。一般來講問候有一些約定俗成的順序：年輕者先向年長者打招呼，下級先向上級打招呼，男性先向女性打招呼等。

①兩人見面：雙方均應主動問候對方，沒有必要等待對方先問候不可。在正常情況下，標準的做法是所謂「位低者先行」，也就是職位或地位較低的一方應首先問候職位或地位較高的一方。

②一人與多人見面：當一個人與多人見面時，問候的順序一定要遵照「先長後幼，先女後男，先疏後親」的原則。

(3) 問候的態度。在問候他人時，自己的態度一定要熱情而友好，做到話到、眼到、心到。只有這樣，才能表現出自己的問候是真心實意的。

(4) 問候時注意的事項。他人向自己致意時，必須還禮答謝。在公共場所切忌大聲地呼名喚姓。招手時一般把手伸向空中並且左右擺動。與人打招呼時，不要把手插在衣袋裡或叼著菸卷。女性應主動微笑點頭致意。

3. 握手禮儀

握手是人們在日常的社會交往中常見的禮節。握手既可以作為見面、告辭、和解時的禮節，也可以作為一種祝賀、感謝或相互鼓勵的表示。

見面行握手禮時，主人、身分高者、年長者和女士一般應先伸手，以免對方尷尬；朋友平輩間以先伸手為有禮；祝賀、諒解、寬慰對方時以主動伸手為有禮。行握手禮時，上身稍前傾、立正、目視對方、微笑、說問候語或者敬語，同時要摘帽、脫手套。握手時不要左手插在褲袋裡，無特殊原因不用左手握手。正常情況下，雙方伸手握一下即可，時間不宜超過 3 秒，長時間握手錶示親熱，雙手握住對方的手錶示尊敬。

握手時需要注意的是不要戴手套握手，只有女士在社交活動中才可以戴著薄紗手套與別人握手；不要戴墨鏡握手；不要左手插兜握手；掌心不要向下，如果伸手時掌心向下，通常會給人以居高臨下之感；不要濫用雙手，只有親朋好友見面時才可以使用雙手握手；與女士握手時男士不要先伸手，應等待女士先伸出手。

4. 鞠躬禮

鞠躬禮源自中國，現在作為日常見面禮節已不多見，但盛行於日本、韓國和朝鮮，是那裡的常禮。行鞠躬禮時應立正、脫帽、微笑、目光正視、上身前傾 15～30 度（賠禮、請罪除外）。平輩應還禮，長輩和上級欠身點頭即算還禮。

5. 介紹禮儀

介紹是商務活動中相互瞭解的基本方式，常見的介紹有以下幾種方式：

（1）自我介紹。這是在沒有他人介紹的情況下，自己將自己介紹給他人，以便使對方認識自己。在正式自我介紹時，介紹的內容包括單位、部門、職務和姓名。注意事項：第一，掌握好時機。在向別人介紹自己時，一定要在有必要的時候進行，否則會勞而無功。第二，掌握好時間，一般來說，在干擾少時、對方有興趣時、初次見面時，比較適合進行自我介紹。第三，簡明扼要，避免誇誇其談。第四，內容應有所區別，介紹自己時應當根據具體的情況而在內容上有所不同。

（2）居中介紹。這是指由介紹人作為第三者，為彼此不相識的雙方相互進行介紹。居中介紹在陌生人之間架起了相互瞭解的橋樑。居中介紹首先要瞭解雙方是否有結識的願望，經雙方同意後再進行介紹。介紹順序是先把年紀輕的介紹給年長的；先把職位低的介紹給職位高的；先把賓客介紹給主人；先把男士介紹給女士。

（3）集體介紹。集體介紹是為他人介紹的一種特殊情況，指的是由介紹者為兩個集體之間或者個人與集體之間所進行的介紹。

集體介紹的順序是介紹集體時，在順序上也有尊卑先後之別。在一般情況下，集體介紹同樣應當遵守「尊者優先瞭解情況」的規則。例如，為兩個團體進行介紹時，通常應當首先介紹東道主一方，隨后方可介紹來訪者一方。至於具體介紹的內容則有兩種：一是進行作整體介紹，即只介紹雙方集體的情況，而不具體涉及個人情況。二是介紹個人情況。在介紹集體時涉及個人情況，一般講究「雙方對等」，即在遵守「尊者優先瞭解情況」的規則的同時，對雙方的個人情況均應予以介紹，在具體介紹雙方的個人情況時，則應當由尊而卑，依次進行。注意事項：在宴會、舞會上，由於來賓較多，這時不必逐一進行介紹，主人只需介紹坐在自己旁邊的客人相互認識即可，其餘客人可自動和鄰座聊天，不必等主人來介紹。

6. 名片禮儀

名片是商務人士重要的交際工具，是個人身分的代表。對方將自己重要的信息毫

無保留地交給你，是對你的充分信任和尊重，對待名片應像對其主人一樣尊重和愛惜。

（1）遞送名片。將本人的名片遞交給他人時，通常要注意以下禮儀問題：

①有備而至。參加商務活動，應當有意識地準備好自己的名片，並且將其置於易於取拿之處，以備不時之需。最好的方法，是將名片裝入專用的名片盒、名片夾或名片包之內，然後放入自己的上衣口袋或隨身攜帶的包、袋。

②講究時機。遞送名片要善於把握時機。一般來說，遞送名片多在初次見面進行自我介紹以後進行。但是並不是說做過自我介紹之後就一定要遞送自己的名片。將自己的名片遞送給對方，不但具有希望對方進一步瞭解自己的意思，還包含對對方表示尊重、希望與對方結交、保持與對方的聯絡的意思。遞送名片給自己的熟人，通常發生於本人的單位、地址或聯絡方式發生變更之後。

③遞送順序。兩人交換名片時，應當遵守「尊者優先瞭解情況」規則，雙方之中地位或職級較低者應當首先把自己的名片遞交給地位或職級較高者。一人將本人的名片遞送給多人時，應當由尊而卑依次而行，或者由近而遠依次而行，不講任何順序是錯誤的。應雙手呈遞名片，態度應恭敬，使對方感到你對他很尊敬。

④具體要求。起身站立，主動走近對方，以雙手或右手遞上名片，將名片正面朝向對方。

（2）接受名片。接受他人遞送過來的名片時，應認真遵守相關的禮儀規範。在接受他人名片時的態度是否認真，往往會同是否尊重對方直接聯繫在一起。接受他人名片時，要表現出自己的認真和友好之意，就必須注意以下四點：

①起身站立。

②迎向對方。

③用雙手或右手捧接，要在胸部以上的位置收下，由名片的下方恭敬接過並且收到胸前，並認真拜讀。

④口頭道謝。當他人將名片遞送給自己，尤其是當對方首先遞上名片時，應立即口頭向對方表示謝意。

同時，為了表示對對方的尊重，接過對方遞過來的名片后，一定要先看，再通讀一遍，及時瞭解對方的具體情況，如果有不明白的地方，可以及時請教。接過名片之后，先通讀他人的名片，然后將名片收好。待對方走后，應該在名片上記下初次見面的時間等，便於記憶。

收到對方名片后，也應當將自己的名片遞上去。如果沒有隨身攜帶名片，可以直說，或者告訴對方以後再補上名片。一般情況下，如果想得到對方的名片，但對方卻並未遞送，這種情況下不要直接向對方索要名片，而應以比較委婉的方式向對方索要名片。索取他人的名片，比較常見的方式有主動遞上自己的名片、建議對方互換名片、採用暗示的方法索要名片（如「今后怎樣稱呼您」）。

7. 洽談禮儀

談判是商務活動的重要組成部分。商務談判中參加的各方都希望在談判過程中獲得談判對手的禮遇。端莊的儀表儀容，禮貌的言談舉止，周到、合適的禮節，是使談判過程得以順利進行的重要因素之一。因此，每一位談判者都應當掌握和講究洽談禮

儀，以便使商務談判順利進行並取得成功。

8. 迎見禮儀

商務談判中，作為東道主應在約定的時間前到達約定的地點，迎接對方。在迎接時，迎接的地點可以選在大樓的門口，也可以選擇在談判室的門口。進入談判室，主人應該和對方的談判代表一一握手，請客人先落座，或者雙方同時落座，切忌主人首先落座。雙方落座后，非談判人員應該退出談判室，任何人不得隨意進出，以免影響談判的進行。

9. 落座禮儀

落座是指談判雙方進入談判會場後就座的姿態和形態。如何落座，可以在一定程度上反應出談判者的地位和信心，反應出一個談判集體的團結力和控制力。

（1）落座的方式。一般來講，談判是在雙方當事人之間進行的，因此落座的方式主要有橫向式座席、縱向式座席、並行式座席、側翼式座席（見圖4-1）。

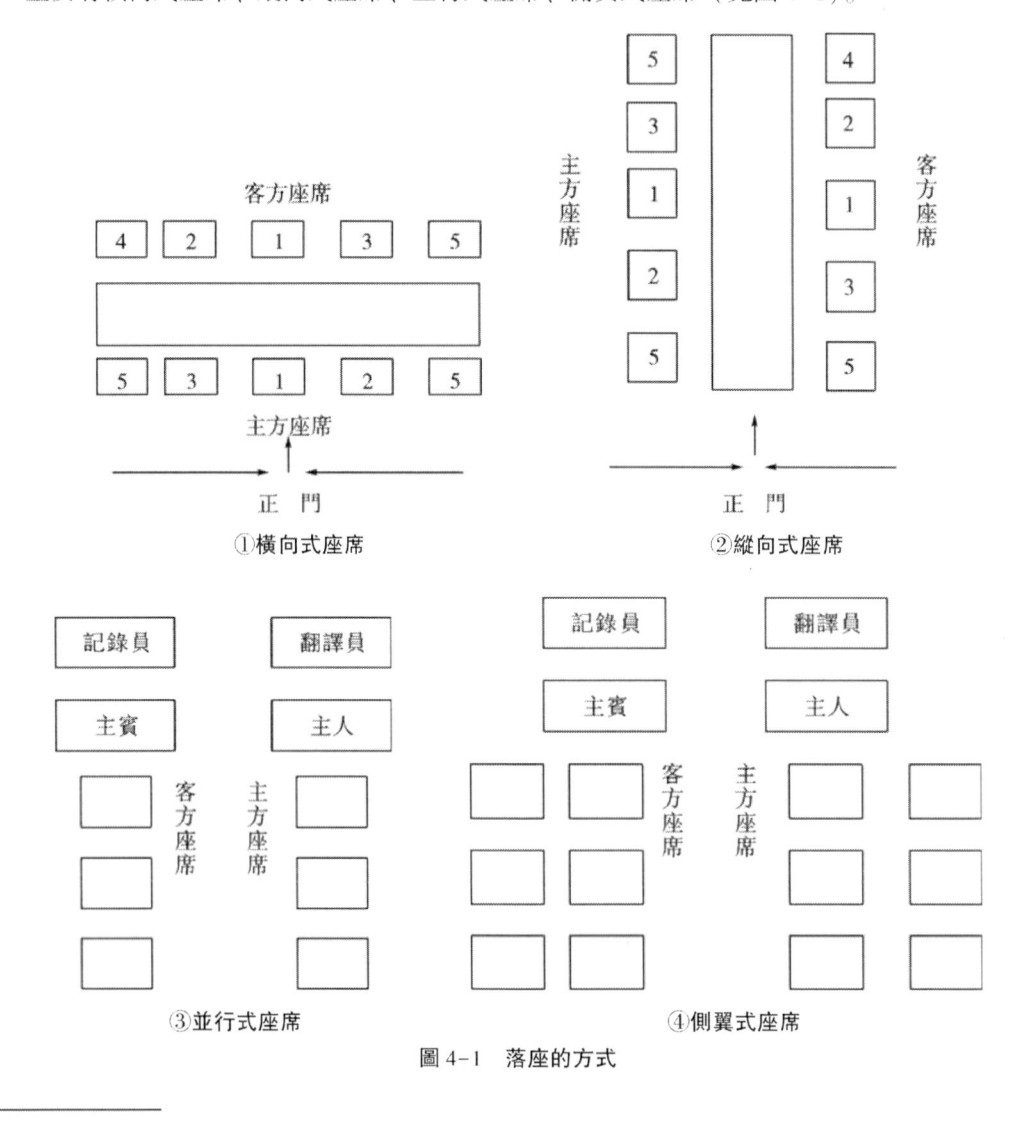

圖4-1 落座的方式

正式談判時，落座的形式比較正規。落座的基本要求是強調參加談判雙方或各方的平衡，雙方出席談判的代表身分或者是職位要對等，代表的數量也要基本對等。落座的一般要求是前後排關係中，前排落座的為尊、為大，第二排次之，第三排再次之；在同一排中，中間者為尊、為大，兩側次之；兩側同位者，右者為尊、為大，而左者為次之。雙方在談判時，主方應位於背門一側，或門的左側，客方應位於面門的一側，或門的右側；如果需要翻譯員和記錄員，應將他們安排在主人或主賓的側后邊。落座后應淺坐並且面部應正對並行式座席對方，以表示對談判對方的尊重、嚴謹，同時也表示談判可以較快地開展。若為小範圍的談判，則可以像會見一樣，只設沙發，不設長條桌，可以相對或曲角的形式落座，以輕鬆的氣氛進入談判。

（2）落座的禁忌。落座在一定程度上反應談判者的地位和信心，如果把握不好，有可能影響談判的進程。

商務談判人員要注意落座的忌諱，主要有：談判雙方的落座位置不對等，對方處於優勢地位，己方處於劣勢地位；己方的代表，尤其是主談人員的安排不均衡，處於從屬的座席位置，己方主談人員與其他成員的位置安排不合理，不能顯示出主談人員的權威地位，並影響談判中的溝通；雙方落座過遠，容易表現出冷淡、疏遠、拒絕的心態；落座后面部側對對方，或者過分淺坐。

10. 舉止禮儀

商務談判中，雙方的洽談是嚴肅的商務活動，言談舉止要更加注意，在進行介紹時不得傲慢無禮，應以輕鬆自然的方式進行介紹，在需要瞭解對方的情況時，應使用禮貌用語。

11. 談吐禮儀

在商務談判中，談判者要注意談吐的禮儀，使洽談的內容更易為對方理解和接受。在寒暄時，可以選擇一些能夠引起對方共鳴或者中性的話題進行，如天氣、體育運動等，切忌打探對方的隱私，這樣可以起到創造良好談判氣氛的作用。在進行交談時，雙方要保持一定的距離，距離不要太遠或者太近，一般應保持在半米左右，如果是坐著的應該以雙方之間的桌寬為準。雙方在陳述自己觀點和表明自己態度時，應該保持位置的基本不變。商務談判中如果發生了爭執，要避免逼近對方和有意拉大與對方之間的距離。在商務談判中，要善於準確把握談判的語氣和語速，這既是商務談判成功的需要，也是談判中應該遵循的禮儀，不能用威脅性語氣與語言講話，最好是用詢問性的語氣講話。談判中說話的速度要平穩，語速以中速為宜，在控制語速時，應該是快而不失去節奏，慢而流暢，並且注意觀察對方的反應，以便及時做出調整。

在商務談判中，言談要文明、準確。商務談判必須講究語言文明，言談要體現出自身良好的個人修養、和藹的態度，使對方解除戒備心理，產生願意接近的願望。商務談判要使用普通話，選擇話題要注意以下問題：

第一，選擇有品位的話題。這類話題的內容涉及文學、藝術、歷史或者其他專業方向的知識。

第二，選擇輕鬆愉快的話題，即那些讓人覺得身心放鬆、很有意思、易於應付、易於參與、可以發揮、不感覺疲勞、感到輕鬆愉快的話題。例如，最近流行的電視劇、

旅遊、體育比賽、音樂歌曲等。

第三，選擇大家喜聞樂道的話題，這類話題在一般的場合中都適用。在選擇輕鬆愉快的話題時，應該順其自然，把握分寸，不要東拉西扯、低級趣味、庸俗無聊，那樣有失體面。

在商務談判中，選擇寒暄用語、交談用語、開場白和結束語時，要文明禮貌、不卑不亢、充滿自信、不驕傲自大，既要據理力爭，又要適可而止，最終達到雙方滿意的結果。

四、簽字禮儀

在商務談判中，雙方達成一致意見後，接下來的就是簽字確認雙方達成的協議，應認真組織，給予充分準備。

（一）準備待簽文本

為了做到事情的萬無一失，在商務談判的進行過程中或商務談判結束後，雙方應指定專門的人員按照達成的協議做好待簽文本的定稿、翻譯、校對、印刷、裝訂等工作。雙方一旦在文本上簽字就具有法律效力，雙方就要執行具有法律約束力的合同。因此，對待文本的準備工作應當鄭重嚴肅。在準備文本的過程中要保證翻譯準確，構成合同的文件都要逐一進行核對，應按照合同當事人的數量打印協議文本，要保證每個當事人一份。如果有必要，還要按照當事人的多少為每個當事人準備副本。國際商務活動中，在與外商簽訂相應協議或合同時，應按照國際慣例，待簽文本應同時使用賓主雙方的母語。

通常等待簽署的文本應裝訂成冊，並以仿真皮或其他高檔質地的材料作封面，以示鄭重。代簽文本的規格一般為大八開，務必使用高檔紙張，並且印刷精美。主方應為協議文本的準備工作提供準確、周到、快速、精美的服務。

（二）簽字場地布置

通常簽字場地有常設專用的或臨時以會議廳、會客室來代替等。在布置簽字場所時總的原則是莊重、典雅、整潔、大方。陳設上除了必要的簽字用桌椅外，其他一切陳設皆不需要，比較正規的簽字桌應為長桌，鋪設的臺布最好為深綠色。

按照儀式禮儀的規範要求，簽字桌應當橫放。在簽字桌後，可擺放適量的座椅。簽署雙邊性協議時，可放置兩張座椅，供簽字人同時就座。如果簽署多邊性協議，可以只放一張座椅，供各方簽字人輪流就座簽字；也可為每位簽字人準備一張座椅，供他們同時就座簽字。簽字桌上，應事先放置好待簽協議文本、簽字筆、吸墨器等簽字時的用具。

商務活動中，如果是與外商簽訂國際商務合同，必須在簽字桌上插放有關各方國家的國旗。國旗的插放順序和位置，必須依照禮賓序列進行。例如，簽署雙邊性協議，有關各方的國旗必須插放在該方簽字人座椅的正前方；如簽署多邊性協議，各方的國旗應按照一定的禮賓順序插在各方簽字人的身後。

(三) 簽字人員安排

在舉行正式簽字儀式之前，各方應將確定好的參加簽字儀式的人員，向有關方面通報。尤其是客方一定要將自己一方出席簽字儀式的人數提前通報主方，以方便主方安排。簽字人可以是最高負責人，但要注意，不論是誰出席，雙方簽字人的身分應該對等。參加簽字的有關各方事先還要安排一名熟悉簽字儀式程序的人，並商定好簽字的有關細節程序。出席簽字儀式的陪同人員，基本上是各方參加談判的全體人員。禮貌的做法強調各方人數最好基本相等。為了突出對各方的重視，各方也可對等邀請更高一層的領導人出席簽字儀式。

簽字儀式的禮儀性極強，出席簽字儀式人員的穿著也有具體要求。按照規定，簽字人、助簽人以及隨員，在出席簽字儀式時，應當穿著具有禮服性質的深色西裝套裝、西裝套裙，要求配白色襯衫與深色皮鞋。簽字儀式上的禮儀、接待人員，可以穿自己的工作制服，或者是旗袍一類的禮儀性服裝。簽字人員應注重儀表儀態，舉止要落落大方、自然得體。簽字結束后，各方可以舉行慶祝儀式。

五、國際商務談判

(一) 國際商務談判中的文化差異

文化背景的不同，對談判的理解也不同，反應在談判的方式、方法、技巧及風格上也大相徑庭，甚至進入談判正題的切入點也不同。瞭解和掌握這方面的知識有助於順利進行商務談判，把可能變成現實。

一個民族所使用的語言與該民族所擁有的文化之間存在著密切聯繫，在跨文化交流中，不同文化之間的差異對於談判語言有明顯的制約關係。美國人的大部分信息是通過明確而具體的語言或文字傳遞的，美方談判者力求說話清楚，會直接闡述自己的觀點。中國人的非語言交流和間接的表達方式是傳遞和理解信息的重要因素，如用體態、眼神、音調、環境等非言語因素來進行溝通。要理解話語的含意，領會字裡行間的言外之意是必要的。中國人說話間接隱晦，而且經常使用沉默這一非言語行為，對某一問題即使有看法，或者有不同意見時，往往用沉默來代替，以此表示禮貌和對對方的尊重。中國人在商務談判過程中是特別有耐性的，自古以來就奉行「和氣生財」的古訓，盡量避免產生談判磨擦、用語禮貌含蓄、追求長久的友誼和合作。

國際商務談判中除了運用語言進行交流外，還廣泛使用非語言表達方式進行相應的交流。談判人員以非語言的、更含蓄的方式發出或接受大量的信息，這些信息較語言信息更為重要，並且這些信息多是無意識地發出的。因此，當談判者發出不同的非語言信息時，不同文化背景的人容易誤解這些信息，而本身還意識不到所發生的錯誤。中國人經常用沉默表示認可，或者表示對某個問題有看法，或者不同意某項條款，以此表示禮貌和尊重對方，這對沉默持有消極看法的美國人來說，自然很難接受，他們把沉默看作拒絕。一般情況下，「笑」被看作高興，而中國人有時會用「笑」表示無奈和不認可。中國人的習慣動作往往是搖頭或擺手，有時中方談判者喜歡做這一動作，卻因不解其含義而步入了不倫不類的誤區。中國人說「對不起」的同時會微微一笑表

示歉意；美國人則可能誤認為「笑」表示歉意是虛假的。因此，若沒有敏銳的跨文化交流意識，對非語言差異便會感到困惑，乃至產生誤解。

(二) 幾個主要國家和地區商務談判的風格與特點

談判風格是談判者在談判中表現出的態度、行為及其內在的性格等。因國家、民族、地域、價值觀、宗教信仰和文化背景的不同，形成了差異極大的談判風格。談判者只有瞭解不同對手的談判風格，才能在談判中有的放矢，採取恰當的談判策略，取得商務談判的成功。

1. 俄羅斯人的談判風格與特點

俄羅斯在地理位置上與我國比較接近，中俄貿易比較頻繁。兩國有較長的邊境線，雙方貿易的歷史悠久，特別是最近幾年貿易活動增加，雙方合資合作的領域不斷擴大。因此，研究俄羅斯人的談判風格與特點具有較大的現實意義。曾經的蘇聯是一個實行高度計劃經濟體制的國家。任何企業或個人都沒有商品進出口自主權，所有的進出口計劃都由專門部門來決定，中間要經過眾多的環節。實行嚴格的計劃經濟體制，束縛了個性能力的發揮，並且這種體制要求經辦人員對所購進商品的適用性、可靠性和質量進行審查，對所做出的決策承擔全部責任。這就造成蘇聯人缺乏創新精神，易於墨守成規。蘇聯解體後，俄羅斯實行了市場經濟，貿易政策發生了巨大的變化，企業有了進出口商品的自主權，對外貿易大幅增長。政府採取各種優惠政策，吸引國外投資者。儘管在體制上有了較大的變革，但還沒有完全形成正常的經營秩序和健全的管理體制。

俄羅斯人具有如下的談判特點：

(1) 墨守成規，辦事效率低。最近幾年，俄羅斯的經濟有了較大的變化，但在商務談判中，部分俄羅斯人還沒有擺脫計劃經濟體制的影響，在進行談判時，他們還是喜歡按計劃辦事，如果對方的讓步符合他們預定的具體目標，則容易達成協議；如果與預定目標不一致，他們則很難讓步。就是他們明知自己的要求不切合實際，也不妥協讓步。無論如何，俄羅斯人是一個強有力的談判對手。儘管他們有時處於劣勢，但是他們還是有辦法迫使對方讓步，而不是他們讓步。另外，在俄羅斯，由於談判人員要對所經辦的商品質量和技術等決策負全部責任，因此導致他們在談判中異常謹慎。俄羅斯人談判還往往要帶上各種專家，這就不可避免地減慢了談判的節奏。

(2) 注重技術性談判。由於技術引進項目通常都比較複雜，對方報價通常水分較大，為了盡可能以較低的價格購買最有用的技術，俄羅斯人特別重視技術內容和索賠條款等細節的談判。俄羅斯人在談判中索取的資料也比較全面，因為他們要確保引進的技術具有先進性和實用性。因此，在與俄羅斯人進行談判時，要做好充分的準備。為了能及時準確地對技術進行闡述，在談判人員中還要配備技術方面的專家。與俄羅斯人談判，要十分注意合同的用語，語言要精煉準確，對合同中的索賠條款也要十分慎重。

(3) 注重禮儀。俄羅斯人歷來以熱情、豪放、耿直、勇敢而著稱於世。在交際場合，俄羅斯人和初次會面的人習慣行握手禮。但對於熟悉的人，尤其是久別重逢的人，他們則大多要與對方熱情擁抱。在社交生活中，俄羅斯人特別注重個人的儀表風度，

站立時保持身體挺直。在等候人的時候，不論時間長短，俄羅斯人都不會蹲在地上或席地而坐。俄羅斯人在社交場合還忌諱剔牙等不良動作。因此，與俄羅斯人談判要注重自己的言談舉止，尊重對方，創造良好的談判氣氛。

（4）較強的討價還價能力。俄羅斯人十分善於與他人做生意、善於尋找生意夥伴、善於討價還價，通常能夠使用較少的資金，引進更好的技術。俄羅斯人常常採用招標的方式進行國際貿易，採取離間手段，讓投標者之間競相壓價，最后從中漁利。

2. 美國人的談判風格與特點

美國人生性開朗、自信果斷、重視實際，往往以事情的成敗論英雄。結合美國的經濟與文化，形成了美國人的談判特點，主要表現在以下幾個方面：

（1）乾脆利落。美國人在商務談判中，精力充沛，比較直接坦率。他們的喜怒哀樂多數通過他們的言談舉止表現出來，不論是表明自己的觀點，還是表達對對方的態度都是比較直接的。美國人不接受對方提出的建議，會毫不隱諱地坦言相告，唯恐引起對方誤會。因此，美國人對中國人和日本人在談判中的表達方式存在明顯的不適應。

（2）注重實際利益，講究工作效率。由於美國經濟發達，美國人的生活、工作各方面的節奏很快，十分珍惜時間。在商務談判過程中，美國人的時間觀念特別強，並經常抱怨其他國家的人缺乏時間觀念、缺乏工作效率。美國人在談判中，十分注重效率，提出的具體條件和報價往往比較客觀，做生意時主要考慮生意所能帶來的實際利益，而不是生意人之間的私人交情。美國人將友誼與生意區分得十分清楚。美國人注重實際利益，還表現在合同的履約率比較高，因為他們一旦簽訂了合同，就十分重視合同的法律約束力。美國是一個法制比較健全的國家。職業律師比較多，據有關資料披露：平均450名美國人就有一名職業律師，美國人習慣於用法律的方法來解決矛盾糾紛。他們這種法律觀念在商務活動中也表現得十分突出。美國人認為，商務活動中最重要的是經濟利益，為了保證自己的利益，最上乘的方法就是依靠法律解決商務活動中的糾紛。因此，在商務活動中就表現出美國人對合同的條款特別認真，並且特別重視合同違約賠償的條款訂立。一旦雙方發生合同糾紛，就按合同中的約定來處理。美國人在商務談判中對合同及其條款的討論比較細緻，能夠合理地解決各種問題。

3. 日本人的談判風格與特點

日本是資源匱乏、人口密集的島國。日本人普遍具有民族危機感，講究團隊和協作。日本人的文化受中西方文化的影響，其談判特點主要表現在以下幾個方面：

（1）講究禮儀。日本是一個注重禮儀的國家，日本人所做的一切，都要受嚴格禮儀的約束。

（2）日本人的等級觀念較強，即講究自己的身分、地位等，甚至同等職位的人，都具有不同的地位和身分。因此，商務談判中，一定要注意自己的地位、身分以及對方的地位和身分。對於不同身分、地位的人給予的禮遇不同，要適當處理。

（3）日本人的團隊意識較強，一般的談判人員往往進行辯論、討價還價，最后由主談人員出面稍做讓步，以達到談判的目的。但要注意，在日本，婦女的地位比較低，在一些重要的場合，往往禁止婦女參加。因此，正式談判最好不要有女性參加，以免引起日方的懷疑或不滿，我方談判人員的職位、職級應比日方高些，這樣可以贏得談

判的主動。

（4）日本人非常講究面子。無論在什麼情況下，日本人都非常注意留有面子，或者不讓對方丟面子。在商務談判中表現比較突出的是：日本人即使對對方的一些提議或者方案有不同想法，在一般情況下也很少直接地進行拒絕或反駁，而是通過婉轉的方式來陳述自己的觀點。

（5）日本人在許多場合的談判非常有耐心，一般不率先表達自己的觀點和意見，而是耐心等待，靜觀事態的發展。時間對於日本人來說不是最重要的，但是時間對於歐美人來講就不一樣了，時間就是效率、就是金錢，因此歐美人認為用一個星期能解決的問題，而實際用了兩個星期，就是拖延。但對日本人來講，經過耐心精細的準備，有條不紊地進行談判，有時為了一筆理想的交易，日本人可以毫無怨言地等待幾個月，只要能達到他們預期的目標，或取得更好的結果就行。

【小案例】

某四星級賓館承接了一大型國際商貿洽談會的接待任務，為迎合各國經貿代表團的不同口味要求，工作午餐採用自助餐的形式，讓賓客們各取所需。開幕式那天中午，自助餐廳雖人頭湧動卻也秩序井然。突然，日本經貿團幾個領導成員情緒激動地離開餐廳，並聲稱要帶團退出洽談會。經瞭解，原來是因為酒店沒有為他們安排專門的就餐區。日本商界等級森嚴，講究地位尊卑。商務接待要充分瞭解客方的情況，並採取相應的接待形式和方法。

4. 法國人的談判風格與特點

法國人性格開朗、熱情，工作態度認真，十分勤勞，同時善於享受。法國還是一個講究等級制度和社會地位的國家。法國人的談判特點如下：

（1）奉行個人主義、珍惜人際關係。法國人在重視人際關係的同時又奉行個人主義。儘管他們不喜歡直接表達自己的觀點，卻很容易發生爭執，如果有不同意見，在談判過程中他們會坦率地提出。一些談判專家認為，如果與法國公司的負責人或談判人員建立了良好的關係，也就意謂著建立了牢固的生意關係。法國人往往是容易共事的夥伴。在商務活動中，在適當的情況下可以與法國人聊聊其他話題，如新聞、經濟和娛樂等方面的，更能融洽雙方的關係，創造良好的會談氣氛。

（2）偏愛橫向談判。在談判中法國人喜歡先勾畫出一個大致的輪廓，再達成原則協議，最后再確定協議中的具體內容。法國人的具體做法是：簽署一個具有交易大概內容的協議，在執行的過程中如果對他們有利就執行，如果對他們不利就毀約，或者要求重新修改。

（3）注重個人力量，特別有時間觀念。法國的公司管理者在管理工作中具有獨裁的風格。這需要管理者有很強的能力，甚至需要知道每一個問題的解決辦法。重視個人的力量，集體決策的情況較少，這與法國組織機構明確、簡單有關，即實行個人負責制，個人權力較大。在商務談判中，法方許多情況由個人決策負責，談判的效率也較高。在法國訪問時需要嚴格遵守約定的商務會面時間，特別是準備出售產品的時候

更是這樣。法國人嚴格區分工作時間與休息時間。在法國，8月是度假的季節，全國的職員基本都在休假，這時候想做生意是徒勞的。

5. 德國人的談判風格與特點

在德國，互相瞭解是交流的首要目標，德國人為自己表達思想的能力感到自豪。德國人通常用直接的、坦白的甚至是直言不諱的語言來進行交流。德國人的談判特點如下：

(1) 自信、辦事效率高。德國是世界上經濟實力最強的國家之一，他們的工業發達、生產效率高、產品質量好。德國企業的技術標準十分精確具體，德國人一直引以為豪。因此，在購買其他國家的產品時，德國人往往把本國產品作為參照標準，不盲目輕信對方的承諾。德國人在辦事效率上享有較高的聲譽，他們信奉「馬上解決」，因此在德國人的辦公桌上，看不到擱置很久、懸而未決的文件。德國人嚴守合同信譽，一旦達成協議，很少出現毀約行為，因此合同履約率很高，多數德國人更喜歡符合實際的初始報價，不喜歡「先高后低」策略。

(2) 談判態度嚴謹。德國人相對來說還是比較保守的，他們一般不會當眾表露他們的感情，並很少使用手勢。德國人不鼓勵使用面部表情，盡量避免打斷別人說話。

總之，德國人的談判風格是審慎、穩重的。他們追求嚴密的組織、充分的準備、清晰的論述、鮮明的主題。因此，德國人談判前會花費大量的時間和精力，詳細研究與談判有關的情況。

6. 阿拉伯人的談判風格與特點

(1) 宗教信仰。在阿拉伯國家，商業活動一般由家族來指揮。在這些國家中，人們看重對家庭和朋友所承擔的義務，相互之間提供幫助、扶持和救濟，家族關係在社會經濟生活中佔有重要地位。阿拉伯人信奉伊斯蘭教，宗教禁忌較多，酒既不能飲，也不能作為禮品饋贈。阿拉伯國家凝聚力的核心是阿拉伯語和伊斯蘭教。雖然談判人員對這些不一定要精通和信奉，但當與阿拉伯國家人員談判時，做基本瞭解是十分必要的。例如，遇到齋月，阿拉伯人在太陽落山之前，不吃也不喝。商務談判人員要做到入鄉隨俗，盡量避免接觸食物和茶。男士必須小心，不能損害當地婦女的聲譽。男士不要對女士熱情微笑，相互之間不能站得太近，談話內容更應注意，僅限於一些表面性的問題。

(2) 熱情好客。阿拉伯人十分好客，不論誰人來訪，都會十分熱情地接待。因此，商務談判經常會被一些突然來訪的客人打斷，主人會拋下談判對手，與新來的人談天說地。與阿拉伯人談判，必須要有耐心適應這種習慣，學會見機行事，這樣才能獲得阿拉伯人的信賴。這是良好的開端，也是達成交易的關鍵。在阿拉伯國家，如果被邀請到一個商務人士家裡做客，登門的時候不需要帶禮物，並且要吃很多東西，以表示對主人的感激之情。

(3) 時間觀念不強。阿拉伯人認為，人際關係遠比時間重要。因此，他們會讓談判對手等待，而去接見沒有事先預約的來訪者或者處理家事。阿拉伯人不太講究時間觀念，經常會隨意中斷或拖延談判，其決策過程也較長。在阿拉伯國家，不要試圖做一個在特定時間內必須完成某件事的規定，並且在制訂工作計劃進度表時，一定要具

有靈活性。這樣延誤幾天或者幾星期都不會給已方造成嚴重的後果。在海灣地區，耐心是個重要的美德。

（4）重視個人關係。阿拉伯人不喜歡同人面對面地爭吵，也不喜歡一見面就急忙談生意。在他們看來，一見面就談生意是不禮貌的。他們希望花點兒時間談談其他問題，一般要占 15 分鐘或更多的時間，因此最好把開始談生意的主動權交給阿拉伯人。在語言交流方面，應盡量選擇具有逃避性和間接性的語言。通常來講，阿拉伯人不喜歡直接說「不」，在他們看來，用間接的方式來說不愉快的事情，更加有禮貌一些。另外，在阿拉伯國家說「是的」並不總表示肯定，除非說得很有力量或者重複了好幾遍。

7. 拉美人的談判風格與特點

拉丁美洲是指美國以南的地區，包括墨西哥、中美洲和南美洲國家。這些國家曾接受拉丁語系的西班牙和葡萄牙的殖民統治，因此稱為拉丁美洲（簡稱拉美）。拉美各國歷史上政治比較混亂、政變頻繁，因此經濟落后、貧富分化明顯、生產的商品缺乏國際競爭力。拉美人的談判特點如下：

（1）文化差異大。拉丁美洲雖然與北美洲同處一個大陸，但人們的觀念和行為方式卻差別極大。拉美人一般不會輕易讓步，具有執著、不妥協的性格特點，反應在談判中就是不輕易讓步。拉美人不喜歡妥協，妥協意味著失敗、放棄，意味著犧牲個人的尊嚴和榮譽。在談判中，他們堅信自己的觀點就是正確的，反而要求對方全盤接受，很少主動讓步。不過，拉美人一般不願意直接闡述自己的觀點，往往採用迂迴曲折的方式進行說明。

（2）堅持平等互利原則。與拉美人做生意，要表現出對他們風俗習慣、信仰的尊重與理解，努力爭取他們的信任，一定要堅持平等互利的原則。拉美人也不願意和女性談判，認為與女性談判有損男人的體面。如果確實需要與女性談判，拉美人往往會開出很高的條件，甚至會給對方出一些難題。

（3）外貿管制。在拉美國家，由於經濟發展所致，各國政府存在差別較大的進出口和外匯管制，而且一些國家對進口證審查很嚴，一些國家對外匯進出國境有繁雜的規定和手續。因此，與這些國家做生意，在簽訂合同時，一定要進行認真的調查研究，相關合同條款一定要寫清楚，以免發生事后糾紛。

（4）往往不能按期履行合同。拉美人不太重視合同，經常是簽約之後又要求修改合同，合同履約率不高，特別是不能如期付款。另外，這些國家經濟發展速度不平衡，國內經常出現高通貨膨脹率，因此在對其出口交易中，應力爭用美元支付。拉美地區國家較多，不同國家談判人員特點也不相同。例如，阿根廷人喜歡握手，巴西人好娛樂、重感情，智利、巴拉圭和哥倫比亞人做生意比較保守等。

總體來講，只要不干預這些國家的社會問題，耐心適應這些國家的商人做生意的節奏，並同拉美人建立良好的個人關係，便可保證談判的成功。

國際商務談判是國際商務活動的重要組成部分，在國際商務活動中占據相當大的比重。通過本節的學習，主要瞭解各個國家商務談判的風格，能夠在國際商務談判過程中靈活應用。瞭解各國商務談判中的禁忌，避免引起不必要的失誤。

【案例分析】

被提前結束的談判

中國某企業與德國某公司洽談某種產品的出口業務。按照禮節，中方提前 10 分鐘到達會議室。德國客人到達后，中方人員全體起立，鼓掌歡迎。德方談判人員男士個個西裝革履，女士個個都身穿職業裝；反觀中方人員，只有經理和翻譯身穿西裝，其他人員有穿夾克衫的，有穿牛仔服的，更有甚者穿著工作服。現場沒有見到德方人員臉上出現中方期待的笑容，反而顯示出一絲的不快。更令人不解的是，預定一上午的談判日程，在半個小時內就草草結束，德方人員匆匆而去。

分析：從中方人員提前 10 分鐘來到會議室，可以看出中方還是比較重視這次談判的，並且在德方人員到達時全體起立，鼓掌歡迎，這些都沒有問題。但實際上一見面德方人員就不愉快，其原因在中方代表的著裝存在問題，即中方代表著裝混亂。在德方看來，中方不重視這次談判，因此心中產生不快，只好匆匆結束談判。商務談判禮儀一方面可以規範自己的行為，表現出良好的素質修養；另一方面可以更好地向對方表達尊敬、友好和友善，增進雙方的信任和友誼。因此，商務談判人員應從自身的形象做起，在商務活動中給人留下良好的第一印象。

模塊 5　涉外商務禮儀

【模塊速覽】

任務 1　涉外商務基本禮儀
任務 2　亞洲主要國家的商務禮儀
任務 3　歐洲主要國家的商務禮儀
任務 4　美洲主要國家的商務禮儀
任務 5　非洲主要國家的商務禮儀
任務 6　大洋洲主要國家的商務禮儀

【案例導入】

錯誤的著裝

　　王先生是國內一家大型外貿公司的總經理，為一批機械設備的出口事宜，攜秘書韓小姐一行赴伊朗參加最后的商務洽談。

　　王先生一行在抵達伊朗的當天下午就到交易方的公司進行拜訪，然后正巧遇上他們禱告時間。主人示意他們稍作等候再進行會談，以辦事效率高而聞名的王先生對這樣的安排表示出不滿。東道主為表示對王先生一行的歡迎，特意舉行了歡迎晚會。秘書韓小姐希望以自己簡潔、脫俗的服飾向眾人展示中國婦女的精明、能幹、美麗、大方。她上穿白色無袖緊身上衣，下穿藍色短裙，在眾人略顯異樣的眼光中步入會場。為表示敬意，主人向每一位中國來賓遞上飲料，當習慣使用左手的韓小姐很自然地伸出左手接飲料時，主人立即改變了神色，並很不禮貌地將飲料放在了餐桌上。

　　令王先生一行不解的是，在接下來的會談中，一向很有合作誠意的東道主沒有再和他們進行任何實質性的會談。

　　伊朗信奉伊斯蘭教，伊斯蘭教教規要求每天做 5 次禱告，禱告時工作暫停，這時客人絕不可打斷他們的祈禱或表示不耐煩。王先生對推遲會晤表示不滿，顯然是不曉解阿拉伯國家的這一習俗。伊朗人的著裝比較保守，特別是婦女，即便是外國婦女也不可以穿太暴露的服裝。韓小姐的無袖緊身上衣和短裙，都是伊朗人所不能接受的。在伊朗，左手被視為不潔之手，一般用於潔身之用，用左手遞接物品或行禮被公認為是一種蓄意侮辱別人的行為。難怪韓小姐在宴會上的舉動引起了主人的異常不滿。

　　致使王先生的公司失去商務機會的原因，是他們訪問前未對對方的商務習俗、宗教信仰、風俗習慣等方面進行認真的調研準備，在尊重對方、入鄉隨俗等方面做得非常不夠。

在長期的涉外商務往來中，逐步形成了外事商務禮儀規範，也叫涉外商務禮儀。涉外商務禮儀就是人們參與國際商務活動所要遵守的慣例，是約定俗成的做法。涉外商務禮儀強調交往中的規範性、對象性、技巧性。隨著經濟全球化速度的加快，國際貿易和對外交往將日益頻繁，瞭解涉外商務禮儀的內容和要求顯得尤為重要。

　　隨著社會的發展和科技的進步，世界變成了一個地球村。國際貿易和對外交往將日益頻繁，各種類型、各種層次的文化交流、貿易往來和外交談判也越來越顯示出其在社會、政治、經濟生活中的重要地位，跨文化交際成為每個民族生活中不可缺少的部分。然而，文化差異是跨文化交際的障礙，克服文化差異造成的交際障礙已經成為整個世界共同面臨的問題。

任務1　涉外商務基本禮儀

　　隨著改革開放的不斷深入，中國人同外國人直接打交道的機會越來越多，不論是旅遊接待，還是友好往來，都需要既尊重對方，又維護好我方的國格、人格。處理好這個問題的關鍵，就是要在涉外交往中學習、應用國際禮儀，遵守國際交往慣例。國際禮儀指的是在國際交往活動中，符合國際慣例，對交往對象表示尊敬和友好的約定俗成的習慣做法。由於歷史的原因，西方禮儀在某種程度上似乎成了國際禮儀。但是國際禮儀並不等同於西方禮儀，並且隨著社會的發展，國際禮儀也在不斷進步與完善。

　　涉外商務禮儀的基本原則，既是對國際禮儀的高度概括，也是在國際商務交往活動中應遵循的基本準則。瞭解和掌握涉外商務禮儀通則，並在交往中遵守和應用，可以更好地進行溝通和交流，並起到事半功倍、舉一反三的作用。

一、涉外商務禮儀通則

（一）基本要點

　　維護形象、熱情有度；不卑不亢、不宜為先；求同存異、尊重隱私；入鄉隨俗、女士優先；信守約定、以右為尊。

（二）基本原則

　　共同生活準則是在公共生活和人們交往中公認的、最簡單的公共生活準則。遵守最基本的共同生活準則是禮儀的起碼要求，如在公共場所遵守公共秩序、不打擾別人、不干擾影響別人、不給別人造成麻煩和不方便、尊重別人、講究社會公德等。如果連最起碼的共同生活準則都不能遵守，就根本談不上國際禮儀了。

　　1. 維護自身形象

　　與外國賓客交往過程中，一個人的形象往往代表著所屬國家、所屬民族的形象。因此，一定要重視維護本國和自身的形象。

　　2. 態度不卑不亢

　　在外國賓客面前，不要表現得畏懼自卑、低三下四，也不應該表現得狂妄自大、

過分囂張。正確的態度應該是不卑不亢，既尊重外國賓客的風俗習慣，虛心向外國賓客學習他們的長處，同時也要自尊自愛，積極宣揚本國的文化和優勢。在面對不同國家的賓客時，更要平等待人，不因國大國小、國強國弱、國富國窮而親疏有別。

3. 注意求同存異

國際禮儀最基本的原則之一是人與人之間要相互諒解、和睦相處。瞭解、掌握禮儀的基本常識固然十分重要，但更重要的是對別人的理解，尤其是當別人在交往中出現失誤時，不使對方因此而感到難堪。另外，由於各國禮儀和習俗存在一定程度的差異性，在交往時「求同存異」就十分必要了。「求同」就是要遵守國際通行的禮儀，「存異」就是不要否定他國的禮儀習俗，同時對他國的禮儀習俗要加以瞭解，並予以尊重。

4. 信守約定

信守時約是國際禮儀的基本原則之一。交往中必須遵守時間，不能無故遲到，否則是極不禮貌的。西方人士惜時如金，對每天的日程都制定了詳盡的安排，工作作風嚴謹，辦事井井有條。不遵守時間，往往會打亂工作的秩序和安排，是西方人士所不能容忍的。

交往中要嚴格遵守自己的承諾，說話一定要算數，許諾別人的事一定要兌現。在現代生活中，講信譽、取信於人是建立良好人際關係的基本前提，信守時約是取信於人的主要要求。在人際交往中，言而無信、失信、失約是違背禮儀基本原則的，既不尊重對方，也會嚴重損害自己的形象，是十分要不得的。

5. 不要過分謙虛

中國人喜歡含蓄和委婉，尤其是他人對自己進行讚美或者表揚的時候，往往主張自謙和自貶，認為過多的自我表現是一種張揚的行為。但在外國人看來，一個人儘管不應該自吹自擂、自我標榜，卻也不應過分謙虛，這被認為是沒有自信的一種表現。因此，當外國人讚美你的長相、服飾及手藝等的時候，你應該說「謝謝」。這樣，外國人才會覺得你比較自信，而且也體現了你對對方的禮貌。

6. 尊重個人隱私

個人隱私往往是一個人出於個人尊嚴和其他某些方面的考慮，而不願意公開的個人秘密和私人事宜。在國際交往中，人們非常重視個人的隱私，不尊重個人隱私的人會被視為沒有教養的人。

7. 堅持女士優先

女士優先是國際社會上公認的一條重要的禮儀原則。為了表示尊重婦女，在公眾場合處處都要遵守女士第一的原則。

【拓展閱讀】

「女士優先」的起源及表現

「女士優先」的原則起源於歐洲中世紀的騎士之風，是傳統的歐美禮節的基礎，後來成為國際社會公認的重要禮儀原則。「女士優先」是指在一切社交場合，每一個成年

男子都有義務尊重、照顧、關心、保護婦女，想方設法地為婦女排憂解難。國際社會強調「女士優先」的原則，主要原因並非認為婦女是弱者，需要同情、幫助和保護，而是認為婦女是人類的母親，對婦女處處給予優待，是對母親的尊敬和感恩。

在國際交往的各種場合，「女士優先」的原則已逐步演化成為一系列具體的、操作性很強的做法。「女士優先」的原則主要適合於國際社交場合，在公務場合則不強調「女士優先」。另外，在阿拉伯世界和一些亞洲國家，人們依然以「男尊女卑」為原則。但在國際社交場合，「女士優先」仍是被廣泛採用的社交基本原則。

「女士優先」的具體表現：行路中，男女並肩而行，女士在右（右側安全）；男女前后而行女士在前（除非前面有障礙物或危險，則由男士在前）。男女上樓同行，女士在前；下樓同行，女士在后。乘車時，男士要給女士讓座。乘坐火車和巴士時，如不擁擠，男士應先上車，接應女士或為女士找座位。到站后，男士先下車，接應女士。乘出租車時，男士后上先下，以拉開和關閉車門，協助女士上下車。社交中，男士要先向女主人問候。女主人走來時，應當起立。與站著的女士交談時不能坐著，與陌生女士交談要有分寸。在餐館中見面，男士不能遲到。同時到餐館時，女士先進門、入座，男士在旁協助。點菜應先徵求女士意見，但叫菜、埋單由男士負責（女士做東除外）。用餐時，男士應照顧身邊的女士。用完餐后，男士應協助女士拿東西，並在前面開門。

8. 愛護周圍環境

在國際交往中，能否愛護環境已經被認為是一個人有沒有教養的重要標誌之一。在接待外國賓客的時候，往往要注重環境保護，否則會引起外賓的不快。愛護自然環境，要愛護公共財物、愛護動植物、不可亂丟廢棄物品、不可隨地吐痰、不可亂放私人物品、不可任意製造噪音、不可在公共場合吸菸。

9. 以右為尊

國際社會的習慣做法是以右為大、為長、為尊，以左為小、為次、為偏。在各類國際交往中，大到外交活動、商務往來，小到私人交往、社交應酬，凡是需要和排列具體主次尊卑位置時，都要堅持「以右為尊」的原則。在並排站立、行走和就座的時候，為了對客人表示尊重和友好，主人應主動居左，而請客人居右。「以右為尊」的原則在國際社會上是普遍使用的，只要遵循這一原則，就能以不變應萬變，輕而易舉地處理好各種情況，不會發生失禮於人的問題。需要注意的是，我國的傳統做法是「以左為尊」，在國際交往中，我們應「內外有別」，按照國際慣例的要求，堅持「以右為尊」，以正確表達對客人的情誼。

在國際交往中，還會遇到一些新的具體問題需要正確處理，如在沒有明文規定的情況下，如何判斷禮儀的正確與否呢？在這種情況下，判斷禮儀正確與否的重要標準就是看其是否符合多數人的意向，要注意聽取多數人的意見，以多數人滿意為原則。

10. 入鄉隨俗

世界上各個國家和民族在長期的歷史發展過程中，都形成了各自的文化、習俗和習慣，「入鄉隨俗」就是對對方特有的習慣加強瞭解，並予以尊重並遵從。只有如此，

才能增進相互之間的理解，保證良好的溝通，並向對方表達親善友好的情意。相反，如果對對方的習俗少見多怪、妄加非議，甚至以我為尊、厚此薄彼，對交往是十分有害的。另外，在交往中，如果自己是東道主，應講究「主隨客便」；而當自己是客人時，又應講究「客隨主便」。這是「入鄉隨俗」、尊重對方的具體體現。

二、邀請外賓的禮節

（一）要注意邀請的方式

外賓來訪，通常要由東道主先發出邀請，這既是禮節，又是一項必要的手續。邀請一般應以書面方式進行，被邀者在接到邀請函後，應及時給予答覆，並據此辦理有關的手續。邀請函除表示歡迎之意外，也表明被邀請者的身分、訪問的性質以及訪問的日期和時間等內容。有時為了表示客氣，也可請被邀者在他認為「方便的時候」來訪，或將時間留待以後「另行商定」。在迎接賓客到來的過程中首先要做好各位來賓抵達前的準備工作，包括整個接待計劃、安排活動日程、確定工作要點、熟悉參觀地點等。出發迎接來賓前，要向車站、機場打聽清楚抵達的時間，以免空接或遲到，還要瞭解車輛的停靠地點和行李車是否到達等情況。

（二）要做好接待來賓的各項工作

在來賓下車或下飛機後，要及時向陪同人員索取行李卡，並交給管行李的人員；及時向來賓致簡單的歡迎詞，並介紹迎送的接待人員，發放導遊圖和宣傳品。

前往賓館的途中，可根據來賓需要和興趣介紹沿途景觀。來賓抵達後，要向他們發放住房卡，介紹房間情況以及用餐、兌換外幣的地點等情況，並及時領其到住房洗漱休息。對來賓提出的要求，凡屬合理的，應盡量想辦法滿足；自己力所不能及的，應立即向上級匯報。要及時將來賓情況、參觀要求、具體時間等通知參觀單位。參觀中，要結合來賓特點，熱情耐心地介紹情況，對於來賓感興趣的進行實事求是地解釋和講解，要虛心待客、謹慎有禮，切忌自以為是或流露傲氣。

（三）要做好送行和善后工作

在遊覽參觀結束后，要根據來賓車次、航班的準確時間，事先與負責行李的人員約好取行李。交接行李時要分別與來賓、負責行李的人員如數交代清楚。等來賓到機場（車站）后讓其稍稍休息，待手續辦好後再將機票（車票）、行李卡交與領隊或陪同人員。

三、陪同外賓的禮節

隨著國際交往的日益頻繁，各國社會知名人士、企業家之間的互訪活動大量增加。這些訪問包括正式的工作訪問、考察訪問、各種業務訪問，以及順道訪問、非正式的私人訪問等。除了雙邊的訪問活動以外，還有許多多邊性質的國際會議、會晤以及其他國際活動。這個過程中免不了需要陪同外賓，如何做好接待工作、當好東道主，是禮賓交往中的重要課題。

（一）抽出一定時間學習和研究客人所在國或組織的基本情況、背景以及日程安排

　　適當地瞭解一些當地的風土人情是十分必要的。另外，應該明確接待的方針和要求，結合當時國內外的大事，研究客人可能提出的問題。瞭解外賓抵達的時間，按時去機場迎接，並對外賓的車、行李、賓館等作出安排。對於外賓旅途的勞累、由於時差產生的不適反應要予以關心。

（二）外賓到達后可請團長介紹該團的一般情況，核對入境人數、護照簽證、停留天數等，並酌情交代參觀訪問的注意事項，通知客人旅行的具體日程

　　注意陪同人員不宜過多，陪同人員不能中途離去或不辭而別。在向外賓介紹情況時，不要只對少數幾個人講話而冷落了其他人。以眼神示意表示在對每一個人講話，是很有必要的。對外賓提出的問題應區別對象酌情回答，回答不可過簡亦不可過繁，沒有把握的問題要請示，而不要輕易表態或允諾。

（三）日程安排應松緊適當

　　活動安排太少，讓客人有時在賓館裡無所事事，會感到受冷遇；活動安排太多，又會令客人筋疲力盡。要保持日程安排適當平衡確非易事。有些外賓對參觀內容興趣很大，看得細，難免速度慢，這時應有專人照顧，使大家都參觀好。如參觀途中有對外賓表示歡迎的標語、板報等對外宣傳品，陪同人員也應靈活地向外賓介紹。在整個外賓來訪期間，對於外賓生活中的困難、要求等都應予以重視，瞭解外賓生活情況和身體情況，及時向相關工作人員反應，予以解決。陪同行程中，到外賓房間談話原則上應兩人同去。外賓離開時要安排好他們的行李、行車並到機場、車站或碼頭送行，做好善后工作。

四、涉外禮儀基本禁忌

（一）涉外言行禁忌

　　「舉止忌」：嚴忌姿勢歪斜、手舞足蹈、以手指人、拉拉扯扯、相距過近、左顧右盼、目視遠處、頻頻看表、伸懶腰、玩弄東西、抓耳撓腮。

　　「隱私忌」：嚴忌打聽他人履歷、他人年齡、女子私事、工資收入、私人財產、衣飾價值，嚴忌批評尊長、非議宗教、嘲弄異俗，忌諱說人「老」。

　　「話題忌」：嚴忌荒唐淫穢的話題。

　　「語氣忌」：嚴忌大聲辯論、高談闊論、惡言惡語、尋根問底、爭吵辱罵、出言不遜。

　　「禮遇忌」：嚴忌冷落他人、獨談到底、輕易表態、打斷異議、糾纏不止、隨意插話、隨意辭別。

　　「握手忌」：對長者、女子或生人，忌主動而隨便地握手。

　　「拉手忌」：在許多拉美國家的街道上，男女之間可以相挽拉手而行，但在同性者之間忌諱勾肩挽手。

　　「行走忌」：在行進中，忌醉步搖晃、隨地吐痰或亂扔廢物。

「路談忌」：路遇熟人時，忌在路中央交談或在路旁久談；與女子路談，應邊走邊談，忌在路邊立談。

「作客忌」：到親友家作客，進門后切忌不脫帽和帶雨具；與女子對坐，切忌吸菸。

「會客忌」：會見客人時，忌坐姿歪斜和小動作，忌家人吵罵或看表、詢問時間。

「慰問忌」：探病時，忌久談；吊唁時，忌先提及死者。

「數字忌」：忌諱「13」，甚至星期五和每月的 13 日也被忌諱，認為這些數字包含著凶險。相反，西方人卻對「3」和「7」很喜歡，認為這兩個數字包含著吉利。

「床位忌」：嚴忌把床對著門擺放。

「顏色忌」：歐洲人多忌黑色，認為黑色是喪禮之色。

「衣物忌」：西方人對自己的衣物及行裝，有隨意亂放的習慣，但忌諱別人亂動。

「婚期忌」：除英國人而外，多數西方人嚴忌星期六結婚，認為此日絕非黃道吉日。

「扶老忌」：歐美的老人多忌諱由別人來攙扶。他們認為這有損於體面，是受輕視的。

(二) 涉外拍照禁忌

在涉外活動中，人們在拍照時，必須不能違反特定國家、地區、民族的禁忌。凡在邊境口岸、機場、博物館、住宅私室、新產品與新科技展覽會、珍貴文物展覽館等處，應嚴忌隨意拍照。

在被允許的情況下，對古畫及其他古文物進行拍照時，嚴忌使用閃光燈。凡在「禁止拍照」標誌的地方或地區，人們應自覺不拍照。在通常情況下，應忌諱給不相識的人（特別是女子）拍照。

(三) 涉外衛生禁忌

1. 個人衛生方面

忌蓬頭垢面，忌衣裝鞋帽或領口袖口不潔。在正式場合，忌挖眼屎、擤鼻涕、摳鼻孔、挖耳穢、剔牙齒、剪指甲等不衛生的動作。患有傳染病的人嚴忌參加外事活動。

2. 環境衛生方面

忌隨地吐痰、亂彈菸灰、亂丟果皮紙屑或其他不潔之物，忌把雨具及鞋下的泥水、泥巴等帶入室內，忌把痰盂等不潔器具放在室內醒目的地方。

任務 2　亞洲主要國家的商務禮儀

一、韓國

韓國人重視對交易對象的印象。從事商務談判的時候，談判對象若能遵守韓國人的生活方式，韓國人對談判對象的好感會倍增。用餐時，韓國人忌諱邊吃邊淡。他們認為，吃飯的時候不能隨便出聲。如不遵守這一進餐的禮節，極可能引起韓國人的反感，因此應務必小心。

(一) 韓國人的基本禮儀

　　韓國人在與長輩握手時，要再以左手輕置於其右手之上。在韓國，「是」與「否」要明確表示。在晴天時，於傍晚時分舉行降國旗的儀式，街頭、辦公室的人們肅立齊唱國歌。

　　韓國人在社交場合與客人見面時，習慣以鞠躬並握手為禮。握手時，或雙手，或用右手，女士可一般不與男士握手，只是鞠躬致意。韓國人崇尚尊老敬老的禮儀傳統習慣：一般起床后，子女須向父母問安，遠行歸來須向父母施跪拜禮；父母外出、回家，子女須送、迎並施禮；若遇年長客人臨門時，一般父母要率先向來客施跪拜禮，然后令其子女向客人施跪拜禮，以表示對長者的尊敬。

　　按照韓國的商務禮俗，宜穿著保守式樣的西裝。商務活動、拜訪必須預先約會。韓國人和外國人打交道時，必須是準時的。韓國商界人士多通曉英語，老人多通曉漢語。韓國人很重視業務交往中的接待，宴請一般在飯館或酒吧間舉行，他們的夫人很少在場。韓國的宴請招待甚為頻繁，吃飯時所有的菜一次上齊。到韓國人家裡作客，最好帶些鮮花或一些小禮物，要雙手遞給主人，而主人不當著客人的面打開禮物。

　　韓國人對長者有必須嚴守的規矩。他們在社會交往、日常生活（在家庭）中，無不對長輩表示敬重，不敢怠慢。例如，跟長輩同座的時候，他們總是保持一定的姿勢，絕不敢掉以輕心；若要抽菸，一定要先得到長輩的允許；用餐時，切不可比年長者先動筷子；小孩決不會吃得比父母快，或比父母早離開座位；不說長輩的壞話，更不會背地裡批評長輩。

　　有的韓國人習慣說一句話就施禮一次，往往在分手之前要敬禮5~6次，以示親切。男人見面打招呼互相鞠躬並握手，或用雙手，或用右手。女人一般不與人握手。

　　韓國人對日常的禮節相當重視。當幾個人在一起，要根據身分和年齡來排定座次。身分、地位、年齡都高的人排在上座，其他的人就在低一層的地方斜著坐下。男女同坐的時候，一定是男士在上，女士在下。

　　韓國人以其文化悠久為榮，進入他們的住處或飯店需脫鞋，相處時宜少談當地政治，多談韓國文化藝術。

　　訪問韓國，最好選擇在2~6月或11月，10月假日太多，並且聖誕節前后兩週都不宜去訪。在韓國，一般勿喝生水（飯店裡的水除外），喝「波利茶」（以小麥製成的茶）比喝其他飲料更好，而送禮選擇外國菸酒最受歡迎。

(二) 習俗忌諱

　　韓國人的語言詞彙中有許多忌諱。因為他們的語音文字與中國的文字語音有許多不可分割的聯繫，故同音字和一詞多義的也很多，如「私」「師」「事」「四」等字同「死」的發音類似，因此人們對這些都很敏感，許多人還很忌諱，傳統上都認為與「死」同音的字為不吉利的，數字「4」也是個預示厄運的數字。韓國人對「李」字的解釋方法也有忌諱。韓國人也有李姓，但在解釋「李」字的寫法時，絕不要解說為「十八子」，因在韓語中，「十八子」的讀音與一個淫穢的詞近似，聽起來令人反感，尤其是男子在女人面前，絕不能說這種話，否則會被認為是有意侮辱他人。韓國人也

忌諱有人在面前擤鼻涕、吐痰、掏耳朵或衣衫不整,認為這些都是不禮貌的舉止。

(三) 飲食習慣

在飲食上,韓國人一般不愛吃羊肉、肥豬肉和鴨子,厭油膩,不願喝清湯,熟菜中不喜歡放醋,不愛吃放糖和帶花椒的菜肴。

韓國人特別喜歡吃辣味菜肴,通常吃烤、蒸、煎、炸、炒、湯類菜肴,喜食的菜肴有干燒桂魚、豆瓣魚、肉絲炒蛋、細粉肉絲、香干綠豆芽、炸蝦球、辣子雞丁、干炸牛肉絲等。辣泡菜和湯,這兩種食品是不可缺少的。

「韓國冷面」是深受韓國人喜歡的傳統民族食品。一般用牛肉湯或雞湯,佐以辣白菜、肉片、雞蛋、黃瓜絲、葱絲、辣椒、味精、鹽等。食用時,先在碗內放少量涼湯與適量面條,再放入佐料,最后再次澆湯。其面條細質柔韌,湯汁涼爽,酸辣適口。

「餃子湯」是韓國民間傳統待客食品,是以牛肉熬湯,用牛肉、豬肉、豆芽、白菜、洋葱、辣椒、芝麻、香油、醬油等做餡包成大餃子,放入牛肉湯中煮熟。食用時,連湯帶餃,放些調料,其味道甚佳。「烤牛肉」是韓國民間著名的菜肴。其製作方法是將牛肉切成片,然后用力拍打松軟,再放入容器中,並投入各種調料攪拌匀,再浸泡、置放40分鐘后,放在烤架上或用烤簽串烤,其風味獨特,深受韓國人喜愛。

韓國人多受中國和日本的影響,用餐也使用筷子。在餐具使用方面,韓國人有其特殊的習慣,使用飯碗一般因年齡、性別和季節不同各有區別。有專門的男用碗、女用碗、兒童用碗;夏天多用瓷碗,冬天多用銅碗。韓國人就餐樂於菜齊后一起上桌;泡菜、濃湯及多種調料是韓國人每餐必不可少的食品。

二、日本

日本有「櫻花之國」「造船王國」「貿易之國」「鋼鐵王國」等美稱。中日兩國人民友好往來的歷史源遠流長。日本人的許多風俗習慣都可以從中國找到根。與日本人交往,得瞭解日本人的基本禮儀,還要瞭解相關的習俗禁忌。

(一) 日本人的基本禮儀

日本人重視人際關係,待人接物總是顯得彬彬有禮。日本人外出參加各種活動,男士一般是西裝革履,女士必須穿和服。日本人的嚴謹態度是舉世公認的,他們參加任何活動都非常準時。接受日本人的邀請,也有一定講究。如應邀參加正式的宴會,則應鄭重其事,梳妝打扮,西裝革履。但如果參加郊遊或其他的文體活動,即使是首次見面,也只要輕裝打扮即可。

日本人辦事有板有眼,對自己的感情常加以掩飾,不外露,不喜歡對抗性的言行和急躁的風格。日本人平時說話最能體現這一性格特點,即聲音較低,語言十分含蓄,往往使人捉摸不透。在日常交往中,日本人信奉「禍從口出」的格言,因此從不多說一句話,而往往只是用一個「嗨」加以掩飾。因此,在與日本人打交道的過程中,沒有耐性的人有時會鬧得不歡而散。

日本人愛面子、自尊心極強,一句有傷面子的言語、一個有礙榮譽的動作,都會使事情陷入僵局。因此,與日本人打交道要切記照顧到對方的面子。日本人講道義、

重恩情，知恩圖報對他們而言是普通而又相當重要的事情。

　　送禮是日本人交際中的一項重要內容，同事榮升、結婚、生孩子、生日、過節都會送禮，這種禮儀既是歷史的遺風，又被賦予了時代新意。商務交往中，日本人的送禮之風也很盛行。給日本客人送一件禮物，即使是小小的紀念品，他都會銘記心中。因為禮物不但表明送禮一方的誠意，而且也表明彼此之間的交往已超出了商務的界限，說明送禮一方對他的友情，重視了他的面子，他就會記得送禮一方的「恩情」。日本人不喜歡在禮品包裝上系蝴蝶結，用紅色的彩帶包紮禮品象徵身體健康，要注意不要給日本人送有動物形象的禮品。

　　日本人堅信「優勝劣汰」的道理，他們絕不同情弱者，他們尊敬的是強者，如果對方能拿出一套切實可行的辦法，他們會提供最大的幫助。日本人雖然尊敬朋友，但天生喜歡掌控別人，尤其是他們認為能力不行的人。因此，與日本人合作一定要有自己的主見。自己能力越強、實力越雄厚，才能越被日本人瞧得起。唯有憑著自己的實力做后盾，才能獲得日本人的信賴，合作關係才能更長遠。有人說：「日本人是良師益友，而不是衣食父母。」的確，與日本商人合作，應把他們當成老師、朋友，奉行「信賴而非依賴」的原則，如一味聽他們的話，永遠沒有自己的主見，事業的發展也必將處處受限制。

　　日本人相當重視信譽，這一點在和日本人洽談業務時可以知道。他們總是隨身攜帶一個記事本逐項記錄，對已言明的事情會逐項核對，看看對方究竟有沒有做到。如果讓他們覺得對方信譽方面有問題，那就很難長期合作下去了。

　　在日本人之間，鞠躬仍是見面和分手時的必行之禮。在與外國人接觸時，日本人已逐漸習慣用握手代替鞠躬了。不過，你仍可能會受到日本人 90 度彎腰之禮。遇到這種情況該怎麼辦？一般說來，點一下頭或稍微彎一彎腰並同時將手伸向對方，就可以了。日本商界對外國人能否規範地鞠躬似乎並不在意。

　　日本人說恭維話的方式也與西方人不一樣。西方人會對對方個人在貿易上的成就或公司的成就直接表示讚賞，而日本人卻常常兜著圈子說。例如，如果日本人想稱讚你的修養，他不會直截了當地表示，而是對你辦公室的裝飾發表些議論，即所謂「借題發揮」。

　　即便在商務活動中，歐美人也常常邀請談判對手到家裡做客或參加雞尾酒會。但在日本，這樣的社交活動是不常見的。日本人喜歡邀請客人到飯店或餐館吃飯，然后再到酒吧喝酒。日本商人把招待客戶作為影響客戶的一個手段。由此可見，日本人是很重視吃喝這類交際活動的。

　　總之，與日本人相處，若能相互尊重、互補所需，你會發現他們其實很好相處，也是值得長期合作的好夥伴。到日本進行商務活動，以春季和秋季為宜。日本氣候雖四季分明，但屬海洋性氣候，因此長年濕潤。

(二) 習俗禁忌

　　日本有送禮的癖好，在送禮時往往採取這樣的做法：送些對主人毫無用途的禮品，因為收禮的人可轉送給別人，別人還可以再轉送給第三者。日本人對裝飾著狐狸圖案

的東西則甚為反感，因為日本人相信狡猾的狐狸是貪婪的象徵。到日本人家作客，攜帶的菊花只能有 15 片花瓣，因為只有皇室帽徽上才有 16 片花瓣的菊花。

日本人忌諱荷花，忌諱用綠色，認為是死亡的意思。

日本人忌諱「4」。因為日語中「4」和「死」同音，所以日本醫院裡沒有「4」號病房和病床。日本從 4 月 1 日到 7 日叫綠化周，包括街道綠化日、宅旁綠化日、學校綠化日、荒山綠化日、交通綠化日、綠化樹木保護日。日本人抽菸通常是自己抽，很少主動敬人香菸，因為日本人認為香菸是有害身體的。日本人一有傷風咳嗽，外出時就戴上白色的口罩。

日本人認為龍蝦長鬚，彎腰像個老人，因此喜歡在元旦這天用龍蝦作為裝飾品，象徵延年益壽，長命百歲。

(三) 飲食習慣

日本人講究食品營養學，講究菜肴的色澤和形狀，口味多為咸鮮、清淡少油，稍帶甜酸和辣味。日本料理以魚、蝦、貝等海鮮品為烹飪主料，並有冷、熱、生、熟各種食用方法。

日本人愛吃魚以及各種海味、瘦豬肉、牛肉、雞、鴨和各種野生禽類及蔬菜、豆腐、紫菜，但不吃羊肉、豬內臟及肥豬肉。

日本人最喜歡喝啤酒，無論是生啤酒或是瓶裝的都受歡迎。在夏天，日本的部分百貨公司更設有露天啤酒館，吸引大量遊客。

日本人很講茶道，餐前餐后都喜歡喝茶，特別喜歡喝清茶。

三、泰國

泰國是一個禮儀之邦，被譽為「微笑的國度」。泰國人性情溫和、待人熱情、有禮貌。

(一) 泰國人的基本禮儀

泰國人見面時通常雙手合十於胸前，互致問候，合十后可不再握手。隨著社會的發展，在外交和一些正式場合，泰國人也按國際習慣握手致意。泰國人非常尊重國王和王室成員，平時不隨便談論或議論王室，遇有王室成員出席的場合，態度恭敬。在公共場合也很難看到有人大聲喧嘩或者吵架。

1. 服飾禮儀

泰國各個民族都有自己的傳統服飾。現在泰國城市中的男子在正式社交場合通常穿深色的西裝、打領帶；婦女在正式社交場合穿民族服裝，也可穿裙子。在日常生活中，人們可穿各式流行服裝，但在公共場合忌穿短褲。

2. 餐飲禮儀

泰國人不喝熱茶，而習慣在茶裡放冰塊，成為冰茶。用餐時，泰國人習慣圍著小圓桌跪膝而坐，用手抓食，不用筷子，但現在有用叉子和勺子的。

3. 相見禮儀

生性寬厚、溫和有禮的泰國人在見面時合掌說聲「沙哇滴卡」（你好）。這種合掌

問候方式在泰語中稱為「威」（Wai），做法是把雙手提到胸前，雙掌合併但不貼合，猶如在掌心握著一朵蓮花。在不同的場合，面對不同的人或事時，「威」的做法便會有所不同。比如說在向同輩問好時，合掌后指尖不高過下巴；在對長輩行「威」禮時，則須低頭讓指尖輕觸鼻尖；對尊貴的對象，如德高望重的長輩表示尊敬時，則把雙掌抬高至額頭。泰國人遇到僧侶或象徵佛陀的佛像，都會下跪、合掌，並以額頭觸地膜拜。一般遇到同輩向他們「威」時，泰國人都會以「威」禮回報，但若是晚輩向長輩「威」時，長輩是不必回「威」的，有些只以點頭或微笑回應。

4. 喜喪禮儀

泰國人的婚禮必須邀請德高望重的僧人主持儀式，新郎和新娘還要接受客人的祝福。泰國人的出生和喪葬也都要按佛教習俗辦理。泰國人死後多實行火葬，火葬在寺院中進行，各地寺院大都設有火葬塔，供火化用。

5. 商務禮儀

到泰國從事商務活動的最佳時間是11月到次年3月，與大公司打交道，須在赴泰國前兩個月去約定。泰國商人喜歡互贈禮物，他們喜歡對方送些小禮品給他的孩子，玩具書畫都行。在商務活動中，接受邀請后，一般不能再隨意改變主意，否則顯得反覆無常極不禮貌。在泰國，小汽車的后座是上座。主人請外賓上車時，總是讓客人和接待主人一起坐到汽車后座上，一般工作人員則坐到司機座位旁邊。泰國是一個篤信佛教的國家，商務活動中不要對泰國人身著的佛飾進行過多的不適當的評論，交往中宜著西裝或著襯衫，打領帶即可。見面時，雙方通常不行握手禮，而行合十禮。不要用左手交換名片或接遞物品，泰國人視左手為不潔淨。送禮時勿用褐色紙張包裝，泰國人喜愛紅、黃色，禁忌褐色。荷花最受泰國人喜愛，以荷花為禮，將倍受泰國女士歡迎。

訪問泰國各級政府機構宜穿西裝，商人見面時穿講究一點的T恤衫、系領帶即可。拜訪大公司或政府部門必須提前預訂時間，並持有用英文、泰文和中文對照的名片，當地兩天即可印好。泰國進出口商以華人為主，目前泰商也日漸增多，但大多數是做政府生意。如果需要在曼谷市內四處談生意，最好包一輛計程車，這樣會既方便又省錢。

同泰國人打交道，千萬不要誇耀自己國家的經濟如何發達。否則，他們會認為你太傲慢，在以后的交往中，有可能會有意地為難你。因此，在泰國商人面前，顯得越謙虛越好，他們才能很好地與你配合。另外，在泰國進行商務活動，最好攜帶旅行支票，少用或盡量不用現金支付。

在泰國進行商務活動，必須尊重當地的教規。如果你對泰國的寺廟、佛像、和尚等作出輕視的行為，就被視為是有罪的，拍攝佛像尤其要小心，比如依偎在佛像旁或騎在佛像上面，就會惹出軒然大波。進入寺廟必須赤腳而行，到當地人家做客，如果發現室內設有佛壇，要馬上脫掉鞋襪和帽子。

（二）習俗禁忌

在泰國，注意佛像無論大小都要尊重，切勿攀爬；對僧侶應禮讓，但不要直接給

錢；常人不能與僧侶握手，女性更不能碰觸僧侶，如需奉送物品，應請男士代勞，或直接放在桌上；到寺廟參觀應著裝應整齊，不要穿短褲、短裙和無袖上裝，進入主殿要脫鞋。

泰國人十分注意手、頭、腳等方面禮儀，因而有關的禁忌很多。例如，向泰國人遞送東西時，比較正式的場合要雙手奉上，一般情況下用右手遞給對方。泰國人忌諱用左手接遞東西，更不能拋東西給他人，否則會被認為是鄙視他人和缺乏教養。泰國人非常重視人的頭部，他們認為頭是神聖不可侵犯的，因此千萬不要輕易撫摸別人的頭部。即使是喜愛的小朋友，也絕不可以用手去摸他們的頭，否則將被視為是對此小孩所帶的神的不尊重。如果長輩在座，晚輩必須坐在地上，或者蹲跪，以免高於長輩的頭部，否則就是極大的不尊敬。人坐著的時候，忌諱他人拿著東西從頭上面經過。在泰國，只有國王、高僧和父母才能撫摸小孩的頭。在泰國人面前盤腿而坐是不禮貌的，進行商務談判坐下時，千萬別把鞋底露出來，這樣也被認為是極不友好的表示。用腳踢門會受到泰國當地人的唾棄，更不能用腳給別人指東西，這是泰國人最忌諱的動作。

泰國人討厭在平時生活中拍拍打打的舉止習慣，認為這是不禮貌的。泰國人向上伸出小指表示和好，大拇指朝下表示失敗，伸出彎曲的食指則表示死亡。

(三) 飲食習慣

泰國美食為全世界人民所熟知，泰國飲食文化是受東、西方文化影響的結合體，發展到現在已經有數百年的歷史，無論其味道是辛辣或者酸甜，都遵循了互相融合、互相包容的中庸之道。

泰國菜素以辛辣、酸甜著名，食材採天然新鮮之農產品為主。泰式調味複雜獨特，多以香茅、南姜、檸檬、紅葱頭、小辣椒入味，並加入魚露、蝦醬、椰奶等十幾種泰國本地特產的香料。泰國著名的菜肴如涼拌青木瓜沙拉、泰式蝦湯（又名冬陰功）、綠咖哩椰汁雞、脆米粉、泰式炸魚餅、豬肉沙爹等深受遊客們的喜愛。只有親自品嘗才能體會到泰國菜那種獨特的酸辣味。泰國菜的味道和形式可以根據不同的廚師、吃客、特定情況乃至烹飪地點來決定，每一道菜都可以根據消費者的口味和飲食習慣進行製作加工。

泰國甜品種類繁多、香甜可口，鮮果、糯米、雞蛋是主要成分。一般來說，甜品是由雞蛋、大米磨成的粉，糯米、蓮子、棕樹糖、大薯粉和椰子為素材，而鮮果則是增加甜品的香味。這些水果包括椰子、香蕉、菠蘿、橙類及其他。

泰國的水果種類繁多，一年四季皆有。不論何時何地，都可以吃到新鮮好吃的水果。知名的泰國水果有榴蓮（「水果之王」）、泰國芒國、泰國香蕉、木瓜、菠蘿、柳橙、檸檬、龍眼、山竹、菠蘿蜜、柚子、甜葡萄、羅馬甜瓜、酪梨、石榴果、西番蓮和紅毛丹等。

四、印度

(一) 印度人的基本禮儀

　　印度人見面的禮節有合掌、舉手示意、擁抱、摸腳、吻腳。一般兩手空著時，口念敬語，同時要施合掌禮。合掌之高低，對長輩宜高，兩手至少要與前額相平；對晚輩宜低，可齊於胸口；對平輩宜平，雙手位於胸口和下頜之間。若一手持物，則口念敬語，同時要舉右手施禮。對於長輩，或對某人表示懇求時，則施摸腳禮（即用手摸長者的腳，然后再用手摸一下自己的頭，以示自己的頭與長者的腳相接觸）。摸腳跟和吻腳禮是印度的最高禮節。印度東南部的一些少數民族的人與客人相見時，總把自己的鼻子和嘴緊緊貼在對方的面頰上，並用力地吸氣，以示其對客人的崇敬。印度伊斯蘭教徒的見面禮節是按其傳統宗教方式，用右手按胸，同時點頭，口念「真主保佑」。現代在社交場合上的印度男人也開始運用握手禮節了。

　　正統的印度錫克教信徒頭戴包頭巾、不抽菸、不吃牛肉並且不剪頭髮。進入印度人的住家要脫掉鞋子。如被引見婦女，男人不與婦女握手，而應雙手合十，微微彎腰。在公共場所，男人不能與單身女人說話。印度婦女除在重大外交場合外，一般與不與男人握手。

　　來到印度人家裡時，主人會給客人戴花環，客人應馬上把它取下來以示謙讓；接受或傳遞食品時，一定要用右手。作客時，客人可以帶水果和糖果作為禮物，或給主人的孩子們送點禮品。

　　印度人喜歡談論他們的文化業績、印度的傳統、有關其他民族和外國的情況，不要談及個人私事、印度的貧困狀況、軍事開支以及大量的外援。

(二) 習俗禁忌

　　印度有「牛的王國」之稱，牛是當地最神聖不可侵犯的動物。因此，連牛漫步在街上，也不可冒犯它，很多印度教徒是素食主義者。

　　印度人大多信奉印度教，一小部分人信奉伊斯蘭教、基督教、錫克教、佛教等。印度人忌諱白色，認為白色表示內心的悲哀，習慣用百合花當作悼念品。印度人忌諱彎月的圖案，把1、3、7視為不吉利的數字，總要設法避免這些數字的出現。印度教徒最忌諱眾人在同一盤中取食，也不吃別人接觸過的食物，甚至別人清洗過的茶杯也要自己再洗滌一遍后才使用。

　　印度人平常表示同意或肯定的動作是搖搖頭，或先把頭稍微歪到左邊，然後立刻恢復原狀，表示「知道了」「好的」，最易使人誤會。

　　印度等地的人們不希望別人摸自己頭上的任何一部分，他們也不喜歡去摸別人的頭部。他們認為頭部是人體最高的部分，也是人體中最神聖無比的部分，尤其是孩子的頭。

　　印度男性多半包有頭巾，印度婦女傳統服飾是「紗麗」（Sari），以披裹的方式纏繞在身上。印度婦女穿紗麗時，上衣是一件短袖、露出肚臍的緊身衣（Choli），下身是一條及地的直筒襯裙（Ghagra）。

對印度的女人不可行握手禮，打招呼時只能以合掌頷首的方式（類似祈禱的姿勢）。觀光客到印度須留意拜會的對方是信奉何種宗教，不可逾禮。若要參觀宗教的聖物、廟宇時須穿著深色服裝，並脫鞋，以示尊重。

到印度飯店消費，飯店一般都會加10%的服務費，故不須另付小費，若是較高級的飯店還須納7%的奢侈稅。於機場或車站委託搬運行李時，每件應於櫃臺付1盧比（1印度盧比約合0.1元人民幣）小費，不必再付給服務員。搭乘計程車時通常多加車資的10%，但非必須。

（三）飲食習慣

印度人素食者多，且等級越高葷食者越少。由於印度南部氣候炎熱，當地人一般味重，嗜好辛辣食物，印度北部人的口味相對就輕多了。印度是個香料之國，印度菜的烹調也極重視對香料的運用，主要調料就有十幾種。印度北部人烹制羊肉和家禽最為拿手，一般的炮製方法是將雞肉、羊肉或其他肉類切成小塊，腌好后用鐵扦串起來掛在爐內，用火烘烤熟。印度人喝茶的方法別具一格，一般都是把茶斟入盤中，用舌頭舔飲。印度人一般都不愛喝湯，認為任何一種湯都無法與無色無味、冰涼爽口的白開水相比。印度人喜歡吃中餐，喜歡分餐制，不習慣用刀叉和筷子，一般用手抓食。

印度人在飲食嗜好上有如下特點：喜歡分餐進食，注重菜品酥爛；口味一般，不喜太咸，偏愛辣味；以米飯為主，對面食中的餅類也頗感興趣；愛吃雞、鴨、魚、蝦和羊肉；蔬菜喜歡西紅柿、洋蔥、菜花、雞蛋、鮮辣椒、豌豆、土豆、圓白菜、菠菜、茄子、洋山芋等；調料喜用黑茴香、黑芥末子、黑胡椒、小豆蔻、丁香、咖喱汁、玉桂枝、芫荽、辣椒粉、茴香、豆蔻皮、姜、玫瑰香精、黃豆粉等；偏愛炸、烤、燴、燒、煮等烹調方法製作的菜肴；很欣賞咖喱雞、糖醋鱖魚、烤填鴨、干炸明蝦、燴雞絲、紅燒茄子、糖醋裡脊、青椒雞絲、炒辣椒、黃油炒豌豆、雞火煮干絲、番茄魚片等菜肴；愛吃香蕉、桔子、枇杷、西瓜、甜橙、番木瓜、椰子、荔枝、芒果等水果；干果喜歡杏仁、花生米等。

任務3　歐洲主要國家的商務禮儀

一、英國

（一）英國人的基本禮儀

英國人見面時互相握手，互道「早安」或「晚上好」。男女之間除熱戀者外，一般都不手拉手走路。英國人見面時的稱呼也都遵照傳統的禮儀習慣，對尊長、上級、不熟的人用尊稱，在對方姓名之前要冠以職稱、銜稱或先生、女士、夫人、小姐等稱呼，親友和熟人之間常用昵稱，以示親切。男性與男性之間不擁抱，否則會被視為笑話。同樣，成年男子親吻一個小男孩也會使孩子感到不自在。

英國人對婦女很尊重，並被外界長期視作英國男士的「紳士」風度，如走路要讓

女士在前、乘電梯要讓女士先進。不尊重女性在英國會被視作沒有教養的表現。

英國人談吐幽默、文雅，說話聲音不高。他們認為說話滔滔不絕是一種缺乏教養的表現，只有素質低下的人才會自吹自擂。

與英國人談話時，切忌指手畫腳，微笑是有禮貌的表現。同樣，英國人說話委婉，在社交場合，他們從不直接說「上廁所」，而是說「請原諒我幾分鐘」或「我想洗洗手」等。如果說得太直白，會被視作沒有修養。與英國人談話，若坐著談應避免兩腿張得過寬，更不能蹺起二郎腿；若站著談不可把手插入衣袋。英國人忌當著他們的面耳語和拍打肩背。

此外，英國人特別注意在社交場合用「請」「對不起」「謝謝」等禮貌用語，即使家庭成員之間也是如此。如果不會向英國朋友表達感謝和歉意，也是沒有修養的表現。

與英國人交往時，不要談論政治和宗教問題，更不能將王室的事作為談話的內容。由於英國是由英倫三島組成的，在英國人面前不要用「英格蘭人」來稱呼英國人，而要用「不列顛人」，這樣說英國人才覺得滿意。英國標榜社交生活的紳士風度，平常相處時彼此很少閒談，更不談私事。即使寒暄也很簡短，通常只提一下天氣情況或者報紙新聞。有時兩個英國人在一起工作多年，還不知道對方的家庭住址，甚至叫不出對方的姓名。

英國人坐公共汽車或火車時，總是盡量找個旁邊沒人的座位坐下。如果旁邊有人，立刻用手裡的報紙築起一道「圍牆」來。偶爾坐長途車，兩個互不相識的旅伴攀談起來，談話內容也僅限於氣候、新聞等，其他方面很少涉及。

英國人忌諱打帶條紋的領帶、忌諱不系長袖衫袖口的扣子、忌諱正式場合穿涼鞋、忌諱淺色皮鞋配深色西裝。

(二) 習俗禁忌

英國的英格蘭人占80%，絕大部分信奉基督教，只有少數人信奉天主教。對數字除忌「13」外，還忌「3」，特別忌用打火機或火柴為他們點第三支菸。一根火柴點燃第二支菸后應及時熄滅，再用第二根火柴點第三個人的菸才不算失禮。

英國人忌用人像進行商品裝潢，忌用大象圖案，因為他們認為大象是蠢笨的象徵。英國人討厭孔雀，認為它是禍鳥，把孔雀開屏視為自我炫耀和吹噓。英國人忌送百合花，認為百合花意味著死亡。

英國人喜歡獨處，不歡迎別人闖進他們的生活。在英國，未經邀請或約定就去拜訪英國人的家庭會被視作對別人私生活的干擾，是非常失禮的舉動。一旦英國人邀請某人做客，被邀請者一定要非常準時，晚幾分鐘可以，晚的時間久了不禮貌，但提前到達更不禮貌。

(三) 飲食習慣

英國菜世界馳名，其特點是清淡少油，量少而精，講究花樣。英國人不愛辣味食品，愛喝湯，每餐都要吃水果。

英國人喜歡喝茶，早起后先喝一杯濃紅茶，倒茶前，先往杯中倒入冷牛奶。英國人還有喝午茶的習慣，下午4點半的午后茶尤為重要。英國人不喝清茶，喜歡在茶中

放上牛奶、檸檬或糖等東西，先倒茶、后倒奶會被認為沒有教養。

英國人早餐吃各種麥片、三明治、奶油點心、煮蛋和果汁，婦女愛吃可可。英國人午餐、晚餐習慣吃煮雞、煮魚、煮牛肉等，肉類以牛肉、羊肉、雞鴨為主，豬肉、魚蝦、野味均可。英國人進餐時先喝酒，一般以蘇打水加威士忌和紅白葡萄酒為主，香檳酒、啤酒也喝。英國人晚餐常喝咖啡，吃烤麵包。英國人冬天時愛吃瘦肉、喝濃湯，還愛吃水蒸布丁和奶油蛋糕。

英國人不吃動物內臟；不吃帶蘸汁的菜肴；忌諱味精調味；不吃狗肉；不喜歡太鹹，喜歡甜、酸、微辣；喜歡中國的京菜、川菜和粵菜；喜歡喝威士忌、蘇打水，不喜歡勸酒；喜歡牛肉和土豆一起烤制的菜肴。

二、德國

(一) 德國人的基本禮儀

德國人素來以嚴謹、高效而著稱，這也是日耳曼民族的特點。第一，紀律嚴明，法制觀念極強；第二，講究信譽，重視時間觀念；第三，極端自尊，非常尊重傳統；第四，待人熱情，十分注重感情。

德國人非常注重規則和紀律，幹什麼都十分認真。凡是有明文規定的，德國人都會自覺遵守；凡是明確禁止的，德國人絕不會去碰它。

德國人在人際交往中對禮節非常重視。與德國人握手時，有必要特別注意下述兩點：一是握手時務必要坦然地註視對方，二是握手的時間宜稍長一些，晃動的次數宜稍多一些，握手時所用的力量宜稍大一些。

重視稱呼是德國人在人際交往中的一個鮮明特點。對德國人稱呼不當，通常會令對方大為不快。一般情況下，切勿直呼德國人的名字。稱其全稱，或僅稱其姓，則大都可行。

與德國人交談時，切勿疏忽對「您」與「你」這兩種人稱代詞的使用。對於熟人、朋友、同齡者，方可以「你」相稱。在德國，稱「您」表示尊重，稱「你」則表示地位平等、關係密切。

德國人在穿著打扮上的總體風格，是莊重、樸素、整潔。在一般情況之下，德國人的衣著較為簡樸。男士大多愛穿西裝、夾克，並喜歡戴呢帽，女士們則大多愛穿翻領長衫和色彩、圖案淡雅的長裙。

德國人在正式場合露面時，必須要穿戴得整整齊齊，衣著一般多為深色。在商務交往中，德國人講究男士穿三件套西裝，女士穿裙式服裝。

德國人對髮型較為重視。在德國，男士不宜剃光頭，免得被人當作「新納粹」分子。德國少女的髮式多為短髮或披肩髮，燙髮的婦女大半是已婚者。

(二) 習俗禁忌

德國人一般早晨起得比較早，早晨7點左右，大街上就已熙熙攘攘，人們忙著購買食品。德國人還比較注意購置家具、布置家以及衣著的享受。德國人平時還是較節約的，但在一年一度的旅行期間，則希望盡可能地享受一番。

與德國人進行商務交談時應盡量說德語，或攜同翻譯員同往。德國商務人士多半會說一些英語，但使用德語會令對方高興。握手要用右手，伸手動作要大方。稱呼對方多用「先生」「女士」等。

德國商人不願浪費時間，所以宜先熟悉問題，單刀直入。如果應邀到德國人家中作客，客人通常宜帶鮮花去，鮮花是送女主人的最好禮物，但必須要單數，5朵或7朵即可。在五彩繽紛的鮮花中，德國人尤其喜歡矢車菊，視它為國花。在德國，不宜隨意以玫瑰或薔薇送人，前者表示求愛，后者則專用於悼亡。白鸛是德國的國鳥。白鸛是候鳥，喜歡在屋頂或高大的樹上築巢。德國人把白鸛築巢看成吉祥之兆。

應邀到德國人家中作客，客人千萬不能帶葡萄酒去，因為此舉足以顯示客人認為主人選酒品味不夠好。威士忌酒可以作禮物。德國人甚至從國家意識出發，視浪費為「罪惡」，討厭凡事浪費的人，因此德國人一般都沒有奢侈的習慣。與德國人相處，務必遵守杜絕浪費的習慣，這樣才能跟他們打成一片。

德國人很反感在交際場合四個人交叉握手，或者進行交叉談話，或者竊竊私語，因為那是很不禮貌的。上午10時前、下午4時后，不宜訂約約會。與德國人交談時，要少談論政治，少炫耀關係，不宜涉及納粹、宗教與黨派之爭等話題。德國人極度厭惡「13」與「星期五」。

德國人對黑色、灰色比較喜歡，德國人認定在路上碰到了菸肉清掃工，便預示著一天要交好運。向德國人贈送禮品時，不宜選擇刀、劍、剪、餐刀和餐叉。德國人對禮品的包裝紙很講究，忌用褐色、白色、黑色的包裝紙和彩帶包裝、捆扎禮品，更不要使用絲帶作外包裝。

(三) 飲食習慣

德國人是十分講究飲食的。在肉類方面，德國人最愛吃豬肉，其次才是牛肉。以豬肉制成的各種香腸，令德國人百吃不厭。德國人一般胃口較大，喜食油膩之物，因此德國的胖人極多。在飲料方面，德國人最欣賞的是啤酒。

德國人的口味較重、偏油，主食以肉類為主。他們烹調肉食的方法，有紅燒、煎、煮、清蒸，還有特製的湯等。德國人一天的主餐是午餐，而午餐的主食大抵為炖的或煮的肉類，其肉食品以羊肉、豬肉、雞、鴨為主，但是他們大多數人是不愛吃魚的，只有北部沿海地區少數居民才吃魚。德國人還愛吃馬鈴薯、色拉等。德國人的早餐簡單，喜歡咖啡、小麵包、黃油和果醬，或少許灌腸和火腿。德國人的午、晚餐稍豐盛，一般家庭都備有各種盤子、碟子、杯子和刀叉。德國人在用餐時，有以下幾條特殊的規矩：

(1) 吃魚用的刀叉不得用來吃肉或奶酪。
(2) 若同時飲用啤酒與葡萄酒，宜先飲啤酒，后飲葡萄酒，否則被視為有損健康。
(3) 食盤中不宜堆積過多的食物。
(4) 不得用餐巾扇風。
(5) 忌吃核桃。

三、法國

(一) 法國人的基本禮儀

法國人是「邊跑邊想的人」,這一點與德國人大相徑庭。德國人在商談時會將所有細節完全研討過,並且確認感到滿意之后才會簽約。而法國商人則在談妥了50%的時候,就會在合同上簽字了,但昨天才簽妥的合同,也許明天又要求修改,這點令對手頭疼。但是法國人很珍惜人際關係,而這種性格也影響到商業上的交涉。尚未成為朋友之前,法國人是不會跟對方成交大宗買賣的。

「女士第一」的觀念在法國極為盛行。法國人時間觀念很強,無論出席什麼集會,都習慣準時到達,從不拖拉遲到。法國人在同客人談話時,總喜歡相互站得近一些,顯得親切。

法國人談話習慣用手勢來表達自己的意思,但是和我們的習慣不同。我們用拇指和食指分開表示「八」,法國人則表示「二」;在表示「是我」的時候,我們通常用手指指向自己的鼻子,而法國人的手指指向自己的胸膛;等等。

法國人初次見面輕輕握手是通常的問候方式,但客人對社會地位較高的人不應主動伸手。法國人在社交場合與客人見面時,一般以握手為禮,少女向婦女也常施屈膝禮。男女之間和女子之間的見面,常以親面頰代替相互握手。在法國一定的社會階層中「吻手禮」也頗為流行,施吻手禮時,嘴不應接觸到女士的手,也不能吻戴手套的手,不能在公共場合吻手,更不得吻少女的手。

法國人大都著重於依賴自己的力量,很少考慮集體的力量,個人的辦事權限很大。法國公司的組織結構單純,從下級管理職位到上級管理職位大約只有二三級,因此在參加商談的時候,也大多由一人承擔,並且能夠決策。因此,商談往往能夠順利進行。和法國人談判時,即使他們英語講得很好,他們可能也會要求用法語進行談判。在這點上他們很少讓步,除非他們恰好是在國外而且在商業上對對方有所求。如果一個法國談判者對對方說英語,那麼這可能是這一天對方可能取得的最大讓步。法國人雖然為人冷淡,但不刻板。和法國人建立友好關係,需要長時間的努力。如果你和法國公司建立了多年的友好關係,互惠互利,並且未發生糾紛,那麼你會發現他們是容易共事的夥伴。法國人會熱忱地與人交往,以美酒佳肴招待他人,使過去的不愉快煙消雲散。

與英國人和德國人相比,法國人在待人接物上的表現是大不相同的,主要有以下特點:

(1) 愛好社交,善於交際。對於法國人來說,社交是人生的重要內容,沒有社交活動的生活是難以想像的。

(2) 詼諧幽默天性浪漫。法國人在人際交往中大都爽朗熱情,善於雄辯和高談闊論,好開玩笑,討厭不愛講話的人,對愁眉苦臉者難以接受。受傳統文化的影響,法國人不僅愛冒險,而且喜歡浪漫的經歷。

(3) 渴求自由,紀律較差。在世界上,法國人是最著名的「自由主義者」。「自

由、平等、博愛」不僅被法國憲法定為本國的國家箴言，而且在國徽上明文寫出。法國人雖然講究法制，但是一般紀律較差，不大喜歡集體行動。與法國人打交道、約會必須事先約定，並且準時赴約，但是也要對他們可能的姍姍來遲而事先有所準備。法國人請人吃飯的話，客人最好不要準時到達，而是要延後到達，以給主人騰出準備的時間。

（4）自尊心強，偏愛「國貨」。法國的時裝、美食和藝術是世人有口皆碑的，在此影響之下，法國人擁有極強的民族自尊心和民族自豪感。在他們看來，世間的一切都是法國最棒。與法國人交談時，如能講幾句法語，一定會使對方熱情有加。

（5）騎士風度，尊重婦女。在人際交往中，法國人採取的禮節主要有握手禮、擁抱禮和吻面禮。

(二) 習俗禁忌

法國人對於衣飾的講究，在世界上是最為知名的。所謂「巴黎式樣」，即與時尚、流行含意相同。在正式場合，法國人通常要穿西裝、套裙或連衣裙，顏色多為藍色、灰色或黑色，質地則多為純毛。出席慶典儀式時，法國人一般要穿禮服。男士所穿的禮服多為配以蝴蝶結的燕尾服，或是黑色西裝套裝；女士所穿的禮服則多為連衣裙式的單色大禮服或小禮服。對於穿著打扮，法國人認為重在搭配是否得法。在選擇髮型、手袋、帽子、鞋子、手錶、眼鏡時，法國人都十分強調要使之與自己著裝相協調、相一致。

法國的國花是鳶尾花。菊花、牡丹、玫瑰、杜鵑、水仙、金盞花和紙花一般不宜隨意送給法國人。法國人忌諱用核桃待客或作裝飾物。法國的國鳥是公雞，他們認為它是勇敢、頑強的直接化身，忌諱仙鶴、烏龜。法國人大多喜愛藍色、白色與紅色，他們所忌諱的色彩主要是黃色與墨綠色。法國人所忌諱的數字是「13」與「星期五」。

法國人對禮物十分看重，但又有其特別的講究。送給法國人的禮物宜選具有藝術品味和紀念意義的物品，不宜送刀、劍、剪、餐具或是帶有明顯的廣告標誌的物品。在接受禮品時，接受禮品者若不當著送禮者的面打開其包裝，則是一種無禮的表現。男人向女人送香水是戀人之間的事，如果是一般關係則會被認為是有過分親熱和圖謀不軌之嫌。

(三) 飲食習慣

作為舉世皆知的「世界三大烹飪王國」之一，法國人十分講究飲食。在西餐之中，法國菜可以說是最講究的。

法國人愛吃面食，麵包的種類很多；法國人大都愛吃奶酪。在肉食方面，法國人愛吃牛肉、豬肉、雞肉、魚子醬、鵝肝，不吃肥肉、寵物、肝臟之外的動物內臟、無鱗魚和帶刺的魚。

法國人特別善飲酒水，幾乎餐餐必喝酒水，而且講究在餐桌上要以不同品種的酒水搭配不同的菜肴；除酒水之外，法國人平時還愛喝生水和咖啡。

法國人用餐時，兩手允許放在餐桌上，卻不許將兩肘支在桌子上。在放下刀叉時，法國人習慣於將其一半放在碟子上，一半放在餐桌上。

四、俄羅斯

(一) 俄羅斯人的基本禮儀

在人際交往中，俄羅斯人素來以熱情、豪放、勇敢、耿直而著稱於世。在交際場合，俄羅斯人慣於和初次會面的人行握手禮。對於熟悉的人，尤其是在久別重逢時，他們則大多要與對方熱情擁抱。

在迎接貴賓之時，俄羅斯人通常會向對方獻上「麵包和鹽」，這是給予對方的一種極高的禮遇，來賓必須對其欣然笑納。

在稱呼方面，在正式場合，俄羅斯人也採用「先生」「女士」「夫人」之類的稱呼。在俄羅斯，人們非常看重人的社會地位。因此，對有職務、學銜、軍銜的人，最好以其職務、學銜、軍銜相稱。

依照俄羅斯民俗，在用姓名稱呼俄羅斯人時，可按彼此之間的不同關係，具體採用不同的方法。只有與初次見面之人打交道時，或是在極為正規的場合，才有必要將俄羅斯人的姓名的三個部分連在一起稱呼。

(二) 習俗禁忌

俄羅斯大都講究儀表，注重服飾。在俄羅斯民間，已婚婦女必須戴頭巾，並以白色的為主；未婚姑娘則不戴頭巾，但常戴帽子。在城市裡，俄羅斯人目前多穿西裝或套裙，俄羅斯婦女往往還要穿一條連衣裙。前去拜訪俄羅斯人時，進門之後應立即自覺地脫下外套、手套和帽子，並且摘下墨鏡，這是一種禮貌。

在俄羅斯，被視為「光明象徵」的向日葵最受人們喜愛，被稱為「太陽花」，並被定為國花。拜訪俄羅斯人時，送給女士的鮮花宜為單數。在數字方面，俄羅斯人最偏愛「7」，認為它是成功、美滿的預兆。對於「13」與「星期五」，俄羅斯人則十分忌諱。

俄羅斯人主張「左主凶，右主吉」，因此不允許以左手接觸別人，或以左手遞送物品。俄羅斯人講究「女士優先」，在公共場合，男士往往自覺地充當「護花使者」。不尊重婦女，在俄羅斯到處都會遭以白眼。

俄羅斯人忌諱的話題有政治矛盾、經濟難題、宗教矛盾、民族糾紛、蘇聯解體、阿富汗戰爭以及大國地位問題。

(三) 飲食習慣

在飲食習慣上，俄羅斯人講究量大實惠、油重味濃。俄羅斯人喜歡酸、辣、咸味，偏愛炸、煎、烤、炒的食物，尤其愛吃冷菜。總的講起來，俄羅斯人的食物在製作上較為粗糙一些。

一般而論，俄羅斯人以面食為主，他們很愛吃用黑麥烤制的黑麵包。除黑麵包之外，俄羅斯人大名遠揚的特色食品還有魚子醬、酸黃瓜、酸牛奶等。吃水果時，俄羅斯人多不削皮。

在飲料方面，俄羅斯人很能喝冷飲。此外，具有該國特色的烈酒伏特加，是他們

最愛喝的酒。俄羅斯人還喜歡喝一種叫「格瓦斯」的飲料。

用餐之時，俄羅斯人多用刀叉，忌諱用餐時發出聲響，並且不能用匙直接飲茶，或讓其直立於杯中。通常，俄羅斯人吃飯時只用盤子，而不用碗。

參加俄羅斯人的宴請時，宜對其菜肴加以稱道，並且盡量多吃一些，俄羅斯人將手放在喉部，一般表示已經吃飽。

五、義大利

(一) 義大利人的基本禮儀

義大利人在與賓客相見時，習慣熱情地向客人問好，面帶笑容地以「您」字來稱呼客人。義大利人一般都喜歡客人用頭銜稱呼他們。義大利人的時間觀念不強，對約會總習慣遲到，認為這樣是禮節和風度。義大利人在官方場合衣著整齊、舉止端莊，平時也極愛打扮自己。義大利人在服飾上喜歡標新立異。義大利人有說話心直口快、情緒愛激動的特點，談問題時從不轉彎抹角或耍心計，一般都是直出直入、開誠布公。

義大利人習慣用手語表達個人的意願，常用的手勢有：用大拇指和食指圈成「O」形，其餘三指豎起，表示「好」「行」或「一切順利」；豎起食指來回擺動，表示「不」「不是」「不行」；一邊伸出手掌，再加上撇撇嘴，表示「不清楚」和「無可奉告」；用食指頂住臉頰來回轉動，表示「好吃」；五指並攏，手心向下，在胃部來回轉動，表示「饑餓」；五指並攏，用食指側面碰擊額頭，表示罵別人「笨蛋」「傻瓜」。

義大利人喜愛綠、藍、黃三色，視綠色為春天的色彩；認為藍色會給人帶來吉祥；黃色一般常用於婚禮服裝上。義大利人偏愛鄒菊，認為鄒菊象徵著義大利人民的君子風度和天真爛漫。義大利人對狗和貓兩種動物異常喜愛。有的人把狗視為自己的家庭成員，認為狗是人類最忠實的朋友。不少人對貓感情極深的原因是，貓曾為當地消除鼠疫立下過功勞。

義大利人相互見面時，大多都習慣行握手禮，朋友之間，多招手示意。義大利的格瑟茲諾人，遇見朋友總習慣把帽拉低，以此表示對朋友的尊敬。

(二) 習俗禁忌

羅馬天主教為義大利的國教，義大利人另有少量的新教徒和猶太教徒。

義大利人忌諱「13」和「星期五」。認為「13」象徵著厄兆，「星期五」也是極不吉利的。義大利人忌諱菊花，因為菊花是用於葬禮上的花，故義大利人把它視為「喪花」「妖花」。

義大利人忌以手帕為禮物送人，認為手帕是擦淚水用的，是一種令人悲傷的東西。因此，用手帕送禮是失禮的，同時也是不禮貌的。義大利人忌諱別人用目光盯視他們，認為目光盯視他人是對他人的不尊敬，可能還有不良的企圖。義大利人在與客人閒談中，不喜歡議論有關政治方面的問題以及美國的橄欖球等話題。

(三) 飲食習慣

義大利人喜歡吃面食和米飯，面食既可以當主食，又可以作為菜肴。義大利菜肴

具有味濃、原汁原味的特點。烹調技藝上以炒、煎、炸、紅燴、紅燜等方法著名。義大利人喜歡吃海鮮，對我國的粵菜、川菜比較喜歡，但川菜要無辣或微辣。義大利人餐後喜歡吃水果或喝酸牛奶。酒是義大利人離不開的飲料，幾乎每餐都喝。

義大利人晚餐時間大都拖得很長，從晚上8點才開始，一直吃到深夜，菜肴相當豐富。義大利風味的菜肴可與法國大菜媲美，在世界上享有很高的聲譽。其特點是味濃、香、爛，以原汁原味聞名。義大利人吃飯的習慣一般是有六七成熟了就吃，這是其他國家所沒有的。在西方國家中，義大利麵條產量之高、消費量之多，可謂首屈一指。義大利通心麵約有80種，吃通心麵時，不要出聲太大，一定要使用刀叉和湯匙。其使用方法是右手拿叉子，左手拿湯匙，這是吃通心麵的訣竅；以刀叉卷起麵條，一口一口斯斯文文地吃；吃到最後，得把碟子裡的調味品吃個精光（絕不能留下），這才是吃通心麵的正統方法。在當代世界流行的方便食品中，義大利薄餅堪稱各類食品中的佼佼者。

任務4 美洲主要國家的商務禮儀

一、美國

(一) 美國人的基本禮儀

美國人熱情、開朗、樂於助人、喜歡結交朋友，在社會交往中不拘小節。

美國人的穿著以體現個性為主，很難從服裝上看出他們是富有還是貧窮、他們的身分地位如何。一位穿著時髦筆挺西裝的男士，看上去像某大公司的老闆，其實他可能是演藝界的演藝人員，或者是一個美容美髮師；穿著牛仔褲、運動鞋、舊T恤衫的，看似流浪漢，其實卻可能是一位不修邊幅的大老闆。因此，若簡單地以衣帽取人，不僅會主次不分，使自己陷入窘境，而且會讓美國人輕視。當然，在正式的場合下，美國人的服裝還是比較講究的。

美國人很珍惜時間，浪費他們的時間等於侵犯了他們的個人權利，因此拜訪美國朋友須預先約好；赴約要準時，不遲到、不早退；要準備好話題，談完事就告辭；如果送上點小禮物，他們會很高興。

見面時，應互相問安，主人應主動向客人介紹自己的身分和來賓的姓名以及他們的工作、愛好。與美國朋友握手，用力不能太小，否則有不禮貌之嫌。男士與女士握手時，要待女士伸出手時方可與對方握手，一般只宜輕輕握住女士的手指部位。

交談時要注意態度文雅，不要用過大的手勢，也不要口吐飛沫，更不要用食指指著對方；不要左顧右盼和看錶，不要隨便打斷對方。談話內容不要涉及個人隱私，比如年齡、婚姻狀況、收入、財產、宗教信仰等。

美國人有時會用手搭在對方的肩膀上，表示肯定與鼓勵。見面結束時，要把有關計劃或反饋意見告訴他們。

美國人與客人見面時，一般都以握手為禮。他們習慣於手要握得緊，眼要正視對

方、微弓身。美國人認為這樣才算是禮貌的舉止。美國人對握手時目視他方很反感，認為這是傲慢和不禮貌的表示。美國人在社交場合與客人握手時，還有這樣一些習慣和規矩：如果兩人是異性，待女性先伸出手后，男性再伸手相握；如果兩人是同性，通常應年長者先伸手給年輕者，地位高者先伸手給地位低者，主人先伸手給客人。美國人另外一種禮節是親吻禮，這是在彼此關係很熟的情況下行的一種禮節。

美國人對握手時目視他方很反感，認為這是傲慢和不禮貌的表示。美國人忌向婦女贈送香水、衣物和化妝用品。美國婦女因有化妝的習慣，所以不歡迎服務人員送香巾擦臉。美國人不喜歡在餐碟裡剩食物，認為這是不禮貌的。

(二) 習俗禁忌

美國人有三大忌：一是忌有人問他的年齡，二是忌問他買東西的價錢，三是忌在見面時說「你長胖了」。因為年齡和買東西的價錢都屬於個人的私事，他們不喜歡別人過問和干涉；至於「你長胖了」，在美國人看來是貶義的。在美國，有「瘦富胖窮」的概念，一般富人有錢遊山玩水、鍛煉健身，身體練得結實；窮人沒多少錢，更無閒暇去鍛煉，普遍偏胖。

美國人忌諱同性人結伴跳舞，因為在他們眼裡，異性結伴跳舞是天經地義不容違背的。

美國人大多信奉新教和羅馬天主教，其次為猶太教、東正教、伊斯蘭教、印度教和佛教只有少量信徒。美國人忌諱「3」「13」和「星期五」，認為這些數字和日期都是厄運和災難的象徵。

美國人忌諱蝙蝠和用蝙蝠作圖案的商品、包裝品，認為它是吸血鬼和凶神的象徵。

美國人忌諱有人衝他們伸舌頭，認為這種舉止是污辱人的動作。

美國人忌諱說「老」，老年人不喜歡他人恭維其年齡。

美國人忌諱黑色，認為黑色是肅穆的象徵，是喪葬用的色彩。

美國人特別忌諱他人所贈禮物是帶有其公司標誌的便宜禮物，因為這好像在為公司做廣告。

美國人忌諱有人在自己面前挖耳朵、摳鼻孔、打噴嚏、伸懶腰、咳嗽等，認為這些都是不文明的，是缺乏禮貌的行為。若噴嚏、咳嗽實在不能控制，則應避開客人，用手帕掩嘴，盡量少發出聲響，並要及時向在場人表示歉意。

美國人忌諱新娘在婚禮前試穿婚禮服，認為這意味著離婚。

(三) 飲食習慣

美國人的早餐通常有炒或煮雞蛋、香腸、油炸土豆片、薄煎餅、果子凍、烤麵包、松餅、桔子汁以及咖啡等。

美國人在吃午餐和吃晚餐之前，通常要喝點雞尾酒，但在加利福尼亞州，人們大都喝葡萄酒。同時，美國人在吃主食之前，一般都要吃一盤色拉。炸蘑菇和炸洋蔥圈可作為開胃食品，牛排、豬排和雞（腿）為主食，龍蝦、貝殼類動物以及各種魚類被統稱為海鮮。炸土豆條深受人們喜愛且幾乎成了必不可少的食物。另外，美國人特別注意的一點是在餐館用餐，如有吃剩的食物，一定要打包帶回家，以免浪費。

美國人在吃飯的時候刀叉並用，而且他們的用餐方式也是很有講究的。因此，在應邀與美國朋友一起吃飯時，應特別注意他們的用餐習慣。一般情況下，餐桌上擺放有一副餐刀和兩副餐叉，外邊的餐叉用於吃色拉，裡邊的餐叉用於吃主食和其他點心食品，餐刀用來切肉食。如果進餐者兩手並用，應左手握叉，右手握刀，而且一次握刀時間不能太長。

美國堪薩斯州法律規定：星期天不準公民吃蛇肉，違反者要被處以監禁。在新澤西州，如果誰在餐館裡喝湯時發出「咕嘟」「咕嘟」的聲音，就會被警察拘留。在內布拉斯加州，上午7時到下午7時之內，理髮師吃洋蔥是違法的。在印第安納州，吃過大蒜以後的4小時之內不準乘電車或上影劇院。

美國人飲食上忌食各種動物的內臟，不吃蒜，不吃過辣食品，不愛吃肥肉，不喜歡清蒸和紅燴菜肴。

美國人用餐的規矩主要有以下6條：不允許進餐時發出聲響；不允許替他人取菜；不允許吸菸；不允許向別人勸酒；不允許當眾脫衣解帶；不允許議論令人作嘔之事。

二、加拿大

（一）加拿大人的基本禮儀

加拿大的基本國情是地廣人稀，特殊的環境對加拿大人的待人接物有一定影響。一般而言，在交際應酬中，加拿大人最大的特點是既講究禮貌，又無拘無束。

加拿大國民的主體是由英、法兩國移民的后裔構成的。一般而言，英裔加拿大人大多信奉基督教，講英語，性格上相對保守和內向一些。法裔加拿大人則大都信奉天主教，講法語，性格上顯得較為開朗奔放。與加拿大人打交道，要瞭解對方情況，然后再有所區別地加以對待。

在日常生活中，加拿大人著裝以歐式為主。上班的時間，他們一般要穿西服、套裙；參加社交活動時，他們往往要穿禮服或時裝；加拿大人在休閒場合則講究自由穿著，只要自我感覺良好即可。

（二）習俗禁忌

加拿大人樸實、友善、隨和、很易於接近，講禮貌但不局限於繁瑣禮節。在北美，人們在得到他人服務時，一般都會微笑地道聲「謝謝」，特別是在接受禮物、感謝主人的熱情款待、感謝司機與導遊的周到服務、感謝餐館侍應生端上盤菜之時。

加拿大人在公共場所注意文明禮讓，在公共汽車和地鐵裡都主動給老人和小孩讓座，並禮讓女士優先，忌諱推撞女性，以避免不必要的法律訴訟。加拿大人開車至人行橫道線時，車速減慢。加拿大人乘坐公共交通工具總是依次排隊，很少有擁擠現象。在公共場所，加拿大人一般不大聲喧嘩。當有事或出錯時，加拿大人會說「打擾了」或「對不起」等用語，來表達禮貌性歉意。

加拿大的國花是楓葉，國樹是楓樹。加拿大人忌諱將白色百合花作為禮物送人。

加拿大人大多數信奉新教和羅馬天主教，少數人信奉猶太教和東正教。他們忌諱「13」和「星期五」，認為「13」是厄運的數字，「星期五」是災難的象徵。加拿大人

忌諱白色的百合花。因為它會給人帶來死亡的氣氛，人們習慣用它來悼念死人。加拿大人不喜歡外來人把他們的國家和美國進行比較，尤其是拿美國的優越方面與他們相比，更是他們不能接受的。加拿大婦女有美容化妝的習慣，因此他們不歡迎服務員送擦臉香巾。加拿大人在飲食上，忌吃蝦醬、魚露、腐乳和臭豆腐等有怪味、腥味的食物；忌食動物內臟和腳爪；不愛吃辣味菜肴。

(三) 飲食習慣

由於歷史的原因和人種的構成因素，加拿大人的生活習俗及飲食習慣與英、法、美相仿，其獨特之處是他們養成了特別愛吃烤制食品的習慣。這主要是由於地理環境天寒地凍的影響。加拿大人在餐具使用上，一般都習慣用刀叉。他們極喜歡吃家鄉風味烤牛排，尤以半生不熟的嫩牛排為佳。加拿大人習慣飯后喝咖啡和吃水果。

加拿大人在飲食嗜好上有如下特點：注重講究菜肴的營養和質量，注重菜肴的鮮和嫩；口味一般，不喜太濃，偏愛甜味；主食一般以米飯為主；副食喜歡吃牛肉、雞、雞蛋、沙丁魚、野味類等以及西紅柿、洋葱、青菜、土豆、黃瓜等新蔬菜；調料愛用番茄醬、鹽、黃油等；對煎、烤、炸等烹調方法製作的菜肴偏愛；喜愛中國的蘇菜、滬菜、魯菜。

加拿大人對法式菜肴比較偏愛，並以麵包、牛肉、雞肉、土豆、西紅柿等物為日常之食。從總體上講，加拿大人以肉食為主，特別愛吃奶酪和黃油。加拿大人重視晚餐，有邀請親朋好友到自己家中共進晚餐的習慣。受到這種邀請應當理解為主人主動顯示友好之意。

三、巴西

(一) 巴西人的基本禮儀

從民族性格來講，巴西人在待人接物上所表現出來的特點主要有兩個方面：一方面，巴西人喜歡直來直去，有什麼就說什麼；另一方面，巴西人在人際交往中大都活潑好動、幽默風趣、愛開玩笑。巴西人在社交場合通常都以擁抱或者親吻作為見面禮節，只有在十分正式的活動中，他們才相互握手為禮。除此之外，巴西人還有一些獨特的見面禮：其一，握拳禮；其二，貼面禮；其三，沐浴禮。

巴西是由歐洲人、非洲人、印第安人、阿拉伯人以及東方人等多種民族組成的國家，但核心是葡萄牙血統的巴西人。另外，由於從葡萄牙、西班牙、義大利等南歐國家來的移民在巴西占絕大多數，因此巴西人的習俗和南歐的習俗非常相似。

在正式場合，巴西人的穿著十分考究。他們不僅講究穿戴整齊，而且主張在不同的場合，人們的著裝應當有所區別。在重要的政務、商務活動中，巴西人主張一定要穿西裝或套裙。在一般的公共場合，男士至少要穿短襯衫、長西褲，女士則最好穿高領帶袖的長裙；商務訪問時，宜穿保守式樣深色西裝。無論訪問政府機關或私人機構，均要事先訂約。和巴西商人進行商務談判時，要準時赴約。如對方遲到，哪怕是1~2個小時，也應諒解。像大部分拉美人一樣，巴西人對時間和工作的態度比較隨便。

(二) 習俗禁忌

巴西的印第安人有一種習俗頗有趣，即洗澡和吃飯是他們生活中最重要的內容。若有人到他們家中做客，他們便邀請客人一起跳進河裡去洗澡，一次又一次，有的一天要洗上十幾次。據說，這是他們對賓客最尊敬的禮節，而且洗澡次數越多，表示對賓客越客氣、越尊重。

巴西人大多數信奉天主教，另外也還有少部分人信奉基督教新教、猶太教以及其他宗教。他們忌諱數字「13」，普遍認為「13」為不祥之數，是會給人帶來厄運或災難的數字。因此，人們都忌諱見到、聽到「13」。在同客人閒聊中，巴西人往往不願議論與阿根廷有關的政治問題。他們對行文或通信中，別人代簽或以印章替代簽字的做法是不理解的，甚至認為這是不尊重對方的表現。巴西人忌諱紫色，認為紫色是悲傷的色調；忌諱絳紫紅花，因為這種花主要用於葬禮上。巴西人還把人死喻為黃葉落下，因此棕黃色就成凶喪之色，很為人們所忌諱。巴西人忌用拇指和食指聯成圓圈，並將其餘三指向上升開，形成「OK」的手形，認為這是一種極不文明的表示。巴西人送禮忌諱送手帕，認為送手帕會引起吵嘴和不愉快。

巴西的國花：卡特蘭。巴西的吉祥象徵：蝴蝶。

適於與巴西人談論的話題：足球、笑話、趣聞等。

(三) 飲食習慣

巴西人飲食極具地方特點。在巴西的每個地方，烤肉是極為主流的風味菜，是巴西的著名風味菜肴。巴西燒烤代表了十足的拉丁風情：不拘一格、活力四射。巴西有「咖啡王國」之稱，巴西人比較喜歡喝濃咖啡，飯后閒談時喜歡喝一杯濃濃的、加方糖的黑咖啡。

巴西人平常主要吃歐式西餐。因為畜牧業發達，巴西人所吃食物之中肉類所占的比重較大。在巴西人的主食中，巴西特產黑豆佔有一席之地。

在飲食方面，巴西因為是歐、亞、非移民聚集之地，飲食習慣深受移民國響，所以各地習慣不一，極具地方特點。巴西南部土地肥沃，牧場很多，烤肉就成為當地最常用的大菜。巴西東北地區人們的主食是木薯粉和黑豆，其他地區的主食是面、大米和豆類等。蔬菜的消費量，以巴西東南部和南部地區居多。巴西有名的菜肴有：豆子燉肉是巴西全民主菜，是用豆子烹煮而成的菜；烤肉為巴西國菜，在巴西的每個地方，烤肉都是具有巴西風情的風味菜；坑燉羊肉憑其特有的烹制方式和鄉村風味風靡巴西全國。巴西素有「咖啡王國」的美譽，喝咖啡也就成了人們的習慣。

巴西人飲食上忌吃奇形怪狀的水產品和用兩栖動物肉製作的菜品，也不愛吃用牛油製作的點心。

巴西人用餐慣以歐式西餐為主，也樂於品嘗中國菜肴。

黑豆是巴西人每天必不可少的主食品，可用之做黑豆飯。巴西的國菜之一「膾豆」，就是用豬蹄和黑豆等做原料，放在砂鍋內一起燉制的。「烤肉」是巴西人最喜歡吃的風味菜之一，又是一道國菜，還是一種大眾菜。因此，許多巴西人家裡都備烤爐，以備宴請賓客或自家享用。巴西人最愛吃里脊肉，大都喜歡辣味菜肴。巴西人最愛喝

咖啡，每天就像中國人飲茶一樣，對咖啡一杯接一杯地喝個夠。

巴西人在飲食嗜好上有如下特點：講究菜肴量少而精，注重菜肴的營養成分；口味一般不喜太咸，愛麻辣味；主食以黑豆飯為主；愛吃魚、牛羊肉、雞和各種水產品；喜歡西紅柿、白菜、黃瓜、辣椒、土豆、洋葱等各種蔬菜；調料喜用棕櫚油、胡椒粉、辣椒粉等；對清蒸、滑炒、炸、烤、燒等烹調方法製作的菜肴偏愛；對中國的川菜最為推崇；很欣賞什錦拼盤、干燒魚、辣子雞丁、魚香腰花、軟炸蝦球、糖醋鱖魚、炒里脊丁等風味菜肴。巴西人喜歡飲用葡萄酒、香檳酒、桂花陳酒，也愛品嘗中國的茅臺酒，但一般酒量不大。巴西人愛吃水果中的波蘿、香蕉、柑桔、葡萄、蘋果等；干果喜歡腰果、杏仁等。

四、阿根廷

(一) 阿根廷人的基本禮儀

阿根廷人大多數為歐洲人后裔，其中以英國人、義大利人為主，政界和工商界人士普遍衣飾講究，言行舉止規矩大方。因此，在進行商務活動時必須注意儀容儀表，男士最好穿保守式樣的西裝、打領帶，參加正式酒會和宴會時，著中式或西式深色服裝均可，女士衣飾以得體大方為宜。即使是外地來的觀光客，也絕不例外。外國人經常以服裝取人，如果衣冠不整，他們就認為這個人不正派，服裝是他們據以進行人物評價的基礎。因此，到公司或機關訪問，或到客商家做客，都必須西裝革履，一副紳士模樣。西裝的顏色也要注意，一般說來，穿灰色的顏色最不受歡迎。這個顏色令人覺得陰鬱、不開朗，如果穿這種顏色的衣服去訪問對方，很可能使對方對自己的印象打折扣。

阿根廷人在日常交往中所採用的禮儀與歐美其他國家大體上是一致的，受西班牙影響最大。阿根廷人大都信奉天主教，因此一些宗教禮儀也經常見諸阿根廷人的日常生活之中。在交際中，阿根廷人普遍採取握手禮。在與交往對象相見時，阿根廷人認為與對方握手的次數是多多益善。在交際場合，對阿根廷人一般均可以「先生」「小姐」或「夫人」相稱。

在正式場合，阿根廷人的著裝講究乾淨整齊。做不到這一點的人就會失去阿根廷人的尊重。在一般情況下，不論是進行正式訪問還是外出，一定要男穿西裝套裝，女著套裙或長裙。

凡談生意，阿根廷人願意面對面地談判，通過電話聯繫很少能成交業務，商務拜訪一定要事先預約。

(二) 習俗禁忌

阿根廷人在正式社交場合多行握手禮。若是親朋好友，男子之間行擁抱禮，女士之間用雙手握手並互吻臉頰。阿根廷人為了表示對客人的友好和親熱，常會不斷地和客人握手。

阿根廷的國花：賽波花。阿根廷的國樹：奧布樹。

適於與阿根廷人談論的話題：足球及其他體育項目、烹飪技巧、家庭陳設等。

拜訪阿根廷人時，可贈送一些小禮品，但是送菊花、手帕、領帶、襯衫等是不適當的。

(三) 飲食習慣

阿根廷人普遍喜歡吃歐式西餐，以牛、羊、豬肉為喜食之物。阿根廷人喜歡的飲料有紅茶、咖啡與葡萄酒。有一種名為「馬黛茶」的飲料，最具有阿根廷特色。

阿根廷式的早餐大部分就是咖啡或茶，加上土司、奶油及果醬。阿根廷人的午餐及晚餐（通常在晚上9點以後）則是非常豐富的，尤其是晚餐，一家人在此時討論今日發生的事，主菜通常是烤肉，都是在預熱的木炭上邊烤邊吃，配上現榨的新鮮果汁。飯后會有甜點，通常是新鮮的水果和美味的冰淇淋。

五、墨西哥

(一) 墨西哥人的基本禮儀

墨西哥文化是多種文化的混合體。墨西哥人多信天主教，其次是基督教。墨西哥的官方語言為西班牙語。墨西哥是一個新興工業化國家，其白銀、硫磺、石油等產品在拉丁美洲乃至世界均居於重要地位。

墨西哥人的穿著打扮，既具有強烈的現代氣息，又具有濃厚的民族特色。在墨西哥人的傳統服裝之中，名氣最大的是「恰魯」和「支那波婆蘭那」。前者是一種類似於騎士服的男裝，看起來又帥又酷；后者則為一種裙式女裝，穿起來讓人顯得高貴大方。墨西哥人非常講究在公共場合著裝的嚴謹與莊重。在他們看來，在大庭廣眾之前，男子穿短褲或女子穿長褲，都是不合適的。因此，在墨西哥出入公共場合時，男子一定要穿長褲，女子則務必要穿長裙。墨西哥的現代服裝是印第安式樣和西班牙式樣長期混合的結果。墨西哥大城市居民的服飾已基本歐化，各種款式都有，但仍可看到傳統文化的印記。居民們的衣著偏好鮮豔的色彩，據說這和當年瑪雅人的習俗是一致的，他們認為色彩對比強烈的衣著能嚇退妖魔，保佑眾生平安。墨西哥婦女的頭髮喜歡梳得很高，常常插上花朵裝飾，有的還用五顏六色的羊毛線編頭髮。

墨西哥人通常的問候方式是微笑和握手，在親朋好友之間也施親吻禮和擁抱禮，但忌諱不熟悉的男女之間互相親吻。墨西哥人的姓名一般由教名、父姓、母姓三部分組成。在一般場合可用略稱形式，即只用教名和父姓。婦女婚后改為夫姓，夫姓之前須加一個「德」字表示從屬關係。

前去赴約時，墨西哥人一般都不習慣於準時到達約會地點。在通常情況下，他們的露面總要比雙方事先約定的時間晚上一刻鐘到半個小時左右，在他們看來這是一種待人的禮貌。

墨西哥商人相當功利現實、精打細算。雖然許多墨西哥商人會說英語，但他們卻希望對方能說西班牙語。如果接到墨西哥商人用西班牙文寫來的信，而用其他文字回信，這在墨西哥會被視為相當失禮。

(二) 習俗禁忌

墨西哥人認為紫色是不吉利的棺材色，應避免使用。由此而演變出一大忌諱，即

向墨西哥人送禮物，不能送紫色類的物品或以紫色包裝的禮品。

墨西哥人不喜歡外人用手勢來比畫小孩的身高，他們認為這種手勢只適用於表示動物的高矮，用在人身上，就有侮辱的意味。在墨西哥，很難見到男女並排在街上走。習俗是男子跟隨在妻子后面。在舞會上通常只能女人邀請男人，而不能相反。

在墨西哥，黃色花表示死亡，紅色花表示符咒。

墨西哥的國花：仙人掌。墨西哥的國鳥：雄鷹。墨西哥的國石：黑曜石。

墨西哥人最喜歡的顏色：白色。墨西哥人最不喜歡的顏色：紫色。

墨西哥人最討厭的數字：13。

(三) 飲食習慣

墨西哥人的傳統食物主要是玉米、菜豆和辣椒。它們被稱為墨西哥人餐桌上必備的「三大件」。墨西哥人可以用玉米製作出各種各樣的食品。另外，墨西哥有「仙人掌之國」的美稱，當地人喜食仙人掌，他們把仙人掌與菠蘿、西瓜並列，當作一種水果食用，並用它配製成各種家常菜肴。在食用昆蟲方面，墨西哥也是世界上消耗量最大的國家。

墨西哥的菜以辣為主，有人甚至在吃水果時也要加入一些辣椒粉。

在墨西哥，許多人都有以昆蟲作為菜的愛好。其居民常以龜、蛇、斑鳩、松鼠、石雞入菜，家常蔬菜要數炒仙人掌、仙人球最富有特色。

墨西哥人還以嗜酒聞名於世。賓客上門，習慣先以酒招待。

任務 5　非洲主要國家的商務禮儀

一、南非

(一) 南非人的基本禮儀

南非社交禮儀可以概括為「黑白分明」和「英式為主」。所謂「黑白分明」，是指受到種族、宗教、習俗的制約，南非的黑人和白人所遵從的社交禮儀不同；所謂「英式為主」，是指在很長的一段歷史時期內，白人掌握南非政權，白人的社交禮儀特別是英國式社交禮儀廣泛地流行於南非社會。

以目前而論，在社交場合，南非人所採用的普遍見面禮節是握手禮，他們對交往對象的稱呼則主要是「先生」「小姐」「夫人」。在黑人部族中，尤其是廣大農村，南非黑人往往會表現出與社會主流不同的風格。例如，他們習慣以鴕鳥毛或孔雀毛贈予貴賓，客人此刻得體的做法是將這些珍貴的羽毛插在自己的帽子上或頭髮上。

在城市之中，南非人的穿著打扮基本西化了。但凡正式場合，他們都講究著裝端莊、嚴謹。因此，進行官方交往或商務交往時，最好穿樣式保守、色彩偏深的套裝或裙裝，不然就會被對方視做失禮。此外，南非黑人通常還有穿著本民族服裝的習慣。不同部族的黑人，在著裝上往往會有自己不同的特色。

（二）習俗禁忌

信仰基督教的南非人，忌諱數字「13」和「星期五」。南非黑人非常敬仰自己的祖先，他們特別忌諱外人對其祖先言行失敬。跟南非人交談，有四個話題不宜涉及：不要為白人評功擺好；不要評論不同黑人部族或派別之間的關係及矛盾；不要非議黑人的古老習慣；不要為對方生了男孩表示祝賀。

（三）飲食習慣

南非當地白人平日以吃西餐為主，經常吃牛肉、雞肉、雞蛋和麵包，愛喝咖啡與紅茶。南非黑人喜歡吃牛肉、羊肉，主食是玉米、薯類、豆類，不喜生食，愛吃熟食。

南非著名的飲料是如寶茶。去南非黑人家做客，主人一般送上剛擠出的牛奶或羊奶，有時是自製的啤酒。客人一定要多喝，最好一飲而盡。

二、尼日利亞

（一）尼日利亞人的基本禮儀

尼日利亞地處西非，居民中穆斯林占47%，基督教徒占34%。尼日利亞是全世界人口最多的黑人國家。

由於尼日利亞以前是英國的殖民地，受英國文化的影響明顯，目前尼日利亞商務活動採用的文書圖表大多採用的是英國模式。尼日利亞的貿易主要與英國為主，與其他歐美國家也都有貿易往來。在尼日利亞拜訪政府官員宜穿西裝正裝，訪問商界人士則不必穿西裝，但是宜打領帶。拜會政府機關最好先預訂約會，而訪問商界則並非必要。尼日利亞商人比中東商人要守時得多，守時可創造好印象。在尼日利亞與政府、國營事業單位貿易時須找仲介人。在尼日利亞不管職位高低，有要求給「紅包」的習慣，因此對於這點要特別注意，並要對其有判斷力。

訪問尼日利亞最好的時期為10月到次年5月，同時避免聖誕節及復活節前後一週的時間去尼日利亞。同時，一些伊斯蘭教假日也是公共假期。去尼日利亞旅行應注意，由於當地高溫多濕，黃熱病、瘧疾、破傷風等傳染病在當地相當地流行，出遊前一定要接受預防注射，攜帶預防藥物。

（二）習俗禁忌

尼日利亞有許多部族，其習俗與文化傳統有很大差別，因此他們的生活方式也截然不同。尼日利亞人總習慣先用大拇指輕輕地彈一下對方的手掌再行握手禮。

談話中應迴避的一個話題是宗教。尼日利亞人不願談論政治，特別是有關非洲的政治問題。要避免談有關南非的事，所攜的印刷品不要有涉及南非活動的畫面。恰當的話題是有關尼日利亞的工業成就和發展前景。

尼日利亞人和人交談的時候，從不盯視對方，也忌諱對方盯視自己，因為他們認為這是不尊重人的舉止。他們忌諱左手傳遞東西或食物，忌諱數字「13」。已婚婦女最忌諱吃雞蛋，她們認為婦女吃了雞蛋就不會生育。

（三）飲食習慣

尼日利亞人用餐一般習慣以手抓飯，社交場合也使用刀叉。尼日利亞的飲水不是很安全，沒煮沸的生水絕不能喝。

三、埃及

（一）埃及人的基本禮儀

埃及是非洲和阿拉伯諸國中經濟較為發達的一個國家，傳統服裝是阿拉伯大袍，在農村不論男女仍以穿大袍者為多，城市貧民也有不少是以大袍加身。在一些邊遠地區，女子外出還保留著蒙面紗的習俗。

埃及人談話時習慣站得靠近些，他們的目光註視對方但不盯視。他們認為用手指招呼人是不禮貌的。進入清真寺，他們注意舉止恭敬，態度虔誠，忌諱踩祈禱用的鋪墊。人與朋友相見時，常稱呼對方為「阿凡提」，意思是「先生」，原來這一稱呼只限於王室，現在這一稱呼已被廣泛使用。埃及人見面時一般是握手，隨後親吻對方的臉。埃及還有一種吻手禮。

握手禮禁忌是不要用左手。行擁抱禮應力度適中。親吻禮根據交往對象不同分為吻面禮，一般用於親友之間，尤其是女性之間；吻手禮，向尊長表示謝意或是向恩人致謝時使用；飛吻禮，多見於情侶之間。

如果送禮品給埃及人，一定記住圖案千萬不要是星星、豬、狗、貓及熊貓的圖案，因為有悖其民族習俗。

埃及人不喜歡有星星圖案的衣服，商務活動用英語。到埃及進行商務活動，最好是在10月到次年4月。另外，當地每週工作日是從本星期六到下星期四，星期五是伊斯蘭教的休息日。

（二）習俗禁忌

埃及人喜歡蔥，認為它代表真理；忌諱針，認為它是罵人的話。在埃及，要會給小費，否則寸步難行；與人交談注意，男士不要主動與婦女攀談；不要誇人身材苗條；不要稱道埃及人家中的物品，人家會以為對方是索要此物；不要與埃及談論宗教糾紛、中東政局及男女關係。

埃及人喜歡綠色和白色，而忌諱黑色和黃色。他們認為數字「5」和「7」是積極的，而認為數字「13」是消極的。由於伊斯蘭教歷與公歷的差異，齋月的時間每年不同。在齋月期間，如果你在當地人面前吃喝東西或吸菸，會被訓斥。

埃及的國花是蓮花。埃及的國獸是貓。埃及的國石是橄欖石。

（三）飲食習慣

埃及人的主食有米飯、麵包等，葷菜有牛肉、羊肉，素菜有洋蔥、黃瓜等。埃及人就餐前一般都要說：以大慈大悲真主的名義。埃及人請客時菜肴豐盛、氣氛熱烈，主人總是希望客人多吃點。埃及人愛吃羊肉、雞肉、鴨肉、土豆、豌豆、南瓜、洋蔥、茄子和胡蘿蔔。他們習慣用自製的甜點招待客人，客人若是謝絕而一點也不吃，會讓

主人失望，也失敬於人。

四、蘇丹

(一) 蘇丹人的基本禮儀

蘇丹是一個禮儀之邦，百姓講禮貌、重禮節。男女見面，通常點頭微笑表示問候。同性邂逅，先興奮地打招呼，然后相互擁抱、親吻。親吻的次數以雙方關係的疏密而定。關係平平者，通常左右臉頰各親1下；關係好的，則親3下居多，同時伴著寒暄。真正的長篇問候是從雙方緊緊握著手、彼此對視著眼睛正式開始的，一般沒有三五分鐘是不會結束的。問候的開頭與我們的習慣相差無幾，無非是「近來可好」「身體怎樣」之類。但蘇丹人往往反覆地把對方家人的情況問個遍，從健康到生活，從學習到工作，甚至氣候、交通等，都會一一問及，見面問個沒完。

蘇丹的風俗禮儀因民族、區域和宗教的不同而有所差異，其色彩紛呈的文化往往給外來人留下深刻印象。

當應邀到蘇丹朋友家中做客時，入室前應主動將自己的鞋脫掉，即使主人說穿鞋進去沒有關係，那也只是句客套話，因為當地人都有進門脫鞋的習慣。

蘇丹人想結婚要送錢給未來的岳父岳母，得到未來的岳父岳母的同意後才能去政府登記結婚，在沒有登記結婚之前是不能有男女關係的，如有事實發生，則視為違法行為。結婚的日子男方殺羊宰牛，請所有親戚朋友到家裡先喝喜茶，方可進餐，視新郎家的財力而定，一般要吃3天以上，還要請禮儀公司的樂隊來吹拉彈唱，載歌載舞，熱鬧非凡。遠方來的客人晚上則會被主人安排住宿，蘇丹人男女不能同桌進餐，除非是家庭成員，因此在宴席間女人和孩子在室內進餐。

如果蘇丹朋友邀請你到他家中做客，你能非常爽快地答應，並準時抵達，蘇丹人會欣喜若狂，有時會高興得手舞足蹈。一旦你推辭，蘇丹人會感到十分掃興，甚至從此斷絕與你的來往。這是因為在當地人的傳統觀念中，拒絕朋友的邀請，不僅是瞧不起人的表現，而且有侮辱人格的含義。

(二) 習俗禁忌

蘇丹人忌諱左手傳遞食物或東西，認為使用左手是不尊重人的表現。他們忌諱有人隨便與他們國家的女人交談、握手或接觸。在蘇丹的別扎部落，男人不準提及母親和姐妹的名字，否則便被認為沒有教養。蘇丹人忌用狗作為商品的商標。

(三) 飲食習慣

蘇丹人以東歐式西餐為主，也非常喜歡中餐。他們用餐慣以右手抓食取飯。他們最喜歡喝本國咖啡（即把咖啡豆焙干、舂成細粉、加入奶酪煮成），他們常常聚集朋友共同品評暢敘心懷。

蘇丹伊斯蘭教徒禁食豬肉和使用豬製品，不吃怪形食物、不飲酒。蘇丹人不吃海鮮、動物內臟（有人吃肝），不愛吃紅燴帶汁的菜肴。

蘇丹人在飲食嗜好上有如下特點：講究菜肴肉多量大，注重菜品經濟實惠；一般

口味喜清淡、愛酸辣味；一般以面食為主，也常把肉當主食；喜食牛肉、羊肉、駱駝肉、雞、鴨、蛋等；常吃的蔬菜有西紅柿、洋葱、黃瓜、土豆、豌豆等；調料愛用辣椒、胡椒粉、芝麻等；對煎、烤、炸、炒、熘等烹調方法製作的菜肴更為偏愛；喜愛中國的清真菜；不飲酒，普遍愛喝酸牛奶、咖啡、果汁以及冷開水等飲料，也愛喝濃茶；對水果中西瓜、桃、香蕉都愛品嘗；干果喜歡花生米、腰果、核桃仁等。

五、安哥拉

(一) 安哥拉人的基本禮儀

安哥拉人見面稱謂語同中國漢族頗為近似，如爺爺、奶奶、爸爸、媽媽、叔叔、阿姨等，但對年長者或者外來賓客也有稱爸爸、媽媽的習慣。在公共場合或者外交場所，安哥拉人常常稱對方為先生、閣下、夫人、女士、小姐等，而且總是同對方的職務連起來相稱呼，如總統閣下、部長先生等。安哥拉是一個禮儀之邦，當地居民非常注重禮節。晚輩見到長輩總是主動打招呼問候，長輩也總是彬彬有禮地點頭致謝。當地居民見到異國他鄉來的客人，總是熱情地打招呼，親切地致以問候，顯得很有禮貌。相互熟悉的親朋好友見面，先是熱情握手，然后相互親吻對方面頰，最后手拉手地說長道短，而且邊談話邊用右手拍打對方的手掌，顯得親密無間和格外友善。在農村地區，許多婦女見到外來的女性賓客，即使素不相識，也是主動問候致意，接著便是圍著客人轉圈跳舞，而且嘴裡發出陣陣有節奏的歡叫聲，當地人認為這樣做是在表達他們內心深處最友好的情感。

安哥拉人中還流行一種特殊的見面問候禮節——開玩笑、說笑話，越是關係親密者之間所開的玩笑越是放肆，說出的笑話語言越是異常尖刻。安哥拉人把開玩笑、說笑話看成進行感情交流、加深友好關係的一種形式。安哥拉當地流行這樣一句諺語：「開玩笑是炎熱時撒在頭上的涼水，開玩笑是疲勞時注入的興奮劑，不僅讓人感到精神上的愉快，而且能夠帶來朋友之間更加真誠相待。」安哥拉人開玩笑、說笑話多限於朋友之間，內容廣泛、形式多樣。

安哥拉人熱情好客，陌生人見面，交談一會兒可能成為知心好友，便主動邀請對方到自己的家中做客，傾其家中最好的食品招待，臨別時還要贈送一些當地的土特產或者民間工藝品作為紀念禮物。

安哥拉人進行商務宴請時，安排客戶在賓館或者飯店吃西餐，進餐時除主食和菜以外，還擺上各種酒，主人並不勸酒，由客人自己選擇。

應邀到安哥拉朋友家中做客，一定要準時赴約，遲到是不禮貌的行為，而早到會令主人因準備不足而顯得措手不及。進入主人的家門，首先要注意觀察主人在室內是否穿著鞋，如果主人進門就脫掉鞋子，客人也應當學著主人的樣子進門就脫掉鞋子，因為安哥拉許多人家的客廳裡鋪著地毯，進入室內是不穿鞋的。進入客廳，客人要按主人指定位置入座。落座后，賓主交談過程中，坐姿要端莊，精神要集中，不可左顧右盼、東張西望。對於主人送上的飲料、水果，客人要主動接過來，並說一些感謝的話語。談話時，賓主雙方要避開政治形勢、國家領導人情況以及宗教方面的問題等，

可以談一些安哥拉實現民族和解以來在建設國家方面所取得的成就，讚揚安哥拉人民勤勞和智慧。

（二）習俗禁忌

由於受西方殖民主義統治達 500 多年，西方文化的影響在安哥拉可謂根深蒂固。安哥拉近一半的人口信奉羅馬天主教，另有 13% 的人信奉基督教新教，他們的某些忌諱同西方國家有些近似，如認為數字「13」是凶險而不吉利的，盡量設法避免。在許多城市的門牌號、賓館的房間號和樓層號、宴會的桌號甚至汽車的編號等均不用「13」這個數字。宴請不安排在某月的 13 日舉行，也忌諱 13 個人同桌共餐。安哥拉人也忌諱「星期五」這一天，如果「13 日」和「星期五」碰巧在同一天，人們便稱這一天為「黑色的星期五」，不僅當地一般不舉行什麼活動，而且許多人會整天感到害怕，仿佛災難馬上就要降臨到自己頭上似的。

（三）飲食習慣

安哥拉當地人的主食是玉米、木薯、小米等，由於當地盛產熱帶水果，不少人家經常以香蕉、芒果、木瓜等為餐。安哥拉人烹調食物方式獨特，大多數人愛吃烤玉米棒或者用高粱糊、玉米糊加上牛奶烙成餅子吃。不少安哥拉人也愛用高粱糊、玉米糊加上瓜類、果類、豆類、食鹽等煮成稠粥食用。安哥拉當地盛產木薯，當地人食用木薯的方法也是多種多樣，或是切成塊狀煮熟后再澆上湯汁，或是磨成粉狀加水熬成糊狀再拌上用西紅柿、魚塊或者肉丁制成的濃汁，或是用木薯粉制成肉丁饅頭、魚丁饅頭等。

安哥拉當地人食用香蕉的方法也很多，除了當水果食用外，或是將香蕉曬干碾成粉加上麵粉製成香蕉糕，或是將香蕉切成片放到油鍋裡炸制成油炸香蕉，或是將香蕉去皮后蒸或煮成泥再澆上用蔬菜、魚、肉、雞等制成的濃汁，或是將香蕉放到火上烤得冒香味后去皮吃等。

安哥拉人待客的飲料有咖啡、汽水、桔子汁、芒果汁、香蕉汁、木瓜汁、茶水、涼水等。進入安哥拉朋友家中做客，客廳裡的一只大瓷壺或者大瓦罐格外引人注目，裡面盛著涼水。

任務 6　大洋洲主要國家的商務禮儀

一、澳大利亞

（一）澳大利亞人的基本禮儀

澳大利亞人十分注重禮節，因此在很多方面都有其特殊的講究。澳大利亞人的服飾與西歐人一樣，均為西裝革履。澳大利亞人很講究禮貌，在公共場合從來不大聲喧嘩。在銀行、郵局、公共汽車站等公共場所，都是耐心等待，秩序井然。澳大利亞人第一次見面時習慣於互相握手。不過有些女子之間不握手，相逢時常親吻對方的臉頰。

澳大利亞人大都名在前、姓在后，稱呼別人先說姓，接上先生、小姐或太太之類；熟人之間可稱呼小名；熟悉之后就直呼其名。男人往往把他們的朋友親密地喚作「mate」（伙計），大多數男人不喜歡緊緊擁抱或握住雙肩之類的動作。在社交場合，澳大利亞人忌諱打哈欠、伸懶腰等小動作。

　　澳大利亞人習慣擁有較大的個人空間。例如，有人在使用銀行自動提款機，在他后面的人應自覺保持1米以上的距離。在澳大利亞，推碰別人是極不禮貌的舉動。澳大利亞人都習慣於在購物付款、銀行存款和等車時排隊，即使沒有正式的隊列，也要遵守先到先得的規則，因此輪候服務時一定要有耐心，澳大利亞人最不喜歡別人插隊。也許有人會覺得澳大利亞的生活節奏更為緩慢，但澳大利亞人認為最好的服務是友善而非快捷，辦事多花點時間又有何妨。除禁止在餐館吸菸的城市外，多數澳大利亞餐館分吸菸區與非吸菸區。

　　澳大利亞餐館收7%的貨品及服務稅，帳單不加服務費，若服務好，通常給15%的服務費。如果幾個人一同外出吃飯，通常是各自支付自己那一份。如果想去極隆重或極受歡迎的餐廳用膳，最好事前致電訂位。除非在高級餐廳，一般人都會叫服務生將剩余的食物放在盒子裡帶回。

　　如果有人邀請你晚上到他家裡作客或吃晚飯，一般做法是帶一件不太昂貴的禮物，如鮮花、巧克力或一瓶餐酒。應邀者應問清楚男主人或女主人應什麼時間到達，並問明穿著要求是正式還是隨意。若是聚餐，可問明應不應帶點自製的食品。女主人照例帶頭開始用餐，先讓客人取用主菜，然后自己才用。多數澳大利亞人都率直，如果不喜歡吃某樣東西，只需說「不，謝謝你」。臨近終了時，主人如有疲倦的跡象，則意味著該是告辭的時候了。宴會之后數天，打一個電話或寄一張簡短的致謝函，會令主人感到欣慰。禮尚往來，如果禮儀周到，應該在幾個星期之后回請一次。

　　澳大利亞人特別講究人與人之間的平等，認為禮尚往來應彼此尊重、互不歧視。平時澳大利亞人喜歡交際，樂意跟陌生人攀談，並當面帶笑容，給人以親切友好之感。澳大利亞到處人情味特別濃，人們崇尚自由，喜歡無拘無束，就連向來以高度自由著稱的美國人也認為該國是他們身居國外行動上最感到輕松自由的國家。澳大利亞是一個十分崇尚禮節的國度，生活中人人注重禮貌，文明用語總是不絕於耳，談話時總習慣於輕聲細語，很少大聲喧嘩，否則會被認為是一種沒有修養的表現。在澳大利亞，到處都盛行「女士優先」的良好社會風氣，女性受到人們的普遍尊重。澳大利亞人特別喜歡讚美女士的長相、才氣、文雅舉止等各方面，認為這是一種有教養的表現。

　　平時，澳大利亞人還有一個特殊的禮貌習慣，即他們乘坐出租汽車時，總習慣與司機並排而坐，即使是夫婦同時乘車，通常也要由丈夫與司機坐在前座，妻子則獨自坐在后排。他們認為這樣才是對司機的尊重，否則會被認為失禮。澳大利亞土著居民的一些生活禮俗十分特別。例如，馬斯格雷夫山地人習慣以鑼聲迎送客人。凡有客人來訪，他們即敲鑼以示迎接，若是來客不受歡迎，他們也以鑼聲逐客。有些地方的土著居民則有嚼骨告別的禮俗。親友告別時，總要使勁地咬嚼一根骨頭，並使之發出「格格」的聲音，以示互道珍重，盼望早日重逢。

　　到澳大利亞進行商務活動的最佳月份是3～11月。澳大利亞是一個講求平等的社

會，不喜歡以命令的口氣指使別人。業務約會一定要準時，澳大利亞人的時間觀念特別強，歷來十分重視辦事效率，對約會講究信義，有準時赴約的良好習慣。社交約會最遲勿超過半小時，如果不得已而遲到，最好先打電話通知對方，並告訴對方將會到達的時間，對方會欣賞這樣的做法。一般而言，多數澳大利亞人辦事沉著冷靜、計劃性強，特別是澳籍英國移民后裔，幹什麼事都喜歡正規，從不馬虎從事。平時，他們把工作時間和休閒時間嚴格分開，界限分明，認為工作是在辦公室裡干的事情，下班后應該全部忘掉，因此他們通常不喜歡在餐桌上談論公事，唯恐因此而倒了胃口。澳籍美國移民后裔則恰恰相反，他們特別喜歡邊吃邊談，內容包括生意在內的一切公事，而且常常談得很帶勁，他們的許多生意就是在餐桌上談成的。如果請他人吃飯，要問清楚對方有沒有不吃的東西，很多澳大利亞人對某種事物過敏，應盡量注意，對方也會認為是一種禮貌。交談時，交談者應盡量談輕鬆的話題，如當地的天氣、風俗等。

在澳大利亞經商或從事類似的工作，攜帶名片是很重要的。名片是向對方提供持名片者身分的證明，收到名片的人通常會將它保存起來作為記錄，並知道如何與持名片人進行聯繫。中國人的名片應當用中文、英文或中文和拼音文字印上姓名、在公司中的職務和公司名稱、電話、電傳和郵箱等。

澳大利亞人有個絕對無法通融的習慣，那就是每週日上午，一定到教堂聽道。澳大利亞人自古至今，一直嚴守「周日做禮拜」的習慣。因此，要避免在周日上午約他們出來打球。

(二) 習俗禁忌

在澳大利亞，即使是很友好地向人眨眼，也會被認為是極不禮貌的行為。澳大利亞人對兔子特別忌諱，認為兔子是一種不吉祥的動物，人們看到兔子會覺得要倒霉，認為這預示著厄運將要臨頭。因此，出口澳大利亞的商品須注意避免使用諸如兔子等不受當地人歡迎的動物圖案做商標，以免招致人們的冷落。前往澳大利亞開展商務活動，最好選擇在 3~11 月進行，其他時間多為節假日，應避免前往。

在數字等方面，受基督教的影響，澳大利亞人對「13」與「星期五」普遍反感至極。他們認為「13」會給人們帶動不幸和災難。

澳大利亞人忌諱「自謙」的客套語言，認為這是虛偽和無能或看不起人的表現。

澳大利亞人崇尚人道主義和博愛精神。在社會生活中，他們樂於保護弱者。除了保護老人、婦女、孩子、弱小種族之外，他們還講究保護私生子的合法地位，將保護動物看成自己的天職。

議論種族、宗教、工會和個人私生活以及等級、地位問題，最令澳大利亞人不滿。

(三) 飲食習慣

澳大利亞人在飲食上習慣以吃英式西餐及面食為主，其口味喜清淡，不喜太咸，愛甜酸味，忌食辣味菜肴，他們一般喜歡食用以煎、炸、炒、烤方式烹制的菜肴。澳大利亞人在就餐時，大都喜愛將各種調味品放在餐桌上，任其自由選用調味，而且調味品要多，調味品常用番茄醬、蔥、姜、胡椒粉等。

澳大利亞的食品素以豐盛和量大而著稱，尤其對動物蛋白有極高的需求量。澳大

利亞人通常愛喝牛奶，喜食牛羊肉、精豬肉、雞、鴨、魚、雞蛋、乳製品及新鮮蔬菜。傳統風味有火腿、煎牛里脊、烤雞、番茄牛肉、糖醋魚等。飲料方面，澳大利亞人喜歡飲用啤酒和葡萄酒，對咖啡、紅茶等飲料特別感興趣。同時，澳大利亞人對中餐也比較感興趣，尤其是喜愛淮揚菜、浙菜、滬菜、京菜。

二、新西蘭

（一）新西蘭人的基本禮儀

新西蘭的人種可分為歐洲移民后裔和本土毛利人，所對應的通用語言為英語和毛利語，主要宗教有基督教和天主教。歐洲移民后裔占新西蘭人種大多數，所以主流社會的交際禮儀具有鮮明的歐洲特色尤其是英國特色。新西蘭人初次見面的社交禮儀有握手禮、鞠躬禮、注目禮等。

毛利人雖說是新西蘭的少數人群，但在商務活動中難免會遇到，因此瞭解毛利人慣用的社交禮儀還是有必要的。碰鼻禮是毛利人的特色，也是少有的商務禮儀。主人在迎接客人時，主人要與對方彼此用鼻相碰，相互碰上兩三次，時間越長，次數越多，表明客人所受的禮遇越高。毛利人除了碰鼻禮外，還會有迎接賓客的列隊儀式，儀式人員會有意對客人們吐舌頭、瞪眼睛、扮鬼臉等，據說這是毛利人驅邪免災的儀式，當然對方的領頭者也不會「放過」客人，領頭者會從腰間取下一支小木棍，放在客人的面前，然后看客人的反應。若是客人不明白此禮儀，必會遭受偏待；若是客人不慌不忙地彎腰拾起，並用目光正視「挑戰者」，則毛利人主人認為客人是一位毫無惡意的友善之人，並加以禮待。

歐洲移民后裔的新西蘭人奉行平等主義，非常反對交際場合談身分、擺架子。新西蘭人都以自己的職業為榮，絕對不分三六九等。在同新西蘭人的交際中，若能直呼其名字，必定會倍受歡迎。

社交活動難免會有宴會、應酬，出席時當然對服裝禮儀、餐飲禮儀也是有所講究的。新西蘭人在服飾方面，看重質量、講究莊重，偏愛舒適。穿著邋遢、緊身拘束的打扮是為新西蘭人所厭惡的。在新西蘭，女士若出席宴會，不但要身著盛裝，而且一定要化妝。新西蘭人視不化妝為不禮貌、不尊重別人的表現。新西蘭女士出席打高爾夫球的商務活動時，都是身著裙子，這當然不是不禮貌的體現，反而是對別人的尊重。毛利人在出席宴會時，當然是有所不同的。毛利人慣於肩披披肩，腰扎圍裙，頭戴花環或插羽毛。男性喜歡身著鮮豔的服裝，手提長矛利劍，以此耀武揚威，渲染現場喜慶的氣氛。

（二）習俗禁忌

信奉基督教和天主教的新西蘭人最忌諱數字「13」「666」與「星期五」。若是遇上某天既是13號，也是星期五，則新西蘭人會盡量避免外出活動，沒有非辦不可的事情是不會出家門的。縱然新西蘭人大多會沿襲歐洲人的習俗，但不喜歡像英國人一樣用「V」字手勢去表示勝利。

毛利人則信奉原始宗教，信徒相信靈魂不滅，因此對拍照、攝影十分忌諱，賓客

不要因美麗而拍攝人物影像，也不要為留念而拍照。

毛利人忌諱讓老年人或病重垂危的人住院，因為他們認為只有罪人或奴隸才死於家外。

新西蘭面積雖小，但新西蘭人多忌諱建造或居住密集型的住宅。

新西蘭的國鳥是幾維鳥，這種鳥在新西蘭備受尊敬。「幾維果」在中國叫做獼猴桃，是新西蘭人待客和出口的主要果品。

新西蘭人比較嚴肅寡言，並且很講究紳士風度。當眾閒聊、剔牙、吃東西、喝飲料、嚼口香糖、抓頭髮、緊腰帶，均被新西蘭人視為不文明的行為。新西蘭人奉行「不干涉主義」，即反對干涉別人的一切，特別是對國內種族問題極為反感。新西蘭人在男女交往中較為拘謹保守，並且有種種「清規戒律」。在新西蘭，男女同場活動往往遭到禁止，如看電影也分男女專場。新西蘭人避免談及收入、年齡、婚姻、家庭、政治信仰、宗教信仰、個人生活習慣等敏感問題。

(三) 飲食習慣

新西蘭人慣於口味清淡，不喜歡吃有黏性或者辣的食物，喜歡吃牛肉、羊肉、雞肉、魚肉等，就餐以刀叉取食，講究紳士餐桌禮儀，忌諱吃飯時頻頻交談。新西蘭人除了愛吃瘦肉外，還喜愛喝濃湯，紅茶更是一日不可或缺，每天依行六飲，即早茶、早餐茶、午餐差、下午茶、晚餐差、晚茶。若應邀到新西蘭人家裡吃飯，可以帶一盒巧克力或一瓶威士忌作為禮物，禮品不要太多或太貴重。無論中國還是外國，吃飯當然是以酒酬賓。新西蘭人也不例外，一樣的愛喝酒，但新西蘭對售酒卻有嚴格的限制，只有在特許售酒的餐館裡，才能出售葡萄酒，烈性酒也只能是購買了正餐以後，才得出售。

【拓展閱讀】

表 5-1　　　　　　　　　　　國際禮儀禁忌

適用對象	禁忌事項	禁忌俗由
印尼中爪哇人	晚間出門吹口哨	招鬼、遇災
穆斯林	豬圖案的裝潢	教規、教俗
巴基斯坦人	談豬、吃豬肉、用豬製品	教俗
巴基斯坦婦女	海參、魚肚等怪狀食物	教俗
沙特人	下象棋	象徵弒君叛逆
沙特人	客人隨意進入主人房間	男女用房有別
沙特婦女	在公開場合拋頭露面	教俗
伊拉克人	日常生活中使用藍色	魔鬼的象徵
土耳其人	用花顏色裝飾房間、用綠三角作標誌	不吉利的象徵、免費樣品標記

表5-1(續)

適用對象	禁忌事項	禁忌俗由
捷克人	用紅三角作標誌	劇毒的標記
國際上	三角形作標記	警告的標記
瑞典人	飲酒	俗定
匈牙利人	打破玻璃器皿	厄運的先兆
比利時人	藍色服裝，以藍色物作裝飾	不祥、惡兆
義大利人	以手帕為禮品	親友分離
	房間、門廳、過道、車內吹過堂風	招致患病
希臘人	養貓、受貓	引人至陰間
埃塞俄比亞人	出門作客時穿黃色服裝	哀悼死者
南美印第安人	在陌生人面前說出自己的真名	帶來不幸
巴西人	用黃與紫的調配色作裝飾色	引起惡兆
不丹人	留山羊胡子	越軌行為

【案例分析】

錯誤的手勢

有位美國商人單身一人到巴西去談生意，在當地請了個助手兼翻譯。談判進行得相當艱苦，幾經努力，雙方最終達成了協議，這時美國商人興奮得跳起來，習慣性地用拇指和食指合成一個圈，並伸出其餘三指，也就是「OK」的意思，對談判的結果表示滿意。然而，在場的巴西人全都目瞪口呆地望著他，男士們甚至流露出憤怒的神色，場面顯得異常尷尬。

分析：無論在什麼場合，手勢動作都要非常謹慎地使用。因為手勢動作雖然表意十分豐富，在語言表達不順暢的時候，能輔助我們表情達意。但是，由於國家、民族、風俗習慣的不同，同一手勢卻會有不同的含義。正如美國人在表示滿意、讚賞時喜歡用「OK」的手勢，可是在南美，尤其是在巴西，如果做此手勢，女性會認為你在勾引她，而男性則認為你在侮辱他，從而馬上會做出戒備的姿態。

模塊 6　商務禮儀實訓

【模塊速覽】

任務 1　簡妝實訓
任務 2　儀容儀表實訓
任務 3　站姿實訓
任務 4　坐姿實訓
任務 5　走姿實訓
任務 6　蹲姿實訓
任務 7　手勢實訓
任務 8　表情實訓
任務 9　著裝實訓
任務 10　電話禮儀實訓
任務 11　商務禮儀綜合情景模擬實訓

任務 1　簡妝實訓

實訓內容、操作標準、基本要求如表 6-1 所示：

表 6-1　實訓內容、操作標準、基本要求

實訓內容	操作標準	基本要求
基本化妝	(1) 塗化妝水，用棉球蘸取向臉面叩拍； (2) 塗粉底霜，用手指或手掌在臉上點染勻抹； (3) 上粉底，用手指或手掌在臉上染勻抹，不宜過厚； (4) 撲化妝粉，用粉撲自下而上，撲均勻	(1) 眼要自然不著痕跡，頰宜輕勻； (2) 內容可酌情捨棄或變動次序； (3) 此操作僅適合簡單快速淡妝或工作妝，用時 10 分鐘左右； (4) 不在男士面前化妝
眼部化妝	(1) 塗眼影：用棉花棒沾眼影在眼周、眼尾、上下眼皮、眼窩處點抹定型使人顯得溫柔； (2) 描眉：藍灰色打底，棕色或黑色描出適合的眉型，直線型使臉顯短，彎型使人顯得溫柔； (3) 描眼線：用眼線筆沿眼睫毛底線描畫	
抹臉紅	用臉頰紅輕染輕掃兩頰，以顴骨為中心向四周塗勻，長臉橫打胭脂，圓臉和方臉豎打胭脂	
畫口紅	(1) 用唇筆描上下唇輪廓，起調整色澤、改變唇型作用； (2) 塗口紅，填滿輪廓	
檢查	髮際和眉毛是否沾上粉底霜；雙眉是否對稱；胭脂是否塗勻；妝面是否平衡；與穿著是否協調；適當調整修改	

任務 2　儀容儀表實訓

自己對著鏡子根據自己臉型為自己進行髮型設計。實訓小組內的成員互相評議打分。

根據自己的臉型及五官的具體形狀為自己化工作妝，實訓小組的成員相互評議打分。

測試與提升：自我檢查並填表（見表 6-2）。

組織一次文秘人員「儀容儀表」展示會，學生自己化妝，選擇適合自己職業身分的服裝。

表 6-2　　　　　　　　　　　測試與提升

自檢項目	不足和缺陷	改建方法和要求
頭髮		
眼睛		
耳朵		
鼻子		
胡子		
嘴部		
臉部		
脖子		
手部		
首飾		
腿部		

任務 3　站姿實訓

1. 實訓準備

準備一間形體訓練室，四面牆安裝長度及地的鏡子，能從頭到腳照到訓練人員。實訓目的和實訓要求參見表 6-3。

表 6-3　　　　　　　　　　實訓目的和實訓要求

實訓目的	為各項禮儀工作打下基礎
實訓要求	掌握規範的站姿、能自糾錯誤直至形成習慣

2. 操作規範（見表6-4）

表 6-4　　　　　　　　　　　　　　操作規範

實訓內容	操作標準	基本要求
側立式站姿	（1）抬頭，面朝正前方，雙眼平視，下顎微微內收，頸部挺直，雙肩放鬆，呼吸自然，腰部直立； （2）腳掌分開呈「V」字形，腳跟靠攏雙膝並嚴，雙手放在腳部兩側，手指稍彎曲，呈半握拳狀	站的端正、自然、親切、穩重，即要做到「立如松」
前腹式站姿	（1）同「側立式站姿」操作標準第一條； （2）腳掌分開呈「V」字形，腳跟靠攏雙膝並嚴，雙手相交輕握放在小腹處	
后背式立姿	（1）同「側立式站姿」操作標準第一條； （2）兩腳分開呈「V」字形，兩腳平行，比肩寬略窄些，雙手在后背輕握放在腰處	
丁字式站姿	（1）同「側立式站姿」操作標準第一條； （2）一腳在前，將腳尖向外略展開，形成斜寫的一個「丁」字，雙手在腹前相交，身體重心在兩腳上（此姿勢限於女性使用）	
站得太累時自行調節	兩腿微微分開，將身體重心移向左腳或右腳	

3. 站姿訓練的方法

（1）按照標準訓練站姿，可以靠牆訓練，后腦勺、雙肩、臀部、小腿及腳后跟都緊貼牆壁立；也可兩人一組，背靠背站立。

（2）配輕音樂，訓練4種站姿。

任務4　坐姿實訓

1. 實訓準備

準備一間形體訓練室，四面牆安裝長度及地的鏡子，能從頭到腳照到訓練人員。實訓目的和實訓要求參見表6-5。

表 6-5　　　　　　　　　　　　實訓目的和實訓要求

實訓目的	為各項服務工作打下基礎
實訓要求	掌握規範的坐姿，能自糾錯誤直至形成習慣

2. 操作規範（見表 6-6）

表 6-6　　　　　　　　　　　　　　操作規範

實訓內容	操作標準	基本要求
基本坐姿	（1）入座時，要輕而緩，走到座位前面轉身，右腳后退半步，左腳跟上，然后輕輕地坐下； （2）女性穿裙時需要用手將裙子向前攏一下； （3）坐下后，上身直正，頭正目平，嘴巴微閉，臉帶微笑，腰背稍靠椅背，兩手相交放在腹部或兩腿上，兩腳平落在地面（男子兩膝間的距離以一拳為宜，女子則以不分開為好）	坐姿的基本要求是「坐如鐘」；具體要求是坐得端正、穩重、自然、親切、給人一種舒適感
兩手擺法	（1）有扶手時，雙手輕搭或一搭一放； （2）無扶手時兩手相交或輕握放於腹部，左手放在左腿上，右手搭在左手背上，兩手呈八字形放於腿上	
兩腿擺法	（1）凳高適中時，兩腿相靠或稍分，但不能超過肩寬； （2）凳面底時，兩腿並攏，自然傾斜於一方； （3）凳面高時，一腿略擱於另一腿上，腳尖向下	
兩腳擺放	（1）腳跟與腳尖全靠或一靠一分； （2）一前一後或右腳放在左外側	
「S」形坐姿	上體與腿同時轉向一側，面向對方，形成一個優美的「S」形坐姿	
疊膝式坐姿	（1）兩腿膝部交叉，以腿內收與前腿膝下交叉，兩腿一前一後； （2）雙手稍微交叉於腿上； （3）起立時，右腳向后收半步，而后站立； （4）離開時，先向前走一步，自然轉身退出房間	

3. 坐姿訓練的方法

（1）對所學的幾種坐姿，每次訓練堅持 20 分鐘左右，配有輕鬆優美的音樂，以減輕疲勞。

（2）在日常生活中訓練。例如，在乘車時、在上課時、在伏案看書採用坐姿時，都可以按照以上標準坐姿要求進行訓練，不放過每一次時機，久而久之，保持優美的坐姿便形成了習慣。

任務 5　走姿實訓

1. 實訓準備

準備一間形體訓練室，四面牆安裝長度及地的鏡子，能從頭到腳照到訓練人員。實訓目的和實訓要求參見表 6-7。

表 6-7　　　　　　　　　　　實訓目的和實訓要求

實訓目的	為各項服務工作打下基礎
實訓要求	掌握規範的走姿，能自糾錯誤，直至形成習慣

2. 操作規範（見表6-8）

表6-8　　　　　　　　　　　　　　操作規範

實訓內容	操作標準	基本要求
一般走姿	(1) 方向明確，在行走時，必須保持明確的行進方向，盡可能地使自己猶如在直線上行走，不突然轉向，更忌諱突然大轉身； (2) 步幅適中，一般而言，行進時邁出的步幅與本人一只腳的長度相近，即男子每步約40厘米，女子每步約36厘米； (3) 速度均勻，在正常情況下，男子每分鐘108～118步，不突然加速或減速； (4) 重心放準，行進時身體向前微傾，重心落在前腳掌上； (5) 身體協調，走動時要以腳跟首先著地，膝蓋在腳步落地時應當伸直，腰部要成為重心移動的軸線，雙臂在身體兩側一前一后地自然擺動； (6) 體態優美，做到昂首挺胸，步伐輕松而矯健，最重要的是行走時兩眼平視前方，挺胸收腹，直起腰背，伸直腿部	「行如風」，即走起來要像風一樣輕盈；方向明確、抬頭、不晃肩，兩臂擺動自然，兩腿直而不僵，步伐從容，步態平衡，步幅適中、均勻，兩腳落地成兩條直線
陪同客人的走姿	(1) 同「一般走姿」； (2) 引領客人時，位於客人側前2～3步，按客人的速度行進，不時用手勢指引方向，招呼客人	
與客人相對而行的走姿	(1) 同「一般走姿」； (2) 接近客人時，應放慢速度，與客人交會時，應暫停行進，與客人點頭示意，讓客人先行	
與客人同向而行的走姿	(1) 同「一般走姿」； (2) 盡量不超過客人，必須超過時，要先道歉后超越	
與服務人員同行的走姿	(1) 同「一般走姿」； (2) 不可並肩同行，不可嬉戲打鬧，不可閒聊	

3. 走姿訓練的方法

(1) 配樂（進行曲）進行走姿訓練；前行步，后退步，側行步，前行轉身步，后退轉身步。

(2) 在地上畫直線，頭頂書本，腳穿高跟鞋或半高跟鞋（女生）踩線行走練習。

任務6　蹲姿實訓

1. 實訓準備

準備一間形體訓練室，四面牆安裝長度及地的鏡子，能從頭到腳照到訓練人員。實訓目的和實訓要求參見表6-9。

表 6-9　　　　　　　　　　　　實訓目的和實訓要求

實訓目的	為各項服務工作打下基礎
實訓要求	掌握規範的蹲姿，能自糾錯誤，直至形成習慣

2. 操作規範（見表 6-10）

表 6-10　　　　　　　　　　　　操作規範

實訓內容	操作標準	基本要求
高低式蹲姿	下蹲時，應左腳在前，左腳完全著地，右腳跟提起，右膝低於左膝，右腿左側可靠於左小腿內側，形成左膝高右膝低姿勢；臀部向下，上身微前傾，基本上用左腿支撐身體（採用此式時，女性應並緊雙腿）	(1) 在服務行業，一般只有在以下情況下，才允許服務人員在其工作中酌情採用蹲的姿勢：整理工作環境、給予客人幫助、提供務必要服務、撿拾地面物品； (2) 採用蹲姿時要注意：不要採用突然下蹲、不要距人過近、不要方位失當、不要隨意濫用
交叉式蹲姿	交叉式蹲姿主要適用於女士，尤其是身穿短裙的女性在公共場合採用，雖然造型優美，但操作難度較大，要求在下蹲時，右腳在前，左腳在後，右小腿垂直於地面，全腳著地；右腳在上，左腿在下交叉重疊；左膝從后下方伸向右側，左腳跟抬起腳尖著地；兩腿前后靠緊，合力支撐身體；上體微向前傾，臀部向下	
半蹲式蹲姿	半蹲式蹲姿多為人們行進之中臨時採用，其基本特徵是身體半立半蹲式，其主要要求是在蹲下之時，上身稍許下彎，但不宜與下肢構成直角或銳角；臀部務必向下，雙膝可微微彎曲，其角度可根據實際需要有所變化，但一般應為鈍角；身體的重心應當放在一條腿上，而雙腿之間都不宜過度分開	
半跪式蹲姿	半跪式蹲姿有簡單蹲姿，其基本特徵是雙腿一蹲一跪，其主要要求是下蹲以後，改用一腿單膝點地，以其腳尖著地，臀部坐在腳跟上；另外一條腿應當全腳著地，小腿垂直與地面；雙膝必須同時向外，雙腿則宜盡力靠攏	

任務 7　手勢實訓

1. 實訓準備

準備一間形體訓練室，四面牆安裝長度及地的鏡子，能從頭到腳照到訓練人員。實訓目的和實訓要求參見表 6-11。

表 6-11　　　　　　　　　　　實訓目的和實訓要求

實訓目的	為各項服務工作打下基礎
實訓要求	掌握規範的手勢，能自糾錯誤，直至形成習慣

2. 操作規範（表6-12）

表6-12　　　　　　　　　　　　　　操作規範

實訓內容	操作標準	基本要求
正常垂放	具體做法有以下6種： （1）雙手之間朝下，掌心向內，手臂伸直后分別緊貼兩腿褲線處； （2）雙手伸直后自然相交於小腹之處，掌心向內，一只手在上，另一只手在下，疊放在一起； （3）雙手伸直后自然相交於手背后，掌心向外，兩只手相握； （4）一只手緊貼褲線自然垂放，另一只手略彎曲向內搭在腹前； （5）一只手掌心向外背在背后，另一只手略彎曲掌心向內搭在腹前； （6）一只手緊貼褲線自然垂放，另一只手掌心向外背在背后	自然優雅，規範適度，五指伸直並合攏，掌心斜向上，腕關節伸直，手與前臂成直線，以肘關節為軸，彎曲140度左右為宜，手掌與地面形成45度
自然搭放	在站立服務時，身體應盡量靠近桌面或櫃臺，上身挺直；兩臂稍微彎曲，肘部朝外，兩手以手指部分放在桌面或櫃臺、指尖朝前，拇指與其他四指稍有分離，並輕搭載桌子或櫃臺邊緣；應注意不要距離桌子或櫃臺過遠，同時還要根據桌面高矮調整手臂彎曲程度，盡量避免將上半身趴伏在桌子或櫃臺上，將整個手掌支撐在桌子、櫃臺上；以坐姿服務時，將手部自然搭放在桌子上，身體趨近桌子或櫃臺，盡量挺直，稍身躬；除採取書寫、計算、調試等必要動作時，手臂可擺放於桌子或櫃臺之上外，最好僅以雙手手掌平放於其上；將雙手放在桌子或櫃臺上時，雙手可以分開、疊放或相握，但不要將胳膊支起來或是將手放在桌子或櫃臺之下	不可用桌子或櫃臺支撐身體
手持物品	穩妥、自然、到位、衛生	身體其他部位姿勢規範
遞送物品	雙手為宜；遞到手中；主動上前；方便接拿；尖、刃向內	
展示物品	便於觀看；手位正確	
打招呼	要使用手掌；要掌心向上，而不宜掌心向下	
舉手致意	（1）舉手致意時，應全身直立，面向對方，至少上身與頭部要朝向對方，在目視對方的同時，應面帶笑容； （2）手臂上伸，致意時應手臂自下而上向側上方伸出，手臂即可略有彎曲，也可全部伸直； （3）掌心向外，致意時必須掌心向外，即面向對方，指向朝向上方；同時，切忌伸開手指	
握手	注意先後順序、用力大小、時間長度、相握方式	
揮手道別	（1）身體站直，盡量不要走動、亂跑，更不要搖晃身體； （2）目視對方，目送對方遠去直至離開，若不看道別對象，便會被對方理解為「目中無人」或敷衍了事； （3）手臂前伸，道別時可用右手，也可用雙手並用，但手臂應盡力向前伸出，注意手臂不要延伸得太低或過分彎曲； （4）掌心朝外，揮手道別時要保持掌心向外，否則是不禮貌的； （5）左右揮動，揮手道別時要將手臂向左右兩側輕輕地來回揮動，盡量不要上下擺動	

表6-12(續)

實訓內容	操作標準	基本要求
引導手勢	（1）橫擺式，手位高度齊腰，用於引導表示「請」時的手勢； （2）斜擺式，請對方落座，座位在哪兒，手位指到哪兒； （3）直臂式，（專業引導手勢）適合於給對方指引方向，手臂伸直與肩同高； （4）曲臂式，適用於單手持物或扶門時，須向對方做「請」的手勢； （5）雙臂式，適用於面對眾人做「請」的手勢	

任務8　表情實訓

1. 實訓準備

準備一間形體訓練室，每人準備一面鏡子。實訓目的和實訓要求參見表6-13。

表6-13　　　　　　　　　　　實訓目的和實訓要求

實訓目的	為各項服務工作打下基礎
實訓要求	掌握基本的表情操作規範，能自糾錯誤，直至形成習慣

2. 操作規範

（1）眼神的操作規範（見表6-14）。

表6-14　　　　　　　　　　　操作規範

實訓內容	操作標準
註視的部位訓練	（1）注意對方的眼神，表示自己對對方全神貫註，在問候對方、聽取訴說、徵求意見、強調要點、表示誠意、向人道歉與人道別時，都應注意對方的雙眼，但時間不宜過長，一般以3~5秒時間為宜； （2）註視對方的面部，最好是對方的眼鼻三角區，而不要聚集於一處，以散點柔視為宜； （3）注意對方的全身，同服務對象距離較遠時，服務人員一般應當以對方的全身為注意點，尤其是站立服務時，往往如此； （4）注意對方的局部，須根據時間需要，多加註視客人的某一部分，如在遞送物品時，應註視對方手臂
註視的角度訓練	（1）正視對方，在註視他人時，與之正面相對，同時還須將上身向前傾向對方，其含義表示尊重對方； （2）平視對方，即在註視他人時，身體與對方處於相似的高度，表示出雙方地位平等，與本人的不卑不亢； （3）仰視對方，即在註視他人時，本人所處位置比對方低，則需抬頭仰望對方，可給對方重視信任之感

（2）微笑的操作規範（見表6-15）。

表6-15　　　　　　　　　　　操作規範

實訓內容	操作標準
微笑	嘴角微微向上翹起，讓嘴唇略呈弧形，在不牽動鼻子、不發出笑聲、不露牙齒的前提下輕輕一笑，默念英文單詞「Cheest」、英文字母「G」、普通話「茄子」或「一」

(3）眉語的操作規範（見表 6-16）。

表 6-16　　　　　　　　　　　　　　操作規範

實訓內容	操作標準
眉語	服務人員的眼睛、眉毛要保持自然而舒展，說話時不宜過多牽動眉毛，要給人以莊重、自然、典雅之感

任務 9　著裝實訓

1. 實訓準備

準備職業裝、西裝、女套裝、數碼照相機、大屏幕教室。實訓要求和實訓方法參見表 6-17。

表 6-17　　　　　　　　　　　　實訓要求和實訓方法

實訓要求	掌握正裝穿著的基本要求；掌握西裝的穿著方法；掌握女士套裝的穿著方法
實訓方法	（1）將學生分組，每組 5~6 人； （2）由學生分組練習，教師指導； （3）學生分組考核，用攝像機等記錄學生考核過程； （4）回放考核過程，學生自我評價，教師總結點評學生存在的個性與共性問題

2. 實訓操作規範（見表 6-18）。

表 6-18　　　　　　　　　　　　　　操作規範

實訓項目	實訓要求	操作規範
正裝的穿著	外觀整潔	（1）保證正裝無褶皺； （2）保證正裝無殘破； （3）保證正裝無臟物； （4）保證正裝無污染； （5）保證正裝無異味
	文明著裝	正裝穿著雅觀、避免出現 4 個方面的禁忌：忌過分裸露，忌過分薄透，忌過分瘦小，忌過分豔麗
	穿著得當	嚴格按照各單位的規範要求去做
西裝的穿著	西裝的選擇	（1）西裝的外套必須合體	（1）上衣過臀部； （2）手臂伸直時，袖子的長度應達到手腕處
		（2）西褲要合體	（1）西褲的腰圍應是褲子穿好拉上拉鏈后或扣好褲扣后，褲腰處能正好伸進一只五指並攏的手掌； （2）西褲穿好后，褲腿的下沿正好接觸腳面，並確保褲線的筆直（注意鞋跟的高度）

表6-18(續)

實訓項目	實訓要求		操作規範
西裝的穿著	西裝的選擇	(3) 襯衫要合適	(1) 襯衫正規的是白色無花紋襯衫； (2) 襯衫領子應是扣上襯衫領子扣以后還能自由插進自己的一個食指為標準； (3) 袖子的長度與領子的高度都應比西裝上衣的袖子稍長、稍高
		(4) 領帶要與西裝相協調	(1) 領帶應為素色無花紋的； (2) 西裝裡若穿羊毛背心、則應將領帶放進背心裡面； (3) 服務人員在穿著西裝時最好夾上領帶夾
	西裝的穿著要領	(5) 鞋與襪子要與西裝相協調	(1) 皮鞋的顏色一般應與西裝的顏色相近，配深色的西裝以黑色皮鞋為最好； (2) 襪子的顏色應與皮鞋的顏色相近，或者是西裝顏色與皮鞋顏色的過渡色
		西裝的穿著要符合規範要求，服務人員切忌觸犯禁忌	(1) 西裝要乾淨、平整，褲子要熨出褲線； (2) 襯衫領頭要硬扎挺括，要保證七八成新； (3) 襯衫更要十分清潔，內衣要單薄，襯衫裡一般不要穿棉毛衣，如果穿了，不宜把領圈和袖口露在外面； (4) 襯衫的下擺要均勻地塞入褲內； (5) 穿西裝可以不系扣，但服務人員在正規場合需系扣，褲兜也與上衣袋一樣，不可裝物，以保證褲形美觀； (6) 為保證西裝不變形，上衣袋只作為裝飾，包括必要時裝摺好花式的手帕，褲兜也與上衣袋只作為裝飾，以保證褲形美觀； (7) 無論衣袖還是褲邊，皆不可卷起； (8) 皮鞋一定要上油擦亮
女士套裙的穿著	女士套裙的選擇	(1) 上衣與裙子要選擇適當	(1) 上衣和裙子的面料和顏色應相同； (2) 套裙的面料應以素色、無光澤為好； (3) 上衣袖子一般應到手腕，裙子長度應觸及小腿，即使是比較隨便的套裙，其上衣也應有袖子（至少是短袖，而不應是無袖），裙子長度應到膝蓋以下
		(2) 襯衫及內衣的選擇也很重要	(1) 襯衫的顏色以白色為主； (2) 內衣應當柔軟貼身，並且要使之大小適當； (3) 穿上內衣以後，不應當使其輪廓一目了然地在套裙之外展現出來
		(3) 襯裙的選擇	穿套裙時，尤其是穿絲、棉、麻等薄型面料或淺色面料的套裙時應當穿襯裙
		(4) 鞋襪要與套裙相配	(1) 與套裙配套的鞋子，宜為高跟、半高跟的船式皮鞋或蓋式皮鞋； (2) 襪子最好是肉色的高筒襪或連褲襪

表6-18(續)

實訓項目	實訓要求		操作規範
女士套裙的穿著	女士套裙的穿著規範	(1) 上衣與裙子要選擇適當	(1) 上衣的領子要完全翻好，衣袋的蓋子要拉出來蓋住衣袋； (2) 裙子要穿著的端正、上下對齊，上衣的衣扣必須一律全部系上不允許將其部分或全部解開，更不允許當著別人的面隨便將上衣脫下
		(2) 襯衫的穿著要符合規範	(1) 襯衫的下擺必須掖入裙腰之內，不得任其懸垂於外，或是在腰間打結； (2) 襯衫的紐扣要一一系好，除最上端的一粒紐扣按慣例允許不系外，其他紐扣均不得隨意解開； (3) 襯衫在公共場合不宜直接外穿
		(3) 襯裙的穿著要符合規範	(1) 襯裙的裙腰切不可以高於套裙的裙腰，從而暴露在外； (2) 應將襯衫下擺掖入襯裙腰與套裙的腰兩者之間，切不可將其掖入襯裙腰之內
		(4) 鞋襪要穿好	(1) 鞋襪應當完好無損，鞋子如果開線、裂縫、掉漆、破損，襪子如果有洞、跳絲，均應立即換掉，不要打了補丁再穿； (2) 鞋襪不可當眾脫下； (3) 襪子不可隨意亂穿，不允許同時穿兩雙襪子，也不許將健美褲、九分褲當成襪子來穿； (4) 襪口不可暴露於外，在任何時候的任何姿勢（無論是站著、坐著或蹲著）都應確保襪口始終在裙子下擺裡

任務10　電話禮儀實訓

1. 實訓準備

準備職業裝、電話、數碼照相機、大屏幕教室。實訓要求和實訓方法參見表6-19。

表6-19　　　　　　　　　實訓要求和實訓方法

實訓要求	掌握電話用語的規範要求；正確地使用電話用語
實訓方法	(1) 將學生分組，每組5~6人，由學生分組練習，教師指導； (2) 學生分組考核，用攝像機等紀錄學生考核過程； (3) 回放考核過程，學生自我評價，教師總結點評學生存在的個性與共性問題

2. 實訓操作規範（見表6-20）

表6-20　　　　　　　　　操作規範

實訓項目		實訓要求	操作規範
電話用語	通話前的準備	打電話的準備要求	慎選通話時間；備好通話內容；挑準通話地點；做好心理準備
		接聽電話的準備要求	確保暢通；專人職守；預備記錄

表6-20(續)

實訓項目	實訓要求	操作規範
電話用語	通話初始	打電話開始時的要求；問好，自報家門，進行確認	(1) 問好，問候對方的用語通常是「您好」或「喂，您好」，如果通話對方已率先，即問好，應立即以相同的問候語回上對方一句； (2) 自報家門，即只報出本單位的全稱、自報本單位的全稱與所在具體部門的全稱、報出通話人的全名、報出通話人的全名與所在具體部門的名稱、報出通話人的全名與所在單位的全稱以及所在具體部門的名稱； (3) 進行確認
	接聽電話	接電話時的開頭主要包括三部分：問候、自報家門、詢問對方具體事務	拿起電話后，首先問候對方，然後自報家門（或是先自報家門，再問候對方）
	通話中	(1) 聲音清晰	咬字準確、音量適中、速度適中、語句簡短、姿勢正確
		(2) 態度平和	不卑不亢、不驕不躁
		(3) 不忘職責	(1) 接聽及時，電話鈴響三次左右及時予以接聽； (2) 如因特殊原因不能及時接聽電話，就應在拿起聽筒後首先向對方表示歉意，如「對不起，讓您久等」
		(4) 內容緊湊	每次通話的具體時間，以3~5分鐘以內為宜
		(5) 主次分明	在相互問好之後，通話雙方即轉入主題
	通話結束	(1) 再次重複重點	通話即將結束時，撥打電話的一方應將重複的內容簡單復述一下，以便確認雙方溝通無誤；為避免給對方以煩悶之感，在重複時應多多採用禮貌用語
		(2) 暗示通話結束	在掛斷電話前，應先向通話對象暗示此意
		(3) 感謝對方幫助	在通話之中，如果對方給予了自己一定程度的幫助，則在即將結束通話時，勿忘向對方正式地進行一次道謝
		(4) 代向他人問候	如果通話雙方是舊交，那麼雙方在通話結束之前，不妨相互問候一下對方的同事或家人
		(5) 互相道別	結束通話的最后一句話，應當是通話雙方互道「再見」
		(6) 話筒要輕輕掛上	掛機時還應小心輕放，別讓對方聽到很響的掛機聲

表6-20(續)

實訓項目	實訓要求	操作規範
電話用語	代接電話	代接電話時，服務人員應一如既往地保持友好的態度去幫助對方，不要語氣大變，立即掛斷電話，更不要對對方的其他請求一概拒絕	(1) 如果對方要找的人就在附近，應告知對方稍候片刻，然後立即去找，需要注意的是不要立即大聲喊人，不要讓對方等候過久，也不要直接詢問對方與所找之人是何關係、找其到底有何事情； (2) 如果對方要找的人已經外出，應首先告知對方他要找的人已經外出，然後再去詢問對方來系何人、是否有事需要轉達，如對方有事需要轉達，應認真記錄下來，並盡快予以轉交，如果事關重大，則最好不要委託他人代勞，以防洩密； (3) 如果對方要找的人正在忙於他事，不便立即接聽，此刻代接電話的人可以如實相告對方，或者告知對方要找的人已暫時外出，隨後可諮詢一下對方要不要代勞或要不要代替雙方預約個方便的通話時間
	做好電話記錄	在進行電話記錄時，除了要選擇適當的記錄工具之外，最重要的是要力求記好要點內容，並在記完要點之後進行核實	(1) 電話記錄的內容大致應當包括來電時間、通話地點、來電人的情況、來電的主要內容及處理方式等； (2) 做好電話記錄之後，一定要將其精心加以保管； (3) 對於重要的電話記錄，尤其是當其涉及行業秘密之時，務必要嚴格地進行保密； (4) 進行電話記錄后，有關人員應及時對其進行必要的處理

任務11　商務禮儀綜合情景模擬實訓

1. 實訓目的

運用所學知識，分小組自編、自導、自演禮儀知識情景劇，以鞏固所學的知識，並提高學生的興趣及檢驗教學成果。

2. 實訓內容

自編、自導、自演情景劇。其內容包括：握手、介紹、遞名片、服飾、站姿、坐姿、走姿、語言禮儀等。

3. 實訓要求

（1）每4人一組，如需要可另請同學客串，但客串同學不記分。

（2）自己設定一情景，內容包括：介紹、握手、遞名片、站姿、坐姿、走姿、服飾、打扮、語言禮儀等內容。少一項扣10分。

（3）出場后先由同學介紹劇情、人物。

4. 實訓過程

先分小組進行表演，然後由老師、同學點評，最后進行評分。

5. 項目評分（見表6-21）

表6-21　　　　　　　　　　　　　　　　項目評分　　　　　　　　　　　　　　　單位：分

分數＼內容＼小組	介紹 10	握手 10	遞名片 10	走姿 10	坐姿 10	站姿 10	服飾 10	語言禮儀 10	編排 10	總體印象 10	總分 100
1											
2											
3											
4											
5											
6											

6. 實訓總結

對同學表演中所出現的問題進行歸納。

參考文獻

[1] 張晉. 商務禮儀 [M]. 北京：化學工業出版社，2008.
[2] 姜紅. 商務禮儀 [M]. 上海：復旦大學出版社，2009.
[3] 金正昆. 商務禮儀 [M]. 北京：北京聯合出版社，2013.
[4] 李榮建，宋和平. 禮儀訓練 [M]. 武漢：華中科技大學出版社，2005.
[5] 徐覓. 現代商務禮儀教程 [M]. 北京：北京郵電大學出版社，2008.
[6] 莊銘國. 國際禮儀 [M]. 北京：中共中央黨校出版社，2006.
[7] 謝迅. 商務禮儀 [M]. 北京：對外經濟貿易大學出版社，2007
[8] 金正昆. 涉外禮儀教程 [M]. 4版. 北京：中國人民大學出版社，2014.
[9] 沈駟. 錯誤的禮儀 [M]. 上海：復旦大學出版社，1999.
[10] 李莉. 實用禮儀教程 [M]. 北京：中國人民大學，2002.
[11] 曹浩文. 如何掌握商務禮儀 [M]. 北京：北京大學出版社，2004.
[12] 劉小清. 現代行銷禮儀 [M]. 大連：東北財經大學出版社，2002.
[13] 陳榮鐸，邱勝男. 商務禮儀 [M]. 北京：旅遊教育出版社，2009.
[14] 喻培元. 會展禮儀 [M]. 北京：旅遊教育出版社，2007.
[15] 楊狄. 社交禮儀 [M]. 北京：高等教育出版社，2005.
[16] 閆秀榮，閆國成. 商務禮儀 [M]. 上海：上海財經大學出版社，2010.
[17] 張立玉. 實用商務涉外禮儀 [M]. 北京：北京理工大學出版社，2009.
[18] 陳柳. 職業人形象設計與修煉 [M]. 上海：上海遠東出版社，2004.
[19] 中華禮儀網. http://www.zhonghualiyi.com/.
[20] 瑞麗女性網. http://www.rayli.com.cn/.
[21] 中國禮儀網. http://www.cnliyi.cn/.
[22] 社交禮儀網. http://www.eexb.com/.
[23] 外表網. http://www.waibiao.com/.
[24] 中華禮儀培訓網. http://www.51liyi.cn/Index.shtml.

國家圖書館出版品預行編目(CIP)資料

商務禮儀實訓/ 李媛媛 主編. -- 第一版.
-- 臺北市：崧博出版：財經錢線文化發行, 2018.10
　面 ；　公分
ISBN 978-957-735-529-4(平裝)
1.社交禮儀
192.3　　　107016285

書　名：商務禮儀實訓
作　者：李媛媛 主編
發行人：黃振庭
出版者：崧博出版事業有限公司
發行者：財經錢線文化事業有限公司
E-mail：sonbookservice@gmail.com
粉絲頁　　　　　網　址：
地　址：台北市中正區延平南路六十一號五樓一室
8F.-815, No.61, Sec. 1, Chongqing S. Rd., Zhongzheng Dist., Taipei City 100, Taiwan (R.O.C.)
電　話：(02)2370-3310　傳　真：(02) 2370-3210
總經銷：紅螞蟻圖書有限公司
地　址：台北市內湖區舊宗路二段 121 巷 19 號
電　話：02-2795-3656　傳真:02-2795-4100　網址：
印　刷：京峯彩色印刷有限公司（京峰數位）

　　本書版權為西南財經大學出版社所有授權崧博出版事業有限公司獨家發行電子書及繁體書繁體版。若有其他相關權利及授權需求請與本公司聯繫。

定價：350元
發行日期：2018 年 10 月第一版
◎ 本書以POD印製發行